나의 외국어 학습기

김태완 지음

나의
외국어
학습기

읽기와 번역을 위한
한문, 중국어, 일본어 공부

메멘토

사람은 말을 하는 동물이다. 아기가 갓 태어나서 밤낮을 구별 못하고 오로지 울음으로 배고픔과 엄마 뱃속에서 내던져진 불안을 표현하다가 차츰 눈을 뜨고 사물을 보면서 옹알이를 시작으로 손짓, 발짓, 몸짓을 더하여 자기 생각을 구체적으로 나타내 보인다. 울음이나 옹알이, 몸짓에서 말이라는 추상적 매개를 만들어내서 사용하기까지 인류가 얼마나 오랜 세월을 보냈는지 알 수 없다. 그러나 사람은 누구나 태어나면 바로 그 순간부터 어떤 말을 하는 집단의 일원이 된다. 내가 태어남을 선택할 수 없듯이 내가 엄마의 말mother tongue을 선택할 수는 없다.

생물학적으로 사람은 단일한 종인데 왜 말이 서로 다를까? 같은 나라, 같은 지방 사람이라도 지역에 따라 동네에 따라 다른 말을 쓰기도 한다. 바벨탑 설화가 알려주듯이 사람은 원래 애초에는 같은 말을 쓰다 차츰 인류가 분화하고 흩어지면서 말도 달라졌으리라. 원시 공통어가 하나일지 몰라도 적어도 극소수의 언어가 갈라져서 오늘날 지구상의 수천수만 언어로 분화했으리라. 언어는 어법 또는 문법의 유형이나 사용하는 민족의 계통에 따라 갈래를 지을 수 있으며, 유사한 갈래의 언어라면 어느 정도 의사소통도 가능하다.

우리는 가끔 주위에서 아무개는 언어의 천재라느니, 아무개는 몇 개 국어가 능통하다느니 하는 말을 듣는다. 외국어 하나도 제대로 하기 어려운 사람들 처지에서는 몇 개 국어에 능통하다는 사람의 이야기를 들으면 기가 죽기 마련이다. 그러나 조금이라도 진지하게 외국어 공부를 해본 사람이라면, 외국어를 남보다 잘한다고 해서 능통하다고 말할 수 없다는 걸 안다. 사실 외국어를 잘하고 못하고는 기준이 없다. 자기 깜냥에 맞게, 자기 목표나 목적에 맞게 공부를 하고 그만큼의 언어 문화를 향유하면 그만이다. 남과 비교하거나 오르지도 못할 목표를 세우고서 좌절하는 것은 어리석은 일이다. 언어는 남과 의사소통을 하는 수단이며, 자기를 표현하고 세계를 이해하는 창문이다. 외국어를 공부하는 목적은 외국의 문화와 의사소통을 하는 것이며 그 세계를 이해하려는 것이다.

선생님께서 아언雅言으로 말씀하신 것은 『시』, 『서』와 집례에 관해서이니, 이런 경우는 모두 아언으로 말씀하셨다[子所雅言, 詩書執禮, 皆雅言也].

—『논어』「술이」

『논어』에서 공자는 『시』와 『서』를 강의하시고 예를 집행하는 일에 관해서는 아언雅言을 썼다고 하였다. 공자가 말했다는 아언을 일반적으로는 주자학의 전통에 따라 평소 늘 한 말씀으로 해석하지만 『논어』가 기록된 시대적 정황에 따라 마치 일종의 표준어와 같은, 또는 고상한(?) 말로 해석하기도 한다. 만일 뒤의 해석을 따른다면 공자는 『시』와 『서』를 강의하거나 예를 집행하는 공식적인 행사에서는 주周의 표준어를 썼던 셈이다. 이 말이 상당히 그럴듯하다. 왜냐하면 오늘날에도 지방에서 살아가는 사람들은 자기들끼리 이야기할 때에는 지역 말을 쓰다가도 공식적인 행사나 교육의 현장에서는 표준말(?)을 쓰기 때문이다. 공자가 말한 아언은 서로 다른 말을 하는 사람들이 공통으로 받아들일 수 있는 표준어였던 셈이다. 바벨탑이 언어의 분화를 이야기하는 설화라면 공자의 아언은 여러 지방의 다른 말을 하나로 소통하게 하는 강이었다. 언어는 이처럼 분화와 소통이 교직되는 유기체이다.

> 지금 남쪽 오랑캐의 때까치 같은 말을 하는 사람이 선왕의 도를 비난하는데, 그대는 그대의 스승을 배반하고 그에게서 배우니 역시 증자와 다르다[今也, 南蠻鴃舌之人, 非先王之道. 子倍子之師而學之, 亦異於曾子矣].
>
> —『맹자』「등문공·상」

언어에 민감한 사람들은 자기 말과 다른 사람이 쓰는 다른 말에

예민하다. 중원 문화에서 태어나 살아간 맹사는 남쪽 초나라에서 올라온 사람을 '남쪽 오랑캐의 때까치 같은 말을 하는 사람'이라고 표현한다. 고대 희랍 사람들도 자기와 다른 말을 하는 사람들을 '바르바로이barbaroi'라고 하였는데 이 말에서 야만인을 뜻하는 바바리안barbarian이라는 말이 나왔다고 한다. 동서양을 막론하고 문화민족이 야만인을 규정하는 근거는 그들이 쓰는 자기들의 말과 다른 언어였다! 그러나 문화와 야만을 가르는 기준은 자기들만의 틀이다. 야만인이 문화인의 말을 못 알아듣는 것인가, 아니면 문화인이 야만인의 말을 못 알아듣는 것인가?

각 나라 언어 사이에 우열이 있다거나 한 나라 언어에 고급언어, 저급언어가 있다고 하는 사람이 있는가 하면 언어에 차등을 둘 수 없다는 사람도 있다. 언어가 그 본질에 충실한 한 우열이나 차등을 둘 수 없다는 말도 맞고, 언어에 품위나 격이 있다는 말도 틀린 말이 아니다. 그러나 언어는 고정불변한 실체가 아니라 근본적으로 유기적인 존재이다. 그러므로 끊임없이 언어와 언어 사이에 상호관계하고 생성소멸하고 변화무상하다. 고급언어도 너무나 흔하게 쓰이다 보면 범상한 말이 되고 심지어는 저급한 말로 탈바꿈하기도 하며, 하층에서 생겨난 투박하고 거친 말이라도 점차 많은 사람이 쓰면서 일상어가 되기도 한다. 언어의 규범에 너무 사로잡혀서 어법에 맞지 않거나 틀린 표현, 어색하고 잘못된 표현을 만나면 일일이 바로잡으려는 사람이 있나 하면 의사소통만 되면 그만이라고 입에서 나오는 대로 편하게 아무렇게 말하는 사람도 있다. 언어는 늘 바뀌기 때문에 규범만 고집하는 것도 시대에 뒤떨어진 일이지만 규범을 무시하고 틀린 표현이건 어법에 맞지 않는 표현이건 아랑곳하지 않는 것도 자기 나라 말에 관한 한 무책임한 일이다.

이 책은 원래 독해와 번역을 위해 외국어를 공부하려는 사람들에게, 내 공부 경험을 살려서 조금이나마 도움이 될 만한 정보를 제공하려는 목적으로 꾸민 것이다. 나는 언어학자도 아니고 몇 외국어에 정통한 사람도 아니다. 다만 전공 공부와 교양을 위해 공부를 하다가 몇몇 외국어를 더 배웠고, 그 과정에서 해당 외국어에 흥미를 느끼고 그 문화에 심취하면서 점차 외국어 공부를 심화해갔을 뿐이다. 어떤 공부라도 그러하지만 외국어 공부도 하면 할수록 재미있고, 신기하고, 많은 깨달음을 얻고 나중에는 자기 세계가 넓고 깊어지는 체험을 하게 된다. 내 말이 남에게 먹혀들고, 남의 말이 귀에 들어오고, 통역이나 번역을 거치지 않고서도 해당 나라의 말을 이해할 수 있다면 그 언어의 맛에 더욱 감칠나게 된다.

언어에 관한 책은 차고도 넘친다. 문법서, 회화서, 해당 언어의 개론서, 언어학 관련 서적 등등. 이런 수많은 책 사이에 한 권을 더 보탠다는 것은 무슨 의미가 있을까! 내가 해 봐서 아는데 하고 젠체하거나 훈수를 두려는 것은 아니다. 외국어를 공부하는 과정에서 체험한 어쭙잖은 몇몇 깨달음의 편린을 엮어 모아서 책으로 만든 까닭은 이 책을 접한 사람이 그저 '저 사람도 저만큼 하는데 나라고 못할쏘냐' 하고 자극을 받았으면 하는 바람, 그 하나다.

불어(또는 프랑스어)와 관련하여 현재 프랑스 사람들의 언어생활에 관한 귀한 정보를 준 정암학당의 김유석 박사, 칸트에 관한 실수를 바로잡아준 지혜학교 철학교육연구소의 추교준 선생, 이 책이 나오도록 산파 역할을 한 메멘토에 깊은 감사의 마음을 드린다.

2018년 9월
광주 지혜학교 철학교육연구소에서
김태완 씀

차례

머리말 • 4

1장 나의 외국어 학습 잔혹사

/

'먹습니까'와 '먹니껴' • 19

산촌에 파견된 평화봉사단 영어 교사 • 23

중고등학교 때 망쳐버린 영어 학습의 기초 • 27

외국어 공부는 역관이나 하는 일? • 33

조선의 중국어 학습 교재 『노걸대』 『박통사』 • 36

홍대용의 실전 중국어 • 41

외국어를 배워서 어디에 쓸 것인가 • 45

기초 부실이 오히려 다행? • 49

데칸쇼와 독일어 • 51

동양학에 대한 관심과 한문 공부 • 53

3년간 매달린 학술서 번역 • 56

박사과정 입학과 일본어, 중국어, 불어 공부 • 58

비로소 이해하게 된 영어의 언어적 특성 • 60

2장 언어의 지도와 나침반

/

태초에 말씀이 있었다 • 65

초기 언어는 어떤 형태였을까 • 69

정관사를 발명한 고대 희랍 • 71

세계를 이해하는 중요한 통로, 언어 • 72

헬렌 켈러가 깨달은 것 • 74

철자만 배워도 이미 많이 배운 것이다 • 78

외국어 공부의 동기와 목표 • 81

우리 학문을 외국에 전하겠다는 포부 • 83

문법은 한 세계의 체계를 이해하는 일 • 85

언어의 유형별 특성: 고립어, 포합어, 교착어, 굴절어 • 87

고립어, 교착어, 굴절어의 "나는 너를 사랑한다" • 90

인도-유럽어를 공부하려면 • 95

인도-유럽어와 한국어의 차이 • 100

끝까지 들어봐야 하는 한국어 • 103

한국어 운문문학은 운보다 율을 중시한다 • 105

압운이 중요한 한시와 유럽의 시 • 107

3장 고전 한문은 동아시아의 라틴어

/

15세기 조선 지식인 최보의 표류기 • 115

필담, 한자 문화권의 독특한 교류 방식 • 117

한문은 동아시아의 라틴어 • 122

한자는 벽돌, 한문은 건축물 • 125

한문 공부의 첫걸음, 갈래를 파악하라 • 127

고전 한문의 문법? • 130

문법보다 문장을 먼저! • 134

사서삼경을 통째로 외운 까닭 • 136

품사에서 자유로워지면 보이는 것들 • 139

고전 한문의 다양한 문체 • 143

문장에 활력을 불어넣는 수사법 • 147

고전 한문의 행문 습관 • 154

한문 고유명사의 늪 • 158

4장 중국어, 일본어 공부

/

중국어는 한문이 아니다 • 165

중국어는 화제 중심 언어 • 169

중국어의 보어 • 171

중국어 품사의 역할 • 180

선先 한문, 후後 중국어 학습의 좋은 점 • 183

1980년대 일본어 학습 열풍 • 187

일본어에 대한 근거 없는 자만심의 배경 • 189

한자 읽기와 관용 표현의 벽 • 191

일본어와 한국어의 유사점과 차이점 • 193

일본어 동사의 활용 • 194

태, 상, 시제, 서법 • 196

の라는 격조사의 마술 • 199

5장 독해와 번역

/

해석과 번역의 숙명 • 205

이질적인 문화가 만날 때: 격의와 번안 • 207

번역불가능성의 신화 • 210

문법 체계가 다른 언어를 공부할 때 유용한 축자역 • 215

한, 중, 일의 『논어』 번역 • 218

부록 1 공부는 이렇게

/

1. 외국어 실력은 모국어 실력이 판가름한다 • 223

2. 유형을 파악하면 공부가 쉬워진다 • 225

3. 최소 2년, 멈추지 말고 꾸준히 하라 • 227

4. 기계적 훈련의 힘을 믿으라 • 230

5. 외국어 학습에도 베껴 쓰기가 통한다 • 234

6. 교차 학습으로 두 언어를 동시에 잡자 • 236

7. 끝나기 5분 전이라도 출석을 하라 • 237

8. 낙제만 아니면 다음 단계로 올라가라 • 239

9. 사전을 내 몸같이 여기라 • 241

10. 직접 번역하는 습관 들이기 • 243

부록 2 한문, 중국어, 일본어 번역의 실제

/

1. 『맹자』 • 247

2. 주돈이, 「애련설」 • 250

3. 소식, 「적벽부」 • 253

4. 이황이 기대승에게 보낸 편지 • 260

5. 기대승이 이황에게 보낸 편지 • 267

6. 김용, 『소오강호』 • 275

7. 가와바타 야스나리, 『설국』 • 299

참고문헌 • 317

일러두기

―외래어는 '외래어표기법'(1986년 문교부 교시)에 따라 표기하였으나 몇 가지 예외를 두었다.
일본어의 경우, 장모음과 이중모음을 살려서 표기했고, 어두의 か, た행 음을 탁음으로 처리하지 않았다.
중국어의 경우, 한국 독자에게 익숙한 인명, 지명, 서명은 한자음대로 표기했다.

1장

/

나의 외국어 학습 잔혹사

'먹습니까'와 '먹니껴'

내가 다섯 살 무렵의 일이다. 음력 4월 하순이니 양력으로는 5월 하순의 어느 날, 외할아버지 생신이 내일모레라 아버지와 갓난아기 아우를 업은 어머니와 함께 외가댁에 갔다. 당시 행정구역상으로는 안동군 도산면에 속한, 우리가 살고 있던 봉화군과 연접한 동네였다. 우리 집에서 외가까지 30리 길은 그 가운데 20리 남짓이 산등성이를 따라 나무꾼이나 나물 캐는 사람이 다니는 좁은 산길이었다. 나무가 울울창창하여 햇빛도 들지 않고, 짓밟힌 풀이 죽 이어져서 길임을 알 수 있을 뿐이다. 두어 시간 넘게 산길을 가자니 덥고 목이 말랐다. 마침 산모롱이를 따라 볕이 잘 들고 경사가 조금 완만한 곳에 뱀처럼 구불구불 벌겨진 산밭에서는 아이 어른 할 것 없이 온 식

구가 엎드려서 호미질을 하고 있었다. 밭을 가르는 산기슭 작은 도
랑을 따라 바위틈에서 맑은 물이 흘러나오고 있었다. 아버지가 길가
에서 밭을 향해 크게 소리치셨다. "이 물 먹습니까?" 그러자 밭에서
느릿느릿 "예—!" 하는 답이 들려왔다. 나는 아버지의 말씨가 신기
하였다. 난생처음 듣는 말법이었다. 우리 마을에서는 평소 물을 마
실 수 있는지, 마셔도 되는지 물을 때 "이 물 먹니껴?" 하거나 "이
물 머어도(먹어도) 되니껴?" 한다. 이웃 마을 노인들 가운데는 간혹
"이 물 먹니꺼?" 하는 사람들도 있다. 그런데 "이 물 먹습니까?"라
니?

'먹습니까?'는 '먹니껴?'보다 더 권위 있게 들렸다. 아버지가 갑
자기 다른 사람이 된 듯하였다. 나와 주위에서 늘 쓰던 말이 아닌 다
른 말을 쓰는 사람은 나와는 다른 사람인 것이다. 그런데 학교에 들
어가니 '-니까'가 우위에 있는 말법임이 바로 판명되었다. 학교에서
는 선생님께 '-니까?'를 써야만 했던 것이다.

나는 1971년 3월 초에 초등학교에 입학하였다. 행정구역상 봉성
면 외삼리에 속하는 우리 마을 동무들은 모두 3반에 배정되었다. 우
리 마을은 외삼1리, 산 너머 이웃 마을은 외삼2리였는데, 2리에서 학
교를 다니는 이 아무개라는 여자아이가 있었다. 입학한 첫날, 담임
선생님이 신입생을 교실로 데려가서 이름을 다시 확인하였다. 죽 이
름을 불러나가다가 외삼2리에서 온 이 아무개 차례가 되었다. "이

아무개!" 그러자 그 애가 "네—!" 하고 대답하였다. 우리 지역에서는 보통 "예—!" 하고 대답하거나 좀 상스럽게 말하는 동네에서는 "야—!" 하고 대답하는데, 그 아이는 "네—!" 하고 대답한 것이다. 우리는 모두 눈이 둥그레졌다. '야—'라는 대답은 웃고 무시해도 되었는데, '네—' 하는 대답은 무시하기에 어딘가 께름칙했다. 아무도 웃지 않았다. 그러나 이 아무개가 하필이면 요새 말로 급식으로 나눠준 식빵을 뜯어 먹었다. 사달이 났다. 선생님이 막 빵을 나눠 주시면서 집으로 가는 길에 혼자 먹지 말고 꼭 집에 가서 동생들과 나눠 먹으라고 신신당부하였기 때문이다. 길을 가면서 먹으면 거지라고. 이렇게 훈화의 말씀을 하고 있는 도중에 이 아무개는 빵을 부스럭거리며 먹고 있었다. 선생님이 "이 아무개! 너는 거지냐?" 하였다. 이제 "네—"라는, 우리와 다른 말을 하던 이 아무개의 권위는 바로 사라졌다. 우리 개구쟁이 사내애들은 곧 개구리처럼 와글거리며 웃음을 터뜨리고 놀려댔다. 학교가 파하고 집으로 가는 길에 뒤를 따라가면서 한 아이가 "이 아무개!" 하고 부르면 다른 아이들은 입을 모아 "네—!"라고 하였고, 선창을 한 아이는 "거지!" 하고 큰소리로 닦아세웠다. 우리가 쓰는 '표준어' '예—'를 눌러버린 '네—'에 대한 반감이 이로써 줄어들기라도 하는 듯이.

내가 태어난 마을은 남쪽으로 치달리던 백두대간이 서쪽으로 방향을 트는 어름에, 태백산을 사이에 두고 강원도와 경상도가 나뉘는 곳에 자리 잡던 경상북도 봉화군 농촌이다. 나는 농촌이라고 우기지만 대처로 나와서 만난 사람들은 이구동성으로 산촌이라고 한다. 아무튼 일가붙이 30-40호가 바위에 눌어붙은 따개비처럼 다닥다닥 웅크려 사는 집성촌이다. 북쪽 양지쪽에는 우리 집안이, 남쪽과 서쪽 음지마(을), 새마(을), 골마(을)에는 타성바지들이 내를 사이에 두고 흩어져서 살았다. 코딱지만 한 산골 동네임에도 일가붙이 우리 마을과 각성바지 아랫동네는 말이 조금씩 달랐다. 우리는 골목을 골걸(골목거리의 준말로 여겨진다)이라 하는데, 이웃 마을 사람들은 고샅이라 하였다. 물건이나 빗방울 따위가 위에서 아래로 떨어지는 현상을 우리는 '널찐다' '널쪘다'라고 하는데, 이웃 마을에서는 '띠긴다' '띠꼈다'라고 한다. 또한 우리는 이른바 경상도의 '-니껴형' 방언 지역에 속해서 존대 의문접미사를 '-니껴?'라고 하는데, 이웃 동네에서는 '-니꺼?'라고 한다. 어린 나이에도 양복을 차려입은 아버지가 썼던 말인 "먹습니까?"는 우리가 늘 쓰는 "먹니껴?"보다, 입성이 깨끗한 서울 출신 아이가 대답한 "네!"는 코를 찔찔 흘리며 땟국이 줄줄 흐르는 옷을 입은 우리가 대답하는 "예!"보다 우월하고 특별한 말이었다. 그리하여 "-니껴?"라고 묻고 "예!"라고 대답하는 나는 "-니꺼?"라고 묻고 "야!"라고 대답하는 이웃 마을 사람들보다 더 우월한 존재였다.

우리가 살던 작은 시골 마을에서 쓰는 말에도 층하가 있고 위계가 있었다. 가끔씩 드나들던 장사치, 방학을 틈타 외갓집에 다니러

온 또래 아이들이 들여온 낯선 말은 한정된 공간에서 늘 얼굴을 맞대고 살아가던 우리에게 새로운 어휘와 말투를 더해주었다. 그리고 이런 말들은 금방 유행했다가 언제 그랬냐 싶게 사라져버렸다. 그러나 나는 말과 말이 섞이고 부딪히는 일을 겪으면서 말이란 마을마다 다르고 동네마다 다를 뿐만 아니라 생겨났다 없어지기도 한다는 사실을 알게 되었다. 또한 사투리와 구어체보다 표준말(로 여겨지는)과 문어체가 더 우월한 언어로 여겨진다는 사실도 깨달았다. 표준말을 쓰는 사람을 직접 접하진 못했어도 어떤 말이 표준말이고 표준말 어휘인지는 금방 알 수 있었다. 서울에 다녀온 사람들이 가져온 말, 교과서나 동화책에서 접한 말이 표준말이기 때문이다. 내가 쓰는 말과 다른 말이라도 표준말은 힘 있는 말이고, 다른 동네 사투리는 격이 떨어지고 상스러운 말이었다. 그러나 서울 친척집에 방학 때 며칠 다녀온 동네 아이들이 금방 서울말을 배워 와서 말끝을 올리면서 '이랬니?' '저랬니?' 하거나, 객지에 돈 벌러 나갔다가 명절이라고 고향에 온 동네 처녀들이 '어쨌니?' '저쨌니?' 하는 매끄러운 말은 정말 못 들어주겠다는 반감이 생겼다.

산촌에 파견된 평화봉사단 영어 교사

초등학교 6학년 2학기 끝 무렵, 중학교에 진학해 공부를 잘해야겠다는 꿈에 부풀어서 영어 알파벳을 미리 연습하였다. 중학교에 다니는 동네 누이의 도움으로 『펜맨십Penmanship』이라는 알파벳 습자책을 사서 열심히 익혔다. 악보처럼 네 가닥으로 금이 그어져 있고, 둘째 금은 빨간색인데 이 금을 기준으로 글자를 쓴다. 필기체와 인쇄체로 대문자, 소문자를 안 보고도 쓸 수 있을 만큼 익혀서 중학교에 들어가면 열심히 공부해야겠다고 다짐하였다.

읍내 중학교에 들어갔다. 우리 중학교는 군 소재지 대표 중학교라서 당시 군 단위마다 한 사람씩 파견된 평화봉사단 소속 미국인 영어 선생님이 계셨다. 미스터 모랜Moran, 또는 모랜 선생님. 긴장과 설렘으로 잔뜩 굳어 있는 우리 교실에 한국인 영어 교사인 이동삼 선생님과, 키가 훤칠하고 어깨는 각이 졌는데 머리는 작아서 마치 제비원 불상(안동시 이천동에 있는 마애여래입상) 같은, 얼굴이 허옇고 눈이 회갈색인 모랜 씨가 들어왔다. 일제 때부터 입은 까만 군복형 교복을 똑같이 입은 예순 명가량의 중학교 신입생들은 마치 까마귀 떼 같았다. 졸업할 때까지 입으라고 서너 치수 크게 마련한 옷이라 팔을 내려뜨리면 소매가 손을 덮고도 한 뼘을 더 내려오고 어깨와 품이 넓고 큰 옷을 입은 데다 챙이 삐죽 나온, 머리통보다 큰 까만 교모를 덮어썼으니 영락없는 까마귀 떼였다. 잔뜩 긴장한 우리에게 영어 선생님이 앞으로 영어 시간에는 이렇게 인사하라고 가르쳐주었다. "굿모닝 미스터 모랜 앤 미스터 리! 하우 아르(혀 굴리는 소리를 편의상 이렇게 적었다) 유?" 실장이 미리 선생님이 가르쳐준 구령을 붙여서 "어텐션! 바우!" 하면 우리는 입을 모아서 까마귀처럼 깍깍거렸다. "굿모닝 미스터 모랜 앤 미스터 리! 하우 아 유?" 두 분 선생님도 대답하였다. "굿모닝 스튜던츠! 하우 아르 유?"

대부분의 학생들이 알파벳도 모르는 상태에서 입학했기에 선생님은 처음 며칠 동안은 알파벳을 가르쳤다. 그러고 나서 1단원부터 영어 학습을 진행했다. 먼저 칠판에 영어로 가르칠 내용을 적은 다음 모랜 선생님이 원어민 발음으로 읽어주고 이동삼 선생님이 우리말로 설명을 했다. 수업 진도가 더딜 수밖에 없었다. 문방구와 서점에서는 손바닥 반만 하고 한쪽은 이음쇠로 단단히 고정한 네모난 단어장을 팔았다. 1학년 1학기 초 며칠간은 열심히 공부하는 사람은 으레 이러는 법이라고 하듯이 단어장을 사서 등하굣길에도 외웠다. "굿모닝, 아침 인사, 쥐-오-오-디-엠-오-알-엔-아이-엔-쥐!" "파아더, 아버지, 에프-에이-티-에이치-이-알!" 하는 식으로.

난생처음 영어를 접하는 우리는 모두 왜 I에는 am이 붙고 You에는 are가 붙고 He나 She에는 is가 붙는지 도무지 이해를 할 수 없었다. 그리고 급우들 대부분은 아예 관심도 없었다. 초등학교를 졸업하고 중학교에 가야 한다니 들어갔고, 수업 시간이 되어 차례차례 선생님이 들어오셔서 수업을 진행하니 그냥 건성으로 진도를 따라갈 뿐이었다.

1학기 중반 무렵, 봉화에 주둔하는, 안동 향토사단 예하 부대장으로 부임하는 아버지를 따라 영천에서 전학을 온 이종환이라는 친구가 있었다. 도시 물을 먹어서 그런지 입성도 깨끗하고 생김새도 곱상하여 귀티가 나는 친구였다. 어느 날 영어 시간에 선생님이 한창 Be 동사와 주어의 위치를 바꾸면 의문문이 되는 법칙을 설명하였다.

"I am a boy를 의문문으로 만들려면 어떻게 하느냐?"

우리는 다들 영문을 몰라서 멍하고 있는데 이종환이 기다렸다는 듯이 "Am I a boy?"라고 답을 하였다. 선생님은 묻자마자 막힘없이 대답을 잘 하는 이종환이 대견하여 칭찬하였다. 우리말이라면 "나는 소년이냐?" 하고 묻고 "나는 소년이다" 하고 대답할 텐데 영어에서는 동사를 주어 앞에 내세우면 의문문이 된단다.

2학기 때는 영어 시간에 이동삼 선생님은 들어오지 않고 모랜 선생님 혼자서 들어오셨다. 1학기 방학 무렵에 소문으로 떠돌던 대로 이동삼 선생님은 중국(대만)에 유학을 가셨단다. 그래서 2학기 영어 수업은 모랜 선생님 혼자서 진행하였다. 모랜 선생님은 우리말을 잘 못하시고 우리는 모랜 선생님이 가르치는 내용을 잘 알아듣지 못해서 한 시간을 서로 자기 말만 하다가 마쳤다. 선생님이 읽어주고 우리말로 떠듬떠듬 해석해주는 내용을 그럭저럭 따라가면서 진도를 나가고 시험을 보았지만 이런 상황에서 영어에 흥미를 느끼거나 잘할 수는 없는 노릇이었다. 그나마 봉화에도 살림이 넉넉해서, 당시 시골까지 유행처럼 번진 과외를 받는 아이들이나 상급 학년인 형이나 누나가 수업을 도와주는 친구들은 제법 알아들었다.

한번은 모랜 선생님이 어떤 단원을 가르치면서 학생 몇을 뽑아 앞에 나와 대화문을 서로 번갈아가며 읽게 하였다. about이라는 단어가 나왔는데 나는 이 단어의 발음이 도무지 생각이 나지 않아서 아보웃이라고 읽었다. 실장이었던 김한수 그리고 또 다른 학생과 짝이 되어 읽었는데, 김한수가 작은 소리로 어바웃이라고 정정해주었다. 하지만 나는 앞에 나온 탓에 긴장이 되고 제대로 읽지 못해 자괴감에 빠지는 바람에 맥락을 알아차리지 못하고 끝까지 아보웃이라고 읽었다. 모랜 선생님도 별말씀이 없으셨다.

중고등학교 때 망쳐버린 영어 학습의 기초

2학년 때 우리 반 영어를 가르친 선생님은 고등학교 독일어 교사인 홍득기 선생님이었다. 홍 선생님은 수업 시간에 본문을 읽고 해석하고 설명하며 진도를 나갔다. 다른 두 반을 맡은 선생님은 경북대학교에서 영문학을 전공한 정성천 선생님이었다. 이분은 김천 출신으로서 별호가 땡삐였다. 땡삐란 땡벌이라고도 하는데, 땡벌의 우리 지역 방언이다. 땡삐라는 별호로 미루어 보더라도 얼마나 따끔하고 단호하게 학생들을 다잡았는지 알고도 남으리라. 학생들이 공부를 안 하고 장난치다 걸려서 불려 나가면 꼭 살쩍을 잡아당겨 몇 가닥을 뽑아 자기 입에 가져다 대고 바람을 불어서 날리곤 했다.

정성천 선생님에게 영어를 배운 학생들은 처음으로 영어의 품사라는 개념을 접하였다. 선생님이 이렇게 가르치셨단다. "영어에는 명사, 형용사, 동사 같은 것이 있다. 명사, 형용사, 동사는 김천 직지사, 경주 불국사 같은 것이 아니다." 수업 내용에는 전혀 흥미가 없고 따분해하다가도 수업 흐름에서 조금만 벗어나는 이야기가 나오면 금방 웃음을 터뜨리고 즐거워하는 학생들은 곧바로 깔깔 웃었다. 이 말은 삽시간에 우리 친구들 사이에서 유행하였다. 그러나 우리 반은 2학년이 다 가도록 직지사, 불국사가 아닌 명사, 형용사, 동사라는 개념을 듣지도 못하고, 유행어의 의미 맥락을 이해하지도 못한 채 한 학년을 마쳤다.

3학년이 되어서야 정성천 선생님께 영어를 배우게 되었다. 발음도 정확하고 문법 구조도 조리 있고 명쾌하게 가르쳐주셨지만, 직지사, 불국사가 아닌 명사, 형용사가 어떤 역할을 하고 문장 어디에 오는지도 배우지 못한 나는 영어 문장과 우리말 해석을 맞춰가면서 대충 진도를 따라갈 뿐 영어의 언어적 특성, 우리말과 영어의 구조적 차이와 같은 영어의 본질에는 전혀 다가갈 수 없었다. 미키 마우스를 내세워서 삽화로 문장 구조와 문법을 설명한 학습서가 있었지만 명사, 형용사, 동사, 관사, 부사, 전치사, 접속사와 같은 품사와 주어, 보어와 같은 문장성분을 비롯한 영문법의 개념과 맥락을 이해하지 못하였기에 읽어도 요령부득이었다. 무엇보다 품사와 성분의 개념이 명료하게 정립되지 않았던 것이다.

중학생 저학년 사이에 '빨간 기본영어'로 널리 알려진, 정치근이라는 이가 쓴 『기본영어』라는 책이 집집마다 있었다. 전체 100단원으로 되어 있으며, 마치 학원 강사가 앞에서 강의하듯 실감나는 입말로 쓰여 있고, 영문법을 재미있게 배우도록 꾸며졌다. 그러나 이 책을 읽어보아도 영어의 언어적 특징을 파악할 수 없었다. 또한 단어를 많이 알지 못한 탓도 있겠지만 문장을 읽고 이해하는 데 아무런 도움이 되지 않았다.

고등학교 진학을 위해 경상북도 대구시를 단위로 한 연합고사를 보았다. 다른 과목에서 그럭저럭 점수를 따서 아마도 간신히(?) 합격한 듯한데 아무튼 영신고등학교에 배정을 받았다. 낯선 대도시 생활에 적응할 사이도 없이 고등학교 생활이 시작되었다.

1학기에 처음 만난 영어 선생님은 독일어 전공 교사였다. 제2외국어로 독일어를 배우기 시작했기에 1학기가 중반으로 접어들 무렵에는 제법 독일어 발음이 익숙해진 탓인지 영어 선생님의 독일어 억양이 약간은 느껴졌다. 게다가 선생님은 가끔씩 독일어 문장을 섞어서 단어를 설명하는 버릇이 있었다. 문법은 별로 설명하지 않고 문장 해석만 해나갔다. 어떤 단원에서 복합관계대명사라는 문법이 핵심 교육 내용이었는데, 그냥 관계대명사가 정확하게 어떤 기능을 하는지도 모르는데 복합관계대명사를 알 리가 있겠는가! 다행히 친하게 지내던 친구가 복합관계대명사로 쓰이는 whatever, whenever 등의 용법을 알려줘서 그럭저럭 이해하고 넘어갔다.

대구에서 중학교를 다니고 과외 학습을 받은 급우들은 수업을 앞서 나갔지만 나처럼 군 단위 시골에서 머리 하나 믿고 공부를 하다가 운 좋게 연합고사에 합격한 학생들은 나와 별 차이가 없어 보였다. 봉화 인근 군 지역에서 올라온 장현기라는 급우가 있었다. 어느 날 영어 시간 직전 쉬는 시간에 열심히 참고서를 보면서 그날 배울 단원의 본문 밑에 해석을 적어 넣고 있었다. 급우들이 빙 둘러서 장난 삼아 '뭐하려고 베끼냐?' 하고 물었다. 장현기는 빙긋이 웃으며 아무래도 자기가 걸릴 것 같아서 그런다고 하였다. 수업 시작 종이 울리고 선생님이 들어오셔서 출석부를 죽 훑어보시더니 "장현기! 본문을 읽어보아라!" 하였다. 장현기는 천연덕스럽게 본문을 읽은 다음 미리 적어둔 것을 술술 읽어나갔다. 급우들은 선생님 귀에 들리지 않게 서로 눈짓하면서 키득거렸다.

1학기를 한 달가량 남겨두고 영어 선생님이 바뀌었다. 어느 날 공부하게 된 단원은 Ludwig van Beethoven이었는데 동족목적어가 중요한 교육 목표였다. 새로 우리 반 영어를 담당한 선생님은 목소리가 울림이 부드럽고 발음도 듣기 좋은 데다 핵심을 아주 정확하게 설명해주어서 머리에 쏙 들어왔다. 그러다가 한 달 뒤 여름방학을 맞았고, 방학을 마치고는 도시 생활이 적응도 안 되고 거주지 환경이 너무도 열악해서 나는 모교인 봉화중고등학교로 돌아왔다. 대구에서 보낸 나의 고등학교 1학기 영어 학습은 겨우 한 달을 제대로 한 셈이었다.

대구에서는 공부를 조금 한다는 친구들은 오로지 대학 입시를 목표로 삼았다. 지금 성적을 유지하면 어느 대학을 갈 수 있을지, 앞으로 성적을 얼마나 올려야 예비고사 성적을 올릴 수 있을지에 온통 관심을 쏟았다. (학교에서도 가정방문이라고 가서는 지금처럼 공부하면 어느 대학까지 갈 수 있고, 앞으로 어떻게 하면 어디까지 갈 수 있다는 상담을 수로 하였다고 한다. 물론 나처럼 시골에서 유학 온 학생들에게는 가정방문을 아예 오지 않았지만.) 하지만 나는 지적 허영 때문인지 형이상학적 고민에 빠져서 종교에 심취하였다. 그래서 학과 공부보다는 문학 서적을 탐독하고 신학과 종교 분야 서적을 구해 읽고 희랍어 알파벳을 익히는 데 더 많은 시간을 보냈다.

봉화고등학교 1학년 2학기부터 2학년 2학기까지 1년 반을 가르친 영어 선생님은 영어를 잘하려면 단어를 많이 알아야 한다고 강조하였다. 매 시간 단어 시험을 보고 틀린 수만큼 손바닥을 맞았다. 애초에 대학 진학에 관심이 없었던 대다수 학생들은 수업 시간에 영어 교과서를 읽히면 junk shop(고물상)을 '쫑크 샵'으로, chair를 '체르'로 읽는 수준이었다. 선생님이 진행하는 영어 수업도 본문을 읽고 해석하는 식으로 끝났다. 영어 수업 시간에 진도를 나가기보다 복장을 검사하고 품행을 단속하는 데 더 신경을 썼다.

고등학교 3학년 때 영어교육을 전공하신 선생님이 영어를 가르쳤다. 겨우 영어의 어법이나 문법이 조금씩 눈에 늘어났지만 이미

고등학교 3학년이 된지라 입시가 내일 모레인 처지에 영문법의 기본을 하나하나 챙길 여유는 없었다.

그런데 내 영어 공부에 결정적인 전환점이 된 책을 발견하였다. 3학년 1학기가 끝나갈 무렵 우연히 서울대학교 영문학과 유진 교수가 쓴 『구문 도해 기초 영어구문론』이라는 책을 접하고서 비로소 영어의 구문과 문장 형식을 개념적으로 이해하게 되었다. 다섯 가지 문장 형식의 차이와 특징을 알게 되었던 것이다. 그러나 입시가 코앞에 닥쳐서 기초 영어에만 매달려 있을 수가 없었다. 학과 공부와 시험에 대비해 거의 모든 학생들이 보던 『성문기본영어』와 『성문핵심영어』, 그리고 심지어 『Vocabulary 22000』 같은 단어 학습서, 독해에 관한 여러 참고서를 사서 읽고 공부했지만 기초가 부실한 상태라 마음만 다급해서 사전을 보고 단어를 찾아가면서 몇 문장 대충 해석해보는 정도에 그쳤다. 결국 영문법이나 영어 학습 참고서를 한 권도 제대로 떼지 못하였다. 학력고사 날짜가 다가오자 예상문제집을 여기 조금 저기 조금 들추어보고, 『성문종합영어』도 앞부분 몇 단원을 조금 공부하다가 그럭저럭 시험을 보았다. 고등학교를 졸업할 때까지도 s가 붙은 복수형 명사와, 주어가 3인칭 단수 현재형인 문장의 s나 es가 붙은 동사를 분간할 줄 몰랐고, 3인칭 단수 현재형 주어에 따라오는 동사 술어에 왜 s나 es가 붙는지 몰랐다. 어느 영어 선생님도 이런 문법 특성을 가르쳐주지 않았다.

외국어 공부는 역관이나 하는 일?

청록파 시인 조지훈趙芝薰은 본명이 조동탁趙東卓이며 경상북도 영양 출신이다. 영양에는 주실마을(注谷)이라는 전통 마을이 있는데, 이 마을의 주인은 한양 조씨 일족이다. 한양 조씨가 세거하는 주실 마을은 경상도 북부에서도 손꼽히는 양반 마을, 곧 반촌班村으로서 퇴계 이황 선생의 진성 이씨, 학봉 김성일의 의성 김씨, 서애 유성룡의 풍산 유씨, 농암 이현보의 영천 이씨, 충재 권벌의 안동 권씨 등 곰곰이 할거割據해 있는 수많은 반촌과 양반 가문 사이에서도 당당하고 자랑스럽게 권위를 내세운다. 마을 앞에 있는 문필봉 덕인지 작은 시골 마을이지만 대대로 뛰어난 학자와 문장가를 배출하였고 현대에 들어와서도 학자와 박사를 많이 배출하였다. 지역사회에서 주실 한양 조씨는 삼불차三不借를 자랑한다. 곧 재물, 사람(씨), 문장을 남에게서 빌리지 않는다는 말이다. 영남의 오래된 문중은 거의 예외 없이 양자를 들여서 손을 이어갔는데, 주실의 한양 조씨는 양자를 들이지 않고 직계 혈손으로 이어왔다고 한다. 그런 까닭에 조지훈의 시는, 청록파 두 시인에 견주어서 도저한 한학漢學에서 연유한 풍격이 있다고들 한다.

조지훈은 시인과 학자로서 국가의 중요한 고비마다 지조를 지키고 양심 있는 지식인으로서 사회적 책임을 다하였다. 4·19의거가 일어난 뒤 교수단 데모에 가담하여 학생들의 의거를 격려하였나. 1965

년 5월 초, 박정희 정권이 한일국교정상화를 졸속으로 추진하자 학생, 지식인, 언론의 비판이 잇달았다. 박정희는 '학생 데모는 애국이 아니며, 지식층은 용기 없고 옹졸하며, 언론인은 무책임하다'라고 폄훼하였다. 이에 조지훈은 '학생, 언론, 지식인은 국민 여론의 정수이자 국운을 기대할 것이기에 함부로 비판하고 폄하해서는 안 된다'라고 신문 기고문에서 지적하였다. 조지훈의 이런 발언은 '선비는 국가의 원기이며, 선비의 언로言路를 막아서는 안 된다'는 철학에 입각한, 사회정의를 지탱하는 보루 역할을 하는 조선 시대 유교 지식인의 자의식을 잇고 있다.

조지훈에게 이런 일화가 전한다. 고려대학교 교수로 있을 때 학식과 인격이 괴리된 교수들이 있어서 조지훈과 여러 차례 부딪쳤다. 사사건건 막무가내로 비속한 언행을 보이는 교수들과 부딪칠 때도 영남 선비의 지조를 지닌 조지훈은 평소 상스러운 말을 전혀 입에 올리지 않았다고 한다. 그러나 교수나 지식인이라 하여 격한 분노가 왜 없겠는가! 조지훈은 비열한 행동을 하고 저열한 말을 쓰는 교수들과 다투다가 도저히 참을 수 없는 지경에 이르면 창문을 열어놓고 창문 밖을 향해 이렇게 외쳤다고 한다. "저자는 필시 중인中人의 자식일세!" 고려대학교 출신 어느 학자에게서 전해들은 이야기라 상황을 정확히 묘사했다고 하긴 어렵다. 다만 정황과 맥락만 언급한 것이다.

'중인의 자식'이라는 표현은 많은 뜻을 담고 있다. 조지훈의 의식 속에서 '중인'은 '상놈'보다 더 모멸감을 담은 말이다. '상놈'은 '상민'을 더 비하한 말이고, 원래 상민은 일반 인민을 가리키는 말이다. 맹자가 '군자는 다스리고 야인野人은 생산한다'는 사회분업론을 제시한 이래 유교 사회에서 상민은 국가의 생산을 담당하는 주체이다. 그러나 중인은 양반 관료와 생산자 상민의 중간에 자리 잡은 계층으로서 기술 관료를 주축으로 하여 관아의 서리胥吏, 하급 장교, 지방의 향리와 토관土官 등 양반에서 몰락했거나 상민에서 지위가 상승한 사람들이었다. 중인은 기술직이나 향리 직책을 점차 세습하였다. 신분상으로는 상민 위에 있으나 양반 지배 체제에서는 입지가 탄탄하지 못하고 정체성이 모호하였다. 차라리 상민은 무식하고 무지하기는 하나 군부君父의 선량한 적자赤子인 반면에 중인은 애매한 중간자였다. 특히 지방에서는 향리 또는 서리로서 행정체계상 상민을 착취하는 방식으로 존재하였기에, 조선 후기 삼정三政이 문란해지면서 탐욕스러운 관리와 결탁하여 인민을 수탈하고 비열한 권력을 휘둘러서 두려움과 원성, 멸시의 대상이 되었다. '중인'이라는 명명은 곧 뻔뻔하고, 파렴치하고, 저열한 인격의 소유자라는 낙인이었다. 그러니 '저자는 필시 중인의 자식'이라는 표현은 상스러운 욕설보다 더 모멸감을 담은 규정이었다.

그런데 역관이 중인이었다! 이 말은 중고등학교 시절 영어에 양가감정을 품었던 일부 교사들이나 영어를 잘하지 못하는 교사들이 자주 들먹인 말이었다. 그렇다. 역관은 중인이다. 그늘은 대대로 식

책을 세습하면서 조선과 중국의 외교를 중간에서 좌지우지했고, 부를 축적하면서 국가의 정책에 영향력을 미치기도 했다. 임진왜란 당시, 막후에서 명의 지원군을 얻어내는 데 역관이 결정적인 영향력을 행사했고, 숙종 때 남인 세력의 비호를 받은 희빈 장씨가 역관 가문 출신이었다는 사실은 잘 알려져 있다.

조선의 중국어 학습 교재 『노걸대』『박통사』

조선 시대에는 중국을 비롯한 여러 나라와 외교를 맺거나 교류하기 위해 한학漢學, 왜학倭學, 몽학蒙學 등의 역관 제도를 두고서 매우 체계적으로 인재를 양성하였다. 조선 초기 신숙주申叔舟는 학문과 문화의 기틀을 세우는 데 뛰어난 업적을 남겼는데 언어에도 탁월한 재능을 보였다. 이두와 중국어는 물론, 일본어, 몽골어와 여진어 등 당시 조선이 외교 관계를 맺고 있던 여러 나라의 언어에 두루 통달하였으며, 심지어 인도와 아랍의 문자까지도 터득했다고 한다. 신숙주는 이런 외국어 실력과 국제정세에 대한 정보와 감각을 바탕으로 조선 초기 외교를 주도하면서 국제사회에서 조선의 위상을 정립하는 데 크게 기여하였다.

고려나 조선이 비록 역관의 신분을 중인으로 규정하고, 통역을 잡업, 잡과로 분류하였지만 국제사회에서 통역은 상호 교류의 핵심 창구이므로 역관을 양성하고 통역의 역량을 강화하지 않을 수 없었다. 조선은 훈민정음을 창제한 뒤 고려 말부터 쓰인 것으로 보이는『노걸대老乞大』『박통사朴通事』 같은 교재에 우리말을 붙여서 중국어 학습에 활용하였는데, 이 언해본 학습서는 지금 활용하더라도 손색이 없을 만큼 현장성, 실용성, 활용도, 응용도 같은 외국어 학습에 필요한 요소를 두루 갖추고 있다. 고등학교 국어 시간에 우리말의 변천사를 공부하면서『노걸대언해』나『박통사언해』라는 중국어 학습 교재가 있었다는 사실은 알고 있었지만 본 적이 없었기에 실제 수준이나 학습 체제는 알 수가 없었다.

이전에 불어, 이탈리아어를 배울 기회가 있었는데, 이들 외국어 학습 교재는 해당 언어를 배우려는 초심자 또는 이들 나라에 처음 가는 한국 젊은이가 입국했다가 돌아올 때까지 현지에서 겪을 수 있는 온갖 상황을 설정하여 학습 수준을 점차 높여가는 방식으로 짜여 있었다. 나는 속으로 '역시 제국주의를 해본 국가라서 식민지 인민에게 자국 언어를 이식하여 가르친 경험이 많이 축적되어 있기에 외국인을 위한 자국어 학습 교재가 이처럼 잘 짜여 있나 보다' 하고 생각했다. 그런데『노걸대언해』『박통사언해』를 보면 이미 고려 말부터 우리나라에서 이처럼 체계적으로 외국어 학습을 해왔음을 알 수 있다. 그뿐만 아니라 사행使行(사신으로 외국에 다녀오는 일) 때에는 질문 종사관을 배속시켜서 통역에 난해한 어구를 질문하여 뒷날 역학서譯學書를 개편하는 데 참고하게 하였으며, 사역원 산하 통역사 양성 기관인 우어청에서 돌아가면서 교육생 한 사람을 차출, 어학연수를 보내고 통역 실무를 익히게 하였다.

내가 1990년대 초에 배운 『*Nouveau sans Frontier, Bienvenue en France*』와 같은 불어 교재나, 2000년대에 배운 『*Cui in Italia*』와 같은 이탈리아어 교재, 그리고 방송 외국어 교재를 비롯한 현행 외국어 학습 교재가 대체로 50여 과로 구성되어 있는 데 견주어 고려 말부터 사용한 이들 중국어 학습 교재는 대화 내용이 훨씬 풍부하고 설정한 상황도 일상의 일에서 돌발 사건에 이르기까지 아주 다양하고 구체적이다. 『노걸대』는 여섯 가지 주제로 총 106화, 『박통사』는 총 106과로 구성되어 있다. 사행을 따라 중국에 모시와 말, 인삼을 팔러 가는 장사치를 주인공으로 삼아서 중국의 수도에 갔다가 돌아오기까지 일어난 일들, 겪은 일들을 대화체로 엮어놓았다. 각 대화 상황의 표제어를 몇 가지만 예로 들어보자.

『노걸대』

제1화 어디서 왔소〔恁從那裏來〕?

제7화 서울의 물가〔京裏價錢〕

제9화 꼴은 얼마인가요〔草料多少鈔〕?

제21화 손님이 화살을 맞았다〔客人被箭射傷〕

제33화 나그네를 잘 대접해야 멀리까지 소문이 난다〔好看千里客 萬里要傳名〕

제38화 잘 수 없어요〔宿不得〕

제39화 하룻밤만 잡시다〔俺宿一宿〕

제62화 말 흥정〔馬價〕

제69화 무를 건가요〔你更待悔交那〕?

제71화 밑지고 팝니다〔賤合殺賣與你〕

제89화 친구끼리 서로 돕기〔接濟朋友〕

제101화 위조지폐는 안 됩니다〔鈔的眞假〕

제105화 돌아갈 날을 잡다〔筭卦〕

제106화 또 만나요〔再見〕

『박통사』

제1과 꽃구경〔賞花宴席〕

제5과 뺨에 난 종기〔腮頰瘡〕

제10과 전당포에 가다〔印子鋪裏儅錢〕

제13과 달구경〔翫月會〕

제16과 사기꾼〔誆惑人〕

제17과 바람난 중을 혼내다〔和尙偸弄〕

제18과 설사로 고생하다〔害痢疾〕

제20과 수의사〔獸醫家〕

제21과 머리 깎기〔剃頭〕

제25과 우리 집 소식〔我家書信〕

제27과 여행은 힘들다〔路貧愁殺人〕

제32과 차용증을 쓰다〔借錢文書〕

제37과 물건 바꾸기〔東西對換〕

제45과 수레를 고치다〔修理車輛〕

제51과 보살상에 참배하러 가다〔參見菩薩像〕

제63과 글자를 묻다〔問字樣〕

제77과 소송〔告狀〕

제87과 옥에 갇히다〔監了〕

제93과 식당에서 밥을 사 먹다〔食店喫飯〕

제97과 초상화를 그리게 하다〔有名的畵匠〕

제106과 고려 소식〔高麗新聞〕

이 교재에 서술된 사건은 외국에 나가는 사람이면 언제 어디서나 만날 수 있는 일들이다. 만나는 사람도 각계각층 인사라서 이 책의 사례를 잘 익혀두면 일상생활에서 누구를 만나고 어떤 일을 겪더라도 기본 의사소통은 가능하게 되어 있다. 『노걸대』는 초급 교재이고, 『박통사』는 중급 교재라고 한다.

홍대용의 실전 중국어

조선 후기, 노론의 낙론洛論 계열 명문가의 후예였던 담헌湛軒 홍대용洪大容은 이른바 북학파의 기수이다. '북학'이란 말은 『맹자』에서 유래한다. 전국시대 남쪽 초나라 태생의 진량陳良이라는 사람이 주공周公과 공자의 도를 좋아하여 북쪽으로 올라가서 유학을 배웠다고 한다. 이 기록에 연유하여 북쪽으로 청淸에 가서 문물을 접하고 배우는 사람들을 북학파라고 하였다.

홍대용은 우암 송시열―농암 김창협―도암 이재 계열 노론의 학통을 이어받은 미호 김원행의 제자였으나 이러한 학연에 기대어서 입신출세를 도모하지 않고 자기의 학문 세계를 넓혀갔다. 홍대용은 1765년, 청에 파견되는 동지사행冬至使行(해마다 동지 전후에 중국으로 파견하는 정례 사행)에 서장관書狀官(정사, 부사 다음 서열의 기록관으로서 외교문서와 각종 기록, 보고를 담당)으로 임명된 숙부 홍억洪檍의 자제군관子弟軍官(정사나 부사가 자제나 친지를 뽑아 정부의 승인을 얻어서 수행하게 한 사신의 일행) 자격으로 청의 수도 연경燕京(북경)에 다녀왔다. 홍대용이 연경에 다녀온 전말을 기록한 여행기인 『을병연행록乙丙燕行錄』과 문집 『담헌서湛軒書』에는 그가 중국의 문물을 직접 보고 넓은 세계의 인재와 교제하는 숙원을 이루기 위해 얼마나 철저히 준비하였는지 상세히 서술되어 있다.

홍대용은 만주족이 지배하는 중국을 오랑캐 땅이라 여기고 조선이 중화의 문물을 이은 나라라고 여기는 노론 지배층의 좁은 허구의 세계에 갇히지 않았다. 만주족이 지배하더라도 유구한 전통 속에 축적된 중화의 문명과 문명의 혜택을 입은 인물은 살아 있고, 이미 100년 넘게 중국을 지배하고 있는 청에는 반드시 배울 만한 점이 있으리라고 여겼다. 그리하여 평생 한 번은 직접 중국에 가서 자기 눈으로 보려고 평소 체력을 기르고 오가는 경로의 거리를 헤아려보곤 하였다. 그리고 역관을 과외교사로 삼아서 여러 해 중국어를 배웠다. 외국어를 배우면 누구나 써먹고 싶어 한다. 홍대용도 하루빨리 중국어 실력을 확인해보고 싶었으리라.

홍대용은 여러 해 중국어를 열심히 익혔다고 자부했지만 막상 책문柵門(청과 조선의 국경을 가르는 문이며 이 문을 중심으로 한 지역을 일컫는데, 여기서 국제무역을 하기도 했다. 이 글에서는 다만 국경이라는 뜻이다)을 들어가자마자 맞닥뜨린 현지인의 중국어를 한 마디도 알아들을 수 없었다. 본국에서 학습 교재를 위주로 독학하거나 학원에서 수강한 사람이 외국에 처음 나가서 막상 현지인을 만났을 때 누구나 마주치는 언어의 절벽을 똑같이 느꼈던 것이다. 그래서 기가 꺾이고 풀이 죽은 홍대용은 간량역관乾糧譯官(사신 일행의 양식을 관리하고 담당한 간량관의 하나) 정호신丁好信에게 자기가 여러 해 동안 중국어를 배운 것이 전혀 쓸모가 없을지도 모르겠다고 털어놓았다. 정호신은 경험을 미리 쌓은 선배답게 홍대용에게 적극적으로 중국인들과 대화를 나눠보라고 조언해주었다. 홍대용은 정호신의 조언에 따라 현지인과 현지어로 대화를 적극 시도하여 차츰 중국어 말하기에 능숙하게 된다. 자기 수레에 배치된 현지 안내인인 청년 왕문거王文擧와 중국어로 대화를 하고 숙소의 주인과 되는 대로 말을 주고받으며 언어 경험을 쌓는다.

심양瀋陽에 도착해서는 심양의 부학府學(시립학교) 조교인 납拉씨 부자와 필담 없이 중국어로 꽤 긴 대화를 할 수 있을 만큼 실력이 부쩍 늘었다. 연경에 가까워질수록 실력이 일취월장해서 길에서 만나는 사람들과 일상 대화를 자유로이 할 만큼 중국어 실력이 향상하였다. 연로에서 홍대용과 대화를 나눌 때마다 현지인과 통역관은 모두 이 사행길이 초행이라는 사실을 믿을 수 없다며 찬탄하였다.

조선 문인이 자기 신분을 낮추어 자제군관 자격으로 사행에 참여한 일도 드물거니와 중국어를 익혀서 유창하게 중국어를 구사하면서 사행에 따라온 일도 전례를 찾아볼 수 없었다. 이와 같이 현지인의 찬탄을 받으며 자기 언어 실력의 가능성을 확인하고서 홍대용이 느꼈을 뿌듯함을 충분히 짐작할 수 있다. 사실 외국어를 익혀서, 그것도 현지에 가지 않고 자국에서만 공부한 사람이 현지인과 자유로이 의사소통을 할 수 있을 때 느끼는 기쁨은 말로 다 표현할 수 없으리라.

홍대용은 그 기쁨과 뿌듯함을 다음과 같이 술회한다.

나는 오래전부터 한번 외유外遊할 뜻을 가지고 있었기에 중국어 교재

를 여러 종 훑어보면서 중국어를 익힌 지 여러 해 되었다. 그런데 책문
을 들어서자 비록 일상으로 하는 말까지도 전혀 알아들을 수 없어서 당
황하고 답답함을 견딜 수 없었다. 이로부터 수레를 타게 되면 왕문거王
文舉와 하루 종일 (중국어로) 이야기를 주고받았고, 여관에 들어가면 안
주인 바깥주인을 불러서 억지로 말머리를 끄집어내서 되는 대로 말을
주고받기를 마지않았다. 심양에 이르러서는 (심양 시립학교의) 조교 부
자와 별별 이야기를 다하면서도 필담은 하지 않았다. 북경北京에 체재
할 때에는 거리를 두루 돌아다니면서 수시로 말을 주고받아서 듣는 데
더욱 익숙해졌다. 오직 문자文字와 오어奧語(관용어, 속담, 속어 따위 현지
인끼리 쓰는 말), 그리고 남쪽 사람들의 말은 들어도 멍하여서 귀머거리
나 벙어리가 된 듯하였다.

—『담헌서』 외집 권8 「연기燕記 · 연로기략沿路記略」

중국어를 상당히 능숙히 구사하게 된 홍대용이 얼마나 신나게
북경 거리를 쏘다니며 구경하고 대화하고 중국 문화를 체험했을지
짐작하고도 남는다. 『담헌서』에는 조선 시대 다른 학자, 선비들의 문
집과 달리 중국어 구어체와 필담한 내용이 많이 수록되어 있다. 홍
대용의 일화는 외국어 학습의 일반적인 과정을 보여준다. 처음 외국
어에 관심을 갖고 아무리 공부를 하더라도 막상 해당 외국어를 써
야 할 상황에 맞닥뜨리면 말이 쉽게 나오지 않는다. 이럴 때는 무식
한 것이 용감하다고 뻔뻔하게 막 써야 한다. '너는 내 말을 모르는데

왜 나는 네 말을 잘 알아야 하느냐?' 하고 말이다. 이런 태도로 아는 대로 말을 하다 보면 차츰 의사소통이 되고 실력이 는다. 언어의 1차적 본질은 의사소통이기 때문에 의사만 소통되면 옳은 말 틀린 말이 없다. 그러나 언제까지나 어린아이 수준에 머물러 있을 수는 없기에 차츰 말을 더 많이 배워나가야 하는 것이다. 미리 기죽고 겁먹을 필요는 없다는 말이다.

외국어를 배워서 어디에 쓸 것인가

홍대용이 북경에서 겪은 일 가운데 특기할 만한 하나가 있다. 이 일화는 외국어 공부에 특히 시사하는 바가 있다. 어느 날, 비장裨將(조선 시대 지방관이 데리고 다니던 막료) 이기성李基成이 원시인 사람이 쓰는 안경인 원시경遠視鏡을 구하려고 유리창琉璃廠(원·명 때 황궁에 사용하는 유리기와를 만드는 곳으로 유명해졌고 이후 골동품이나 예술품을 중개 판매하는 상가가 형성되었다. 청 건륭제 때는 북경에서 가장 큰 책 시장을 이뤘다)에 갔다가 우연히 중국인 두 사람을 만났다. 용모가 단정하여 문인文人의 기품이 있고 모두 안경을 꼈는데 아마 원시였던 모양이다. 이기성이 두 사람에게 다음과 같이 말하였다. "내가 친구를 위해 안경을 구하려고 합니다. 그런데 거리에서 진품을 구하기 어렵고, 선생님께서 끼고 계신 안경이 제 친구 눈에 맞을 듯하니 저에게 파십시오. 선생님은 혹 여분으로 더 가지고 계실 수도 있고 새로 구하기도 어렵지 않을 터입니다." 두 사람 가운데 한 사람이 선뜻 안경을 벗어 주면서 "그대에게 안경을 구해오라고 부탁한 사람은 나처럼 눈이 나쁜가 봅니다. 내 어찌 안경 하나를 아끼겠습니까? 팔라고 할 것은 없습니다." 그러고는 옷깃을 떨치고 가버렸다. 이기성은 경솔하게 말을 꺼냈다가 공연히 남의 물건을 가로챈 셈이어서 얼른 따라가서 안경을 돌려주려고 하였다. 두 사람은 언짢은 기색으로 "하찮은 물건을 가지고 뭐 그리 어려워하십니까? 동병상련의 뜻으로 드린 건데 어찌 번거롭게 하십니까?" 하였다. 이기성은 부끄러워서 더 이상 말을 못하고 두 사람의 내력을 물었더니, 그들은 절강성 출신 거인舉人(향시에 합격한 사람)으로서 시험을 보려고 올라와서 정양문正陽門(북경 시성의 정남문) 밖 간정동에 묵고 있다고 하였다.

이기성이 안경을 가지고 와서 사연을 말하고 홍대용에게 종이를 달라고 하면서 그들에게 보답하고 싶다고 하였다. 그러고는 두 사람의 인품을 칭찬하면서 홍대용더러 만나보라고 하였다. 이기성이 홍대용에게 얻은 물품을 가지고 두 사람을 찾아가 인사를 나누고서 예물을 주고받은 뒤 두 사람이 성시省試에서 제출한 답안지 복사본을 얻어 와서 홍대용에게 보여주었다.

다음 날 홍대용 일행 세 사람이 간정동으로 찾아가서 인사를 나누고 서로 소개를 하였다. 두 사람은 절강성 항주 전당錢塘 출신인데 이름은 각각 엄성嚴誠, 반정균潘庭均이라 하였다. 이에 홍대용이 "누관창해일樓觀滄海日(누각에선 창해에 뜨는 해가 보이고)!"하고 외우니, 엄성이 "문대절강조門對浙江潮(문은 절강의 조수를 대한다)!"하고 대를 맞추었다. 이어서 절강성 여요 출신 학자인 왕수인王守仁(1472-1528, 왕양명王陽明)의 학문과 사상을 논하였다. 이야기가 무르익자 서로 학문의 관심사와 항주의 풍광과 풍속을 화제 삼아 청아한 대화를 이어갔다.

홍대용은 조선으로 돌아온 뒤에도 이 사행에서 사귄 두 사람과 계속 편지로 왕래하며 학문을 교류하고 인품을 서로 흠모하고 영향을 주고받았다. 홍대용의 성공적인 연행燕行(청에 보내는 사신의 행차. 청의 수도가 연경燕京이어서 연행이라 한다)은 조선 지식인 사회에 엄청난 반향을 일으켰다. 홍대용의 연행에 고무된 연암 박지원, 청장관 이덕무, 영재 유득공, 초정 박제가 등 실학적 지식인들에게 연행은 일종의 유행이 되었다. 홍대용을 필두로 한 이들 지식인은 북학파를 형성하여 실사구시와 현지답사라는 과학적 학풍을 일으켰다.

홍대용이 처음 만남에서 엄성과 주고받은 시구는 당唐의 시인 송지문宋之問의 「영은사靈隱寺」라는 시에 나오는 구절로서 수만 수나 되는 당시唐詩 가운데에서도 뛰어난 대구對句에 속한다. 항주의 서호 서쪽에 있는 영은사라는 절은 동진東晉 시대 326년에 지은 고찰인데, 항주에서 가장 유명한 사찰이다. 홍대용은 두 사람이 절강에서 왔다는 말을 듣고서 대뜸 이 시구로 운을 떼었던 것이다. 홍대용의 이 일화는 외국어를 배워서 해당 나라의 문물과 문화를 접하고, 현지 지식인을 만나 고상한 취향을 나누고 교양을 갖춘 격조 높은 교류를 이루는 방식을 보여준다. 외국어를 공부하기로 했으면 마땅히 이런 경지에까지 이르러야 하리라.

중고등학교를 다닐 때 이미 공부를 조금 하는 친구들은 너도 나도 오로지 영어 공부에 몰두하였다. 남들에게 돋보이려고 말할 때 영어 어휘를 섞어서 쓰는가 하면, 영어를 한 줄도 못 읽는 녀석들이 펜팔 협회에 등록하여 펜팔 안내책자에서 문구를 베껴서 영어로 편지를 쓰고, 팝이 밥보다 좋다고 너스레 떨면서 고전음악은 아예 귀를 닫고 오로지 뜻도 모르는 팝송만 흥얼거리는 또래 친구들의 허세에 반감을 느꼈던 나는 은연중에 역관은 중인이며, 영어 공부, 특히 회화를 위주로 한 영어 공부는 역관이나 하는 일이라고 폄하하였다. 아마 영어 공부에 좌절하고 낙심하여 짐짓 외면했는지도 모르겠다. 실제로 나는 고등학교 다닐 때 학과 공부를 하기보다 고전문학 작품을 읽는 데 더 몰두하였고, 영어 교과서나 참고서보다 성서와 신학 서적을 들추는 데 더 많은 시간을 쏟았다. 학문이라면 모름지기 고상한 형이상학과 철학을 논해야지 중인이나 하는 통역을 하려고 영어 공부를 하는 일은 내 수준에는 걸맞지 않다고 잘난 체하면서 건방을 떨었던 것이다.

기초 부실이 오히려 다행?

대학에 들어가서 교양과정을 거치고 2학년이 되어 전공과정으로 들어가자마자 매 학기 한두 과목 이상 영어 원서를 교재로 쓰게 되었다. 영어를 외면하려 해도 할 수 없었다. 대부분 대학생들이나 동기들은 취업이나 유학을 위한 토플과 토익 시험공부에 몰두하였다. 나는 영어의 토대가 워낙 빈약한 터라 시내 학원에 가서 『성문종합영어』를 수강하였다. 강사는 교재를 차례에 따라 가르치지 않고 자기가 요약 편집한 영문법 교재로 수업을 진행하였고, 본 교재에서는 장문독해 부분만 해석을 해주었다. 강사는 자기가 미국에 유학한 경험을 사례로 들면서 영문법의 시제時制, tense는 과거형과 현재형 두 가지라고 알려주었다. 왜? 영어의 동사는 과거형과 현재형밖에 없으니 시제도 두 가지라는 것이다.

처음 미국에 갔을 때 외국인을 대상으로 강의하는 현지 강사가 영문법에 시제가 몇 개인지 아느냐고 묻더란다. 이 강사가 자신 있게 손을 번쩍 들고서 "Twelve. Sir!" 하고 대답했단다. 그랬더니 다들 눈을 휘둥그레 뜨고서 웅성웅성하고 현지 강사도 빙그레 웃고는 다른 답을 할 사람이 있는지 물었단다. 인도에서 온 사람이 "Two. Sir!" 하고 대답하니 현지 강사가 고개를 끄덕이더라고 하였다. 그러고서 영어 강사는 우리나라에서 통용되는 영문법 책에서 열두 가지로 분류한 시제는 실제로는 시상時相, aspect이라고 하였다. 영어에서 시제는 시간을 반영하는 동사의 변화 형태로서 과거와 현재 두 종류가 있으며 동사가 지배하는 행위가 이루어지는 시간의 상相이 열두 가지인데, 이것이 이른바 열두 시제로 잘못 알려졌다고 한다.

또한 영어 강사는 우리나라 영문법 교육에서 심각한 문제 가운데 하나는 문장을 다섯 가지 형태로 나누는 방식이라 하였다. 문장 형식이란 주어와 동사가 결합하는 양상을 근거로 문장을 분류하는 방법인데, 영어의 본고장에서는 아예 문장 형식을 다루지 않으며, 혼비Hornby라는 영문법 학자는 이를 서른다섯 가지로 분류하고, 학자에 따라 수십 가지로 나누기도 하는 만큼 문장 형식이라는 말을 아예 잊어버리라고 당부하였다.

영어의 기초가 빈약한 나는 오히려 혼란만 느꼈다. 그러나 이후 여러 언어를 공부하면서 상투적인 문법 체계에 안주하지 않고 언어의 문법 구조를 더 비판적으로 주시하게 되었다. 또한 어떤 외국어를 배울 때마다 언어 현상이나 언어 구조에 관심을 갖게 되었다. 그리고 동서양 철학을 회통會通하겠다는 허황한 꿈을 안고서 우선 동서양의 주요 언어를 섭렵하겠다는 야심찬 계획을 세웠다.

대학 시절은 거의 매 학기 영어로 된 원서를 보았는데 지금 생각해도 어떻게 공부를 하고 학점을 땄는지 모르겠다. 내 대학 시절의 영어 학습은 우연과 임기응변, 암중모색으로 일관하였다. 심지어 대학원에 진학하여 석사 1학기 때 수강한 고대 희랍철학 세미나에서 외국의 학술지에 실린 영어 논문을 편집하여 읽었는데, 내가 맡은 부분을 번역하면서 밑천을 고스란히 드러내고 말았다. Galilean dynamics, 곧 갈릴레이의 역학力學을 '예수의 역학'으로 번역하였다. 세미나에 참석한 사람들은 다들 어안이 벙벙하였다. 실은 Galilean을 영어사전에서 찾아보니 맨 앞에 '갈릴리 사람의' '예수의'라는 뜻풀이가 나와서 다른 뜻풀이와 용례는 보지도 않고 성급하게 '예수의 역학'이라고 단정하였던 것이다.

데칸슈와 독일어

대학 시기에는 외국어로서 영어보다 독일어를 더 열심히 공부했다. 고등학교 때 제2외국어로 독일어를 배웠다. 당시 독일어 교사 가운데에는 철학을 전공한 사람이 꽤 많았다고 한다. 아마도 일제 때 교육의 영향으로 짐작되지만, 이른바 데칸쇼(데카르트, 칸트, 쇼펜하우어)로 일컬어지는 독일 관념론 철학이 주류를 이루었던 철학 교육 풍토 속에서 독일철학이 학과목의 주된 자리를 차지했던 것이다. 인문학이나 사회학을 공부하고 유학을 가려는 사람들은 학비가 안 들고 학문의 저력이 강한 독일을 주로 선택하였다. 그리하여 철학을 전공하고 교직을 이수한 사람들은 고등학교 독일어 교사로 나가기가 쉬웠던 것이다.

나는 당시 신학과 중세철학에 관심을 갖고 있었는데, 선배들은 이런 학문을 하려면 독일로 유학을 가야 한다고 하였다. 영어에는 그렇게 관심이 없었던 나는 학문에 대한 열의로 독일어를 열심히 공부하였다. 당시에는 독일어를 가르치는 학원도 여럿 있었고, 가장 각광받는 교육기관으로는 괴테하우스라고 했던 독일문화원이 있었다. 그러나 괴테하우스에 들어가려면 시험을 보거나 추첨을 해야 한다고 해서 을지로에 있는 독문화학원이라는 곳에 새벽이나 저녁마다 가서 공부를 하였다. 기초 문법을 떼고 기초 독문 해석을 수강한 뒤 중급 독문 해석까지 들어갔다. 겨울방학 때에는 학생회에서 운영하는 독일어 강좌도 수강하였다.

민주화 열망이 요원의 불길처럼 타오르던 80년대 당시, 현실 변혁에 몸을 던진 이른바 운동권 학생을 제외한 숭실대학교 철학과 학우의 상당수는 신학대학교 대학원에 진학하는 데 온통 관심을 가졌다. 실제로 숭실대학교 인문학부를 나와서 장로회신학대학 대학원에 진학하는 사람을 보수 개신교계에서는 우스개로 성골이라고 할 정도였다. 나와 가까이 지냈던 학우들을 비롯하여 동기 10여 명이 신학교에 진학하였으니 숭실대학교 철학과는 장로회신학대학 대학원 진학을 위한 예비과정이나 마찬가지였다. 처음 신학과 중세철학을 공부하겠다고 들어간 철학과에서 공부를 해나가면서 맞닥뜨린 이런 경직된 분위기에 도리어 반감이 생겼다. 학문은 진리 탐구 자체를 목적으로 해야지 어떻게 출세와 성공을 위한 수단으로 삼는단 말인가? 이런 학우들의 행태와 개신교 계통 학교에서 더욱 심했던,

미국 문화에 경도되는 풍조에도 반감이 깊어져갔다. 그리하여 어쩌면 자연스레 동양학에 관심을 기울이게 되었다.

동양학에 대한 관심과 한문 공부

2학년 1학기 때 전공과목의 하나인 『중용中庸』을 수강하였다. 수강생 대부분이 한문 텍스트를 읽는 데 엄청난 부담을 느끼고 당혹해하였다. 중등 교육과정에서 아예 한문을 배우지 않은 학생들도 더러 있었고, 미션스쿨이라는 학교의 특성상 동양 문화나 한문 문화에 전혀 관심이 없는 학생들이 대부분이어서 원전을 강독하는 이 수업에 많은 부담을 느꼈다. 여학생들은 번역서의 도움을 받아서 수업 준비를 나름대로 해왔지만 남학생들은 거의 시간이나 때우고 학점이나 대충 관리하는 정도로 수업에 임하였다. 나는 『중용』의 깊은 뜻을 제대로 이해하지는 못했지만 수업에 부담은 갖지 않았다. 비록 번역서의 도움을 받기는 했지만 그럭저럭 독해를 하고 교수의 강의를 들으니 대강이나마 이해할 수 있었다. 또한 『중용』을 비롯한 동양 고전의 참맛을 어설프게나마 느낄 수 있었다. 『중용』을 수강하고서 동양철학을 계속 공부하기로 마음을 굳혔다. 친구들도 나를 당연히 동양철학을 전공할 사람으로 보게 되었다.

내가 학문을 하려면 언어 실력이 필요불가결한 조건임을 깨달은 계기는 우연히 찾아왔다. 2학년 1학기 때 동양철학자들이 인하대학교에서 학술회를 개최하였다. 인천에 사는 친구가 놀러 가자고 해서 학술회에 참관하였다. 검은 두루마기 차림을 한 소장少壯 학자 한 사람이 날카로운 쇳소리로 논문을 발표하였는데, 발표할 내용을 벗어나 비속어와 상스러운 소리를 섞어가면서 '완전번역'에 관하여 열변을 토하였다. 미국과 일본의 학술서 번역 수준을 칭송하고 우리나라 학계와 출판계의 번역에 대한 저급한 인식을 성토하였다. 그리고 순한글 글쓰기를 주장하였다. 예컨대, 우리나라 학계에서는 'Aristoteles의 倫理學에 있어서 θηόρια와 πραχις의 관계'라고 하면 인정을 해주고 '아리스토텔레스의 윤리학에 있어서 이론과 실천의 관계'라고 하면 무시하는 풍조가 만연해 있다는 것이다. 원로 학자들은 불편해하는 기색이 비쳤지만 젊은 학자들이나 대학원생들은 신선한 충격을 받은 듯하였다.

이 소장 학자는 미국에서 막 귀국하여 고려대학교에 부임한 김용옥 교수였다. 당시에는 잘 몰랐으나 나중에 학교에 돌아와서 그가 쓴 『동양학, 어떻게 할 것인가』라는 책을 읽고 친구들 말을 들어보았더니 고려대학교에서는 아주 유명한 인사라는 것이었다. 실제로 당시 인기 있는 청소년 텔레비전 연속극에서는 이 김 교수의 언행을 차용하여 등장인물(문성근 분扮)의 한 사람으로 그려내기도 하였다. 이 책은 동양학을 공부하려면 한문만 공부하면 될 뿐 영어나 다른 외국어는 필요 없다고 여기고 있던 우물 안 개구리에게 넓은 세계를 열어주었다. 학문을 연구하려면 언어가 필요불가결한 수단이라는 사실을, 뿐만 아니라 동양학 연구의 성과와 업적은 유럽과 미국, 일본이 우리보다 몇 배 많이 축적했을 뿐만 아니라 수준도 매우 높다는 사실을 구체적으로 알려주었다.

2학년 2학기가 끝나갈 무렵, 1년 선배들이 전공을 세분화한 학문 분과 모임을 조직하였다. 나는 희랍어, 라틴어를 공부하고 한문을 익힌 뒤 동서양 철학을 두루 섭렵하고 깊이 학문을 닦아서 동서양 철학사상을 회통하리라는 허황한(?) 꿈을 품고 있었던 터라 동양철학과 미학/예술철학 분과에 지망하였다. 한 주에 한 차례 분과 모임을 열었다. 미학 분과는 공부 모임 결성을 발의했던 노숙한 선배의 지도로 몇 차례 모여서 발제를 하고 토론을 하면서 제법 공부를 해나갔다. 그런데 동양철학 분과는 회원이 3학년 선배 두 사람과 달랑 나뿐이었다. 그런데 선배 둘도 입대 등의 이유로 모임에서 빠지자 전공 교수의 도움으로 나 혼자 대학원생들 틈에 끼어서 한문 강독에 참여하였다. 대학원 선배들은 한 주에 한 차례 오전 10시쯤 모여서 『논어집주論語集註』를 읽어나갔는데, 전체 스무 권으로 된 책을 한 번 모임에 한 권씩 다 읽어나갔다. 진도가 느릴 때는 짧은 겨울해가 기울고 어두워져서 학교 건너편 산동네 집집마다 불이 환히 밝혀질 때까지 글을 읽었다. 당시 선배들은 민족문화추진회 연수반에 다니면서 한문 고전 공부를 하였는데, 『논어집주』 강독은 선배들에게는 예습 겸 복습인 셈이었다.

내가 동양철학에 관심을 갖고 계속 공부하겠다는 포부를 밝히자 선배들은 이구동성으로 동양철학을 공부하려면 한문은 물론 일본어와 중국어도 공부를 많이 해야 한다고 조언을 하였다.

3년간 매달린 학술서 번역

대학원에 진학해서는 4학기 만에 졸업을 하려고 학점 관리와 논문 연구에 매진하였다. 독일에 유학하고 돌아온 송영배 교수가 학위 논문을 정리하여 펴낸 『중국사회사상사』라는 책이 갓 출간되었다. 유교 사회가 마르크스주의를 받아들여서 중국식 사회주의로 발전한 사상적 맥락을 연구한 책인데, 공자왈, 맹자왈 하는 전통 유교의 잔재가 남아 있던 당시 학계에 엄청난 충격을 안겼다. 나도 송 교수의 사회과학적 방법론을 참조해 맹자의 심성론을 연구하여 석사학위논문을 제출하였다. 논문 제출 자격시험을 볼 때 제2외국어는 일부러 독일어 시험을 보았다. 한문 시험도 선택할 수 있었지만 그러면 왠지 거저먹기 같고 다른 수험생들과 형평성에 맞지 않은 듯하여 독일어 시험을 보았다.

1989년 2월, 대학원을 졸업한 뒤 입대 날짜를 받았는데 5월 8일이었다. 졸업을 하고 입대하기까지 석 달가량 여유가 있었다. 3월에 개강한 뒤 지도교수가 입대하기 전에 석박사 과정 선후배들의 세미나에 참석하라고 하였다. 세미나 교재는 벤저민 슈워츠Benjamin Schwartz의 『고대 중국 사상의 세계The World of Thought in Ancient China』였다. 원래 지도교수가 학술재단의 명저번역 지원을 받아 작업하는 책이었는데, 나는 제7장 맹자를 맡았다. 입대 날짜도 가까워지고 학점 부담도 없어서 의무감이 없으니 자연 긴장감은 떨어졌다. 선후배들이 나누어서 조금씩 번역을 해 와서 발표와 토론을 하였는데, 나도 남에게 폐를 끼치지 않으려고 내 몫은 열심히 해야겠다고 마음먹었다. 맡은 부분을 3분의 1쯤 번역한 시점에서 입대를 하였다.

고향에서 보충역 단기사병으로 복무하고 나서 91년에 박사과정에 입학하였다. 박사과정 세미나에 참석했더니 2년이 지나도록 슈워츠의 『고대 중국 사상의 세계』 강독이 더는 손도 대지 않은 상태로 있었다. 그리하여 내가 소매를 걷어붙이고 나서서 다른 선배들이 초역을 한 원고를 참조하여 처음부터 번역을 했다. 거의 모든 단어를 일일이 사전을 찾다시피 해서 번역을 했다. 1년 가까운 시간을 들여서 1차 번역을 한 다음 다시 처음부터 읽어나가면서 우리말로 어색한 부분, 이해가 잘 안 되는 대목을 집중적으로 고치면서 재번역을 했다. 이 과정에서 또 한 해 가까운 시간을 보냈다. 원고를 완성하여 지도교수가 학술재단에 제출하였는데, 숭실대학교 학부를 마치고 미국에 유학을 하여 슈워츠 교수 밑에서 학위를 한 뒤 국내 모 대학에 부임한 교수가 심사위원으로서 번역 원고의 절반에 이르는 분량의 오역이나 부정확한 부분을 지적하여 보내주었다. 다시 처음부터 원고를 보아가면서 지적한 수정 사항을 반영하고 다듬어서 세 번째 번역을 완성하였다. 완성한 원고를 지도교수에게 가져갔더니 교수께서 처연한 표정으로 말씀하셨다. 이 원고는 넣어두라고, 심사위원이었던 모 교수가 최근에 이 책을 번역해서 출간하였노라고. 이 말을 듣는 순간 눈물이 핑 돌았다. 3년 동안 고생한 일이 물거품이 되고 만 것이다. 비록 책의 출간으로 결실을 보지는 못하였지만 덕분에 영어라는 언어를 확실히 파악하였으니 나름 의미가 있다고 자위를 하였다.

박사과정 입학과 일본어, 중국어, 불어 공부

박사과정에 입학하자마자 일본어와 중국어 공부에 몰두하였다. 대학 때 잠시나마 일본어를 공부했던 터라 먼저 일본어 공부를 시작하였다. 새벽에 을지로에 가서 석 달 동안 일본어 기초과정을 이수하고 중급과정으로 올라갔다. 일본어가 어느 정도 익숙해진 뒤, 2학기 9월부터는 중국어를 동시에 수강하였다. 일본어와 중국어를 각각 2년 정도 이수하였다. 처음 외국어에 입문할 때는 사전을 찾아가면서 혼자 책을 읽을 때까지 공부해야겠다고 마음먹었는데, 2년 정도 공부를 하고 나니 어느 정도 자신감이 붙었다.

중국어와 일본어가 일정 궤도에 오른 뒤 알리앙스 프랑세즈에 가서 불어 공부를 시작하였다. 불어는 『시경詩經』에 관심을 가진 것을 계기로 공부하게 되었다. 석사과정을 마치고 입대하기 전 김용옥 교수의 책을 몇 권 읽었는데, 그는 사회학적 관점에서 『시경』을 해석한 마르셀 그라네Marcel Granet, 1884-1940의 연구서를 소개하였다. 『시경』 해석에 관한 획기적인 관점을 제시한 그라네의 연구서는 기념비적인 저작이라면서 덧붙이기를, 일본에서는 그의 주저主著가 1930-40년대에 번역되었는데 우리나라에는 아직 번역이 안 되어 있다고 개탄하였다. 그렇다면 누가 해야 할까? 번역을 실적으로 쳐주지 않는 한국의 실정에서 학문적 성과에 아무런 도움이 되지 않아서 누구도 하려고 하지 않거나 불어 실력이 모자라서 아무나 할 수 없다면 내가 해야 하지 않겠는가! 이에 불어에 도전하였다. 이때는 이미 중국어와 일본어를 2년 이상 공부한 뒤라 외국어 공부의 범위를 확장해도 무리가 없을 시점이었다. 이에 새벽마다 남산 밑에 있는 알리앙스 프랑세즈로 불어 공부를 하러 다녔다. 불어는 쉽지 않아서 아무리 공부해도 요령을 터득할 수 없었다. 2년 남짓 공부하고도 일본어와 영어의 도움을 받아서 겨우 앙리 마스페로Henri Maspero, 1883-1945의 『도교와 중국 종교Le Taoïsme et les Religions Chinoises』를 선배와 함께 번역하여 1999년에 출간하였고, 2005년에 마침내 마르셀 그라네의 『고대 중국의 축제와 가요Fêtes et Chansons anciennes de la Chine』를 번역하여서 출간하였다. 이 책은 현지에서 1919년에 첫 출간되었고, 일본에서는 1938년에 처음 번역 출간되었다.

비로소 이해하게 된 영어의 언어적 특성

박사과정을 마치고 중국어와 일본어, 불어를 공부하니 외국어 공부에 흥미와 관심이 더욱 깊어져서 여세를 몰아 왕년에 공부했던 독일어 공부를 더욱 심화하기로 마음먹었다. 적당한 학원을 물색하였더니 마침 숭실대학교 독문학과에서 공부를 하고 독일에 유학하여 독일어 어학을 전공한 선배가 인링구아In Lingua라는 학원에서 독일어를 강의하고 있었다. 1990년대 중반이 되면서 이미 일본어, 독일어, 불어는 퇴조하고 있었다. 그리하여 대학원 석사과정에 입학했을 때만 해도 몇 군데 있던 독일어 학원은 겨우 명맥을 유지하는 정도였다.

우선 전에 공부했던 『최신독일어』라는 책을 다시 정리한 다음 독문과 선배가 강의하는 『종합독문해석』을 수강하였다. 새벽에 알리앙스 프랑세즈에 가서 불어를 공부하고 오전에 인링구아로 가서 독일어를 공부했다. 독어 강사는 문장 해석보다 구성과 형식에 치중하여 강의하였다. 독일어는 몇 가지 문장을 구성하는 규칙이 있는데, 이 규칙은 거의 예외 없이 적용된다고 한다. 예컨대, 주동사主動詞는 반드시 문장의 둘째 성분의 위치에 온다는 점, 관사나 형용사, 명사의 어미는 반드시 지배하고 지배를 당하는 관계가 명료하다는 점, 품사와 성분의 지배 규칙이 일정하다는 점 등을 강조하여 강의를 하였다. 그리하여 우리가 고등학교와 대학교에서 독일어를 처음 배울 때 der-des-dem-den/die-der-der-die 하고 기계적으로 외운 것이 실은 정관사이며, 이어지는 명사의 격과 수에 따라 각각 이와 같이 굴절한다는 사실을 일목요연하고 아주 체계적으로 설명해주었다.

독일어는 두 달 정도 수강했는데 이로써 나는 외국어를 공부할 때에는 무엇보다도 그 언어의 구조를 이해해야 한다는 사실을 깨달았다. 해당 언어의 문장성분이 어느 자리에 오고 문장이 어떻게 구성되는지, 곧 언어의 구조적 측면에 관심을 기울이게 되었던 것이다. 언어를 공부하고 익히는 일은, 모국어가 아닌 외국어의 경우에는, 실은 언어의 구조를 익히는 일이나 다름없었다.

중국어와 일본어를 공부하고, 독일어와 불어를 공부하면서 각 언어의 특징을 어렴풋이 알게 되었다. 그리고 내가 영어를 잘 못한 까닭도 알 수 있었다. 나는 그때까지 원래는 굴절어였던 영어의 언어적 특성을 몰랐던 것이었다. 우여곡절 끝에 이제 주어가 3인칭 단수 현재형인 문장의 동사에 왜 -s나 -es가 붙는지, 왜 영어에는 완료형이 있는지, 왜 영어에는 관계대명사라는 것이 있는지, 왜 영어에는 주어와 함께 반드시 동사가 있어야 하는지 따위의 언어 특성을 이해하게 되었다.

『소학小學』에 스무 살에는 "널리 배우고 가르치지 않으며, 안으

로 간직하고 밖으로 드러내지 않는다〔博學不敎, 內而不出〕"라는 구절
이 있다. 나는 철학을 공부하면서 어린 치기로 한문과 중국어, 일본
어를 익히고 희랍어와 라틴어, 히브리어를 공부한 뒤 산스크리트어
를 배워서 동서양 철학과 고금의 사상을 섭렵하겠다는 가당찮은 꿈
을 꾸고서, 마흔이 될 때까지 공부만 하려고 하였다. 지금도 히브리
어와 산스크리트어까지 공부하는 것은 과욕이라 하더라도 라틴어와
희랍어까지 공부했더라면 하는 아쉬움이 남아 있다. 이젠 무엇을 새
로 하기엔 늦었다고 자조 섞인 푸념을 할라치면 주위에서는 위로와
격려를 한답시고 지금도 늦지 않았다고들 한다. 하지만 꿈은 하늘에
서 잠자고 추억은 구름 따라 흐른다!

2장

/

언어의 지도와 나침반

태초에 말씀이 있었다

내가 그의 이름을 불러 주기 전에는

그는 다만

하나의 몸짓에 지나지 않았다.

내가 그의 이름을 불러 주었을 때

그는 나에게로 와서

꽃이 되었다.

—김춘수, 「꽃」

외국어를 공부할 때 제일 중요한 요소는 먼저 언어의 본질을 이해하는 일이다. '언어란 무엇인가?' 맨 먼저 이 물음을 던져야 한다. 우리는 대한민국에서 태어나서 한국어로 언어생활을 하기 때문에 한국어를 외국어로 학습하지는 않는다. 그러나 한국어 이외의 모든 언어는 체계적인 학습을 통해 익힐 수밖에 없다. 언어학자의 연구에 따르면 아무리 완벽한 이중언어 세계에 사는 사람이라 하더라도 언어로 의사소통을 하고 세계를 인식할 때 그의 언어가 반영하는 세계의 상相은 한 언어가 지배한다. 우리는 한국어로 세계의 상을 그려낸다. 따라서 외국어를 배우면 해당 외국어가 반영하는 세계의 상을 습득하는 것이다.

성서에서는 태초에 하느님이 말씀으로 천지를 창조했다고 한다. 하느님이 천지를 창조하기 전 태초에는 땅이 혼돈混沌하고 공허하며 흑암黑暗이 깊음 위에 있었다. 하느님의 영靈이 수면 위에 운행하여서 빛이 있으라고 하자 빛이 생겼다. 우주의 모든 만물은 하느님의 말씀에 따라 생겨났다. 이와 같은 천지창조의 설화는 사람이 언어로 규정함으로써 세계가 대상으로 존재한다는 것을 의미한다. 혼돈이나 공허, 흑암은 모두 분화하지 않은, 규정되지 않은 전체를 가리키는 말이다. 칸트가 시간과 공간이 선험적으로a priori 인간의 수용력感性, Sinnlichkeit에 주어져 있다고 한 것처럼 말이다.

신약성서 『요한복음』 첫 구절에서도 이렇게 말한다. "태초에 말씀이 계시니라. 이 말씀이 하느님과 함께 계셨으니 이 말씀은 곧 하느님이시니라!" 태초에 맨 먼저 언어가 있었다. 언어로 규정되지 않은 것은 사유할 수 없으며, 사유할 수 없는 것은 존재하지 않는다. 한 송이 꽃도 꽃이라고 이름을 불러주기 전에는 아무것도 아니다. 존재 의미가 없다. 내가 꽃이라고 이름을 불러주어야 비로소 꽃이 된다. 태초에 말씀(언어)이 있지 않았다면 태초는 의미가 없는 것이다.

하느님이 만든 첫 사람 아담은 (하느님이 그의 앞에 데려온) 날짐승, 길짐승을 무어라고 불렀고, 이렇게 부른 말이 각 짐승들의 이름이 되었다. 아담은 어떻게 동물의 이름이 '자각적自覺的으로' 떠올라서 모든 동물에게 서로 다른 이름을 붙였을까? 이 설화는 아담에게 어떻게 말을 하는 능력, 개념화 작용이 일어났든 간에 사람이 대상에게 이름 붙임으로써 대상을 파악하게 되었으며 비로소 어떤 관계가 형성되었음을 알려준다. 무엇이 있다는 것은 바로 내가 무엇으로 부를 수 있다는 말이다.

몽골에서 국제협력단KOICA 단원으로 활동했던 사람이 알려준 사실이다. 몽골 사람들에게는 땅콩, 잣, 호두, 개암과 같은 고소한 맛이 나는 견과류의 이름이 하나라고 한다. 땅콩도 사마르, 잣도 사마르, 호두도 사마르. 말하자면, 땅콩도 고소한 것, 잣도 고소한 것, 호두도 고소한 것이라고 부르는 식이다. 그 대신에 말[馬]과 관련한 말은 놀랍도록 세세하게 나뉘어 있다고 한다. 심지어 한 살짜리 말이 눈 똥, 두 살짜리 말이 눈 똥을 가리키는 말이 다 다를 정도로. 곧, 몽골 사람들의 문화와 의식 세계에서는 개별 견과의 맛을 명료히게 구분할 수 없거나 구분할 필요가 없었을 것이나. 건과 하나히

나에 고유한 이름이 없었던 까닭은 몽골인의 삶에 저마다 제 모습을 따로 가진 견과가 없어서일 터이다. 그러나 점차 견과류가 그들의 생활에 많이 들어오면, 몽골 사람들도 차츰 견과류를 변별하게 되고 따라 들어온 이름을 사용하거나 아니면 새로 만들어낼 것이다. 이렇게 해서 새로운 견과류에 관한 언어의 세계가 열리는 것이다.

　사람은 생각하는 동물이지만 그보다 먼저 말을 하는 동물이다. 말은 본질적으로 의사소통을 하는 수단이다. 또한 말은 생각을 낳는다. 개념화한 말이 없으면 우리는 생각을 하는 데 많은 제약을 받는다. 우리 머릿속에 온갖 의식 현상이 중중무진 마구 일어나지만 말이 없으면 그것을 무어라고 이름하고 가닥을 지어서 가다듬을 수 없다. 현대 인지과학에서는 진화생물학에 입각하여 세계의 모든 언어에는 '보편언어'의 구조와 규칙이 있으며 사람은 뇌에 설계된 선천적 메커니즘에 의해 언어를 습득하며, 언어뿐만 아니라 여러 행동도 생물학적으로 발생한다고 주장한다. 인간은 진화하면서 언어를 만들 수 있게 되었고, 이 언어를 말하고 만들어내는 능력을 누구나 타고난다고 한다. 생득적인 기능이 작용할 때에는 어떤 언어에도 쉽사리 적응할 수 있지만 어느 정도 개념을 획득한 뒤에는 본능 같은 언어 습득 능력이 쇠퇴한다. 개념이 자리 잡은 뒤로는 개념을 부려서 생각을 하고 표현을 하고 의식을 확장해나간다.

초기 언어는 어떤 형태였을까

언어는 발견된 것인가? 아니면 고안된 것인가? 언어는 어떻게 생겨났을까? 인간은 언어를 어떻게 고안해냈을까? 언어란 사람이 들이마시고 내뿜는 공기가 발성기관을 자극해서 나오는 의미 있는 소리의 떨림이다. 자연의 소리는 뜻이 없는 음향일 뿐이지만 언어는 음향에 실어서 전달하는 의미인 것이다.

말이 어떻게 생겨났든 간에 사람은 말을 함으로써 의사를 소통한다. 요즘 젊은 사람들은 탕수육과 같은 중국 음식을 시켰을 때 따로 나오는 양념장을 요리에 부어서 먹으면 '부먹', 요리를 양념장에 찍어서 먹으면 '찍먹'이라고 한다. 이 말은 '부어서 먹다' '찍어서 먹다'라는 말에서 '붓다'와 '찍다' '먹다'라는 의미 요소만 떼어서 줄여 말한 것이다. 젊은이들 사이에 전자통신 용어가 유행하면서 간략하게 줄이거나 의미만 따서 배열하는 언어 습관에 따라 나온 말이 일상용어처럼 된 예이다. 이 말을 다시 한 번 살펴보면 언어 발생의 원초적인 형태를 거칠게나마 알 수 있다.

또 한 예를 살펴보자. 고故 고우영 화백의 만화 『십팔사략十八史略』 초반부에 다음과 같은 장면이 있다. 구석기시대 사람들의 생활상을 그린 부분이다. 장면 1, 한 사람이 냇물에 발을 담그고 윗몸을 숙여서 무언가를 잡고 있다. 한 사람이 묻는다. "좀 잡았?" 물속에 있던 사람이 대답한다. "못 삽." 장면 2, "보누 배고프." 장면 3, "빨 빨

잡!" "샤파!"(샤파는 고우영 만화에서 자주 쓰이는 비속어로 씹팔에 해당하는 표현이다.) 장면 4, "누구는 잡기 싫어서 안 잡냐? 네가 한 번 물에 들어와서 잡아봐라! 매낀매낀 도망가는 물고기가 얼마나 잡기 어려운지 아냐? 짜슥아!" 장면 5, "으와~ 웬 말 그렇…… 잘?" 장면 6, "나도 몰…… 홧김…… 좔좔 나왔……"

만화적 상상력을 동원하여 구성한 장면이지만 언어의 원초적 형태를 매우 탁월하게 재현하였다. 실제로 인류 사회 초기의 언어는 명사와 동사 형태로 단순히 의미 요소만 전달하는 형태였으리라. 동사의 활용과 어미의 변화, 부사나 관형사 같은 수식언, 시제, 청유형, 의문형, 명령형 등의 문장 형식을 갖추지 못한 채! 장면 4는 초기의 단순한 의사 전달 수준에서 점차 복잡한 의미를 소통해야 하는 상황이 필연적으로 발생하고 그에 따라 어휘와 내용이 급격히 비약해가는 언어 발달 과정을 희화화하여 보여준다. 이 장면은 대화를 할 때에는 음성언어 이외에 표정, 동작과 같은 보조 수단과 이를 둘러싼 상황이 아주 중요한 작용을 하고 있음을 보여준다. 이는 현대사회의 언어생활에서도 마찬가지이다.

음성언어의 경우 의사소통 과정에서 실제 발화發話 상황이 전체적으로 맥락을 이루지만, 문장언어는 오로지 쓰인 글로만 이해해야 하기 때문에 더욱더 다양하게 해석된다.

우리가 외국어를 공부할 때 언어의 하나로 공부해야 하는 까닭은 바로 언어를 해석하는 단계를 거쳐야 하기 때문이다. 인간은 모든 것을 해석함으로써 대상 세계를 이해하고 삶을 영위한다. 이 모든 삶의 행위를 지탱해주는 수단이 언어이다.

정관사를 발명한 고대 희랍

어떤 철학자는 정관사의 발견이 학문의 탄생을 촉진했다고 한다. 고대 희랍에서 학문이 본격적으로 발전하기 수세기 전에, 당시 어떤 언어에도 없던 정관사가 처음 생겨났다. 정관사는 어떤 역할을 하는가? 인도-유럽어 계열 언어(이하 인도-유럽어)의 정관사를 쓰는 언어에서 정관사는 명사를 지시하는 역할을 한다. 곧 어떤 단어라도 정관사가 붙으면 명사가 될 수 있다. 그것도 '한정된definite' '유일한unique' 명사 말이다. 일상 언어에서 형용사(우리말에서는 관형사까지 포함하여)와 동사는 어떤 실체의 속성이나 동작을 나타낸다. 이 속성이나 동작은 실체에 종속되며 어쩌다 있게 된 우유적偶有的인 성질을 띤다. 예컨대, '이 장미는 붉다'라고 하면 우리 눈앞에 있는 구체적인 '이' 장미는 실체로 존재하지만 '붉다'는 따로 존재하지 않는다. 장미 속에 어쩌다 들어 있게 된 속성일 뿐이다. '토끼가 뛴다'라고 하면 깡총깡총 뛰는 토끼는 구체적으로 존재하나 '뛴다'는 성질은 따로 존재하지 않고, 뛰어가는 토끼의 행위로 어쩌다 붙어서 잠시 존재할 뿐이다. 그래서 속성이나 동작은 담지자에 의존하는 반면, 담지자는 자립적으로 존재한다. 자립적인 담지자는 명사로 불린다.

그런데 희랍어를 비롯한 인도-유럽어에서는 정관사를 붙임으로써 비자립적인 속성이나 동작도 자립적인 명사로 만들어낼 수 있다. 형용사 'red'는 'The red'가 되면 추상명사가 된다. 우리말에서도 '붉다'는 형용사를 '붉음' '붉기'와 같이 명사화 접미사를 붙여서 명사로 만들어낼 수 있지만, 지표적인 측면에서 The red만큼 명료하지 않고 가독성이 떨어진다. 희랍 사람들은 정관사를 고안해냄으로써 처음으로 자유롭게 명사를 만들어낼 수 있었으며, 명사는 실체를 갖기에 '무엇'으로 규정될 수 있었다. 학문은 바로 명사(실체)를 규정하는 형식으로 생겨났던 것이다. 언어 현상이 최초에 어떻게 생겨났든 간에 인간은 명사를 구별해냄으로써 세계를 대상으로 인식할 수 있게 되었다.

세계를 이해하는 중요한 통로, 언어

에른스트 카시러Ernst Cassirer라는 신칸트학파 철학자는 언어를 인간이 세계를 이해하는 가장 중요한 통로로 보았고 이 통로를 상징형식이라고 규정한다. 그리하여 인간이 고안해낸 상징을 인간성의 실마리라고 한다. 인간은 상징을 만들어내고 대상을 상징화함으로써 다른 동물과 달리 인간임을 드러낸다. 상징을 가리키는 영어

symbol의 어원인 희랍어 symbole는 원래는 두 조각으로 나뉜 막대기 하나를 의미한다. 두 친구가 저마다 둘로 나뉜 막대기 조각을 하나씩 지니고 있다가 자기 자식에게 물려준다. 막대기 조각을 물려받은 두 사람이 조각을 서로 맞춰보고 들어맞으면 선조의 우정 관계를 인정하고 이를 이어받아 우정을 유지해나간다. 낯선 두 사람이 처음 만났을 때 이들이 선천적으로 하나로 묶인 관계임을 나타내는 제3의 매개가 상징인 것이다. 이처럼 상징형식이란 인간이 세계를 인식하는 통로이다.

인간은 자연에 던져져서 상황에 순응하고 또한 환경에 적응해나간다. 이런 점에서는 동물과 마찬가지이다. 같은 종에 속하는 새들도 지역에 따라 사투리가 있다고 한다. 이는 어쩌면 당연한 일인지도 모른다. 새라고 왜 자기 의지가 없겠으며, 상황에 따라 적응하고 반응하는 나름의 방식이 없겠는가! 이 또한 지역에 따라 달라질 수밖에 없으니 새들마다 독특한 방식으로 울음을 우는 것이다. 하지만 새들이 사투리를 쓴다고 해서 언어를 갖는다고 말하기는 어렵다. 인간이 단순히 주어진 자연환경에 적응하고 반응하기만 하는 것은 아니기 때문이다.

인간은 거대한 자연에 직면하여 상황을 받아들이고 반응할 뿐만 아니라 상징이라는 제3의 매개물을 가지며 이를 통해 세계를 이해한다. 인간은 한갓 물리적인 우주에서만 살지 않고 상징적인 우주에서도 산다. 상징적인 우주는 의미의 세계이다. 이 상징적 세계를 이루는 요소가 언어, 신화, 예술, 종교 등이다. 인간은 언어 형식, 예술적 심상, 신화적 상징과 종교적 의식에 둘러싸여 살아간다. 카시러가 인간의 고유한 인식 통로, 다시 말해 세계를 이해하는 오성悟性의 구성력으로 제시한 상징형식 가운데 하나가 언어이다. 인간은 언어를 매개로 해야만 생각하고 의사를 소통할 수 있다. 언어는 인간이 세계를 이해하는 수단인 상징형식 가운데 가장 근본적인 것이며, 세계를 구성하는 세계상이다. 언어는 세계를 향해 열린 창문이다.

헬렌 켈러가 깨달은 것

헬렌 켈러Helen A. Keller의 일화는 상징형식인 언어의 기능을 잘 보여준다. 켈러는 태어난 지 19개월 만에 성홍열과 뇌막염을 앓고서 후유증으로 시각과 청각을 잃어버렸다. 그리하여 말도 잘하지 못하게 되어 세 가지 장애를 한 몸에 갖게 되었다. 이런 상태를 일컫는 한자말은 삼중고이다. 읽을 책이 별로 없던 70년대, 청소년 계몽을 위한 위인전기가 주로 도서관을 채웠던 시절에 켈러는 '삼중고의 성녀'로서 가난한 대한민국 어린이에게 삶의 귀감이 되었다. 켈러는 설리번J. Sullivan/A. S. Macy이라는 가정교사를 만나면서 장애를 딛고 보통사람처럼 살아가게 된다. 자신도 장님에 가까웠던 설리번은 아주 어려서부터 질곡에 갇혀 있던 켈러를 밝은 세상으로 이끌어냈다.

켈러가 설리빈을 만나서 학습하는 과정에서 깨달은 것은 무엇인가?

오늘 아침 너무나 중요한 일이 벌어져서 당신에게 꼭 몇 자 적어 보내드리고 싶습니다. 헬렌이 배움에서 두 번째 위대한 발걸음을 내딛기 시작했거든요. 아이는 모든 사물에는 이름이 있다는 것과 수화手話 문자는 자기가 알고 싶어 하는 모든 것의 열쇠라는 점을 깨달았습니다. (……) 오늘 아침 얼굴을 씻다가 아이는 'w-a-t-e-r(물)'라는 단어를 알고 싶어 했어요. 어떤 사물의 이름을 알고 싶으면 알고자 하는 사물을 손가락으로 가리킨 다음 제 손바닥을 칩니다. 저는 'w-a-t-e-r'라고 써 주었죠. 그러고는 아침 식사가 끝날 때까지 이 일에 특별히 신경을 쓰지는 않았어요. (……) 우리는 펌프로 가서 제가 펌프질을 하는 동안 헬렌에게 물이 나오는 주둥이 아래에 컵을 들고 있게 했어요. 찬물이 쏟아져서 컵에 물이 가득 찼을 때 헬렌의 빈손에 'w-a-t-e-r'라고 썼죠. 그 단어가 손바닥에 힘차게 쏟아진 찬물의 감각과 딱 맞아서 아이는 깜짝 놀란 모양입니다. 아이는 컵을 떨어뜨리고 그 자리에 못 박힌 듯이 서 있었어요. 환한 표정이 아이의 얼굴에 나타났죠. 아이는 몇 번이나 'w-a-t-e-r'라고 썼어요. 그러고는 바닥에 떨어뜨린 것의 이름을 묻고, 또 펌프와 격자울타리를 가리키고, 갑자기 뒤돌아보며 제 이름을 묻는 겁니다. 저는 'teacher(선생님)'라고 썼어요. 때마침 보모가 헬렌의 여동생을 펌프가로 데려왔죠. 헬렌은 'baby(아기)'라고 쓰고 보모를 가리겼어요. 집으로 가는 내내 헬렌은 굉장히 흥분해서, 손에 닿는 사물의 이름을 모두 배웠어요. 몇 시간 만에 새로운 단어 서른 개를 더 알았죠. (……) 헬렌은 오늘 아침 빛나는 요정처럼 눈을 떴어요. 아이는 이것저것 물건을 집어들면서 그 이름을 묻고는 매우 기뻐하며 제게 입을 맞추었어요.

—1887년 4월 5일 (* 밑금은 원서에 그어진 대로이다.)

이제 헬렌에게는 모든 사물은 이름을 갖고 있어야만 하죠. 어딜 가든 집에서는 들어본 적이 없는 사물의 이름을 열심히 묻습니다. 친구들에게 단어를 써주고 싶어 하거나 만나는 사람마다 자꾸만 철자를 가르쳐주고 싶어 하죠. 언어를 사용할 수 있게 되자 지금까지 했던 신호나 몸짓은 그만두었어요. 그리고 새로운 단어를 외우는 것은 헬렌에게는 더할 나위 없는 기쁨이 되었죠. 게다가 우리는 아이의 얼굴 표정이 날마다 풍부해지는 걸 알았어요.

—『헬렌 켈러는 어떤 교육을 받았는가』, 1887년 4월 10일

어느 날 새로 생긴 인형을 가지고 놀고 있는데, 설리번 선생님이 내 커다란 봉제 인형도 무릎 위에 올려놓으면서 'D-O-L-L'이라고 써주었다. 'D-O-L-L'이라는 글자가 두 인형 모두에게 해당하는 말이라는 걸 이해시키려는 행동이었다. 이때는 이미 'M-U-G'와 'W-A-T-E-R'라는 단어를 두고 홍역을 한 차례 치른 뒤였다. 그때 설리번 선생님은 'M-U-G'라고 쓴 글자는 머그컵을, 'W-A-T-E-R'라고 쓴 글자는 물을

가리킨다는 것을 내게 확실하게 기억시키려고 애를 썼는데도 나는 두 단어를 계속 혼동했었다. 선생님은 낙심하면서 적절한 때가 오면 다시 시도하려고 이 교육을 잠시 미뤄둔 상황이었다. 그랬는데 선생님이 같은 시도를 또 반복하니까 나는 그만 짜증이 나면서 새 인형을 집어서 바닥에 내동댕이쳤다. (……) 우리는 우물집을 덮고 있는 인동덩굴의 향기를 좇아 오솔길을 따라 우물집까지 걸어갔다. 누군가 물을 긷고 있었고, 선생님은 물이 뿜어 나오는 펌프 밑에 내 손을 갖다 놓았다. 차가운 물이 한 손 위로 쏟아지는 가운데, 선생님은 다른 손바닥에 'W-A-T-E-R'라는 단어의 글자를 처음에는 천천히, 다음에는 빠르게 써주었다. 나는 가만히 서서 온 신경을 선생님의 손가락 동작에 집중했다. 잊고 있었던 뭔가가 갑자기 희미하게 떠올랐다. 생각이 되살아나는 짜릿한 느낌이었다. 마침내 언어의 비밀이 내게 몸을 드러낸 순간이었다. 그러면서 나는 'W-A-T-E-R'라는 단어가 손 위로 쏟아지는 놀랍고 차가운 물질을 뜻한다는 걸 깨달았다. 이 살아 움직이는 단어가 내 영혼을 깨우면서 빛과 희망, 기쁨, 그리고 자유를 선사했다! (……) 우물집을 떠나면서 나는 배움의 열망으로 가득 찼다. 어떤 물건이든 이름이 있었고, 물건의 이름을 접할 때마다 내게 새로운 생각이 떠올랐다. 집으로 돌아왔을 때, 내가 만지는 모든 물건마다 생명의 기운으로 몸을 파르르 떨고 있는 것처럼 느껴졌다. 내게 생긴 낯설지만 새로운 시각으로 물건들을 보았기 때문이다.

—『헬렌 켈러 자서전』

헬렌 켈러가 깨달은 것은 모든 사물에는 이름이 있다는 사실이었다. 켈러는 이름(말)을 통해서 사물의 세계로 들어갔다. 이름을 통해서 사물들과 '상징적으로' 관계를 맺었다. 켈러는 몸짓과 신호로 의사를 전달하다가 말을 사용함으로써 '동물적' 수준에서 '인간의 수준으로' 도약한 것이다. 켈러는 설리번이 오기 전에 자기를 가르친 가정교사를 통해서도 이미 개별 사물에 이름이 있다는 사실을 알았다. 그러나 그때까지도 '어느 하나'가 아니라 '모든 것'에 이름(상징)이 있다는 사실은, 또 이름이 있어야 한다는 사실은 알지 못했다. 이 사건으로 켈러는 모든 사물이 이름을 갖고 있으며, 이름으로 불리며, 이름을 통해 나에게 대상으로 존재한다는 것을, 이름을 매개로 하여 나를 비롯한 모든 사람은 해당 사물을 처리하고 지배하고 장악한다는 것을 깨달았다. 그리하여 마치 막혔던 봇물이 터지듯 상징의 세계로 뛰어들었던 것이다.

철자만 배워도 이미 많이 배운 것이다

무슨 일이든 시작할 때에는 동기가 있다. 동기가 생겨났다면 구체적인 목적을 세우고 목표를 정해야 한다. 아주 오래전에, 감동을 주거나 우습거나 재미있는 짤막한 일화를 모아놓은 읽을거리에 실린 이야기 한 토막이다. 외국 어느 요양병원에 노인 한 사람이 입원

해 있었다. 찾아오는 사람도 별로 없고, 삼시 세끼 밥만 챙겨 먹고 멍하니 시간을 보낼 뿐 특별한 취미 활동을 하거나 다른 환자들과 이야기를 나누는 일도 별로 없었다. 그런데 어느 날부터 열심히 책을 읽고 공부를 하였다. 궁금해진 옆 병상의 노인이 "무얼 그리 열심히 읽고 있소?" 하고 물었다. "에스파냐어를 공부하오" 하고 대답하였다. "이제 살날도 얼마 남지 않았는데 무얼 골치 아프게 새로 에스파냐어를 배우고 그러시오?" "에스파냐 출신 새로 온 간호사가 아주 친절하게 잘 대해주어서 에스파냐어를 배워서 고맙다는 인사를 하고 싶어서 배운다오."

동기가 어떠하든 새로 외국어를 배우겠다고 결심하고 실천에 옮기는 일은 매우 가상한 일이다. 시작하지 않으면 언제나 문외한이지만 한 시간이라도 외국어 학습을 시도했다면 곧 입문한 것이다.

대학 2학년 1학기 때 교양으로 희랍어를 청강한 일이 있었다. 첫 시간이라 희랍어 철자만 배웠다. 대학 들어오기 전에 대소문자를 익혀둔 터라 어렵지는 않았다. 희랍에 유학하고 온 중년 강사는 첫 강의에서 세 시간 동안 '알파베타'를 열심히 연습을 시키고 나서 경상도 사투리가 섞인 억양으로 이렇게 말했다. "여러분은 이제 희랍어를 배웠으니 안 배운 사람과는 천지차이여요. 희랍어 알파베타로 '니 죽인다!' 이렇게 써놓으면 여러분은 알지만 다른 사람들은 모를 거 아녀요?" 웃지도 않고 반쯤 진지한 말투로 이렇게 말하자 수강생들은 모두 지지리지게 웃어젖혔다. 조금 과상뇌긴 했지만 그리 틀린 말이 아니다. 어렵다고 지레 겁먹고 시작하지 않으면 영원히 모른다. 그러나 철자라도 익히고 읽을 수만 있으면 그 언어 세계의 문을 열고 들어간 것이다.

한때 톨스토이와 도스토옙스키에 빠져서 지낸 적이 있었다. 대학 4학년 때부터 대학원 석사과정에 이르는 시기였다. 톨스토이와 도스토옙스키 전집을 완전히 독파하지는 못했지만 중요한 장편, 중편 소설은 거의 다 읽었다. 도스토옙스키의 5대 장편을 다 읽고 나니 어딘가 허전한 생각이 들었다. 목표를 달성했다는 기분 좋은 허탈감이 아니라! 한창 책을 읽는 도중에도 든 생각이지만 러시아어로 『죄와 벌』을 읽을 수 있다면 얼마나 좋을까 하는. 고골의 『감찰관』을 읽을 때는 제정 러시아의 부패와 모순을 까발리고 권력의 위선과 허위를 고발하는 포복절도할 해학과 등장인물의 이름에 얽힌 현란한 언어유희에 매료되어 러시아어를 공부하고 싶다는 강렬한 열망이 끓어올랐다. 희랍어를 배워서 호메로스의 서사시를 읽고, 플라톤의 대화록을 읽는다면, 또 라틴어를 배워서 키케로의 글이나 아우구스티누스의 『신국론』을 읽고, 아퀴나스의 『신학대전』을 읽는다면 얼마나 좋을까?

외국어 공부의 동기와 목표

박사과정을 수료하고 중국어와 일본어를 익히고 프랑스어를 공부하면서 외국어를 공부하는 재미를 느꼈다. 딱히 목적이랄 것도 없었고 그냥 재미있었다. 미국 팝송을 불러도, 프랑스 샹송을 들어도, 이탈리아 오페라와 칸초네를 감상해도 원어를 조금이라도 알게 되면 전혀 다른 세계를 만난다.

고향에서 단기사병 근무를 할 때 열 살쯤 어린 후배가 나를 매우 따랐는데, 교회에서 반주하는 여학생을 짝사랑하여 열병을 앓았다. 그 친구는 주체할 수 없는 방황을 샹송으로 달래곤 하였다. 그리하여 가끔 나에게 자기가 좋아하는 샹송을 녹음하여 들려주고 복사한 테이프도 선물로 주었다. 조르주 무스타키Georges Moustaki의 「너무 늦었어요Il est trop tard」와 「고독Ma solitude」, 앙리코 마샤스Enrico Macias의 「사랑하는 마음L'amour c'est pour rien」「사랑엔 이유가 없어요Pour toutes ces raisons, Je t'aime」 같은 노래를 들었는데, 후배가 불어를 얼마나 공부했는지는 모르겠다. 우리 주위에는 팝송이나 샹송이 좋아서 영어 공부, 불어 공부를 하는 사람들이 적지 않았다.

어떤 동기로 자극을 받았다면 외국어 공부의 목적을 정해야 한다. 목적에 따라서 성취해야 할 목표가 정해지기 때문이다. 예컨대 중국의 이름난 관광지에 가서 좋은 술을 마시고 역사 무대를 유람하고 즐기고 늘러고 중국어를 배운다면 인사말 몇 마디 배우고, 유적

지와 연관된 시구詩句나 명구名句 몇 마디 암송할 줄 알면 그만이다. 이 정도로도 아주 즐겁게 중국의 명승고적을 유람하면서 분위기를 만끽할 수 있다. 그러나 중국어로 된 문학작품이나 학술 서적을 읽으려면 공부를 아주 많이 해야 한다.

중급 일본어 과정 강사가 수강생의 일본어 실력을 점검해보려고 가와바타 야스나리川端康成의 『설국雪國』 맨 앞 장의 일부를 번역하게 하였다. 매우 깊은 인상을 남기는 이 소설의 맨 앞부분을 읽어보자.

경계[国境]의 긴 터널을 빠져나오면 눈 세상[雪国]이었다. 밤의 끝이 하얗게 되었다. 신호소에 기차가 멈추었다. 건너편 좌석에서 아가씨가 일어나서 와서 시마무라島村 앞 유리창 문을 내렸다. 눈의 냉기가 흘러들었다. 아가씨는 창문 가득 몸을 내밀고 멀리 외치듯이 "역장님! 역장님!"(하고 불렀다.) 등불을 들고 천천히 눈을 밟으며 온 사내는 목도리로 콧마루까지 감싸고, 귀에 모자의 털가죽을 늘어뜨리고 있었다.

이 도입부는 세계문학사에서 깊은 인상을 주기로 손꼽힌다. "역장님!"은 일본어로는 "에키쵸오 상!"이라 한다. 이 부분을 일본어로 읽어보면 소설 무대에 와 있는 듯한 느낌이 든다. 깊은 감동을 주는 문학작품은 원어로 읽으면 무엇과도 견줄 데 없는 맛이 우러난다. 언어의 의미뿐만 아니라 분위기와 느낌, 음성 감각이 어우러져서 소통된다. 나의 경우 하늘도 땅도 온통 하얀 세계에서 차디찬 새벽 공기를 가르며 입김과 함께 뿜어 나오는 "에키쵸오 상!"이라는 울림에 매력을 느껴서 일본어를 공부했다고 해도 과언이 아니다. 그만큼 언어를 배우는 동기는 때로는 매우 단순할 수도 있다. 동기가 무엇이든 실제 언어 학습을 이끌어내기만 한다면 매우 큰 의미가 있다.

우리 학문을 외국에 전하겠다는 포부

나는 동양(철)학을 하기 위해서는 중국어와 일본어 학습이 필수라는 선배들의 조언을 듣고서 중국어, 일본어로 쓴 전공 서적을 읽고 연구하기 위해 두 언어를 공부하였다. 두 외국어를 어느 정도 익힌 다음 현대 서구 학계의 동양학 연구 수준이 매우 높다는 말을 듣고서, 특히 20세기 중반까지는 프랑스의 동양학 연구 성과가 매우 탁월하다는 말을 듣고서 프랑스의 동양학 연구서를 읽으려고 프랑스어를 공부하였다. 나는 외국어 공부를 할 때 원서를 사전의 도움만 받아 혼자 읽고 번역할 수 있을 때까지 공부할 목적으로 최소한 2년간 해당 언어를 학습하기로 목표를 세웠다. 그리하여 알리앙스 프랑세즈를 2년 반 꾸준히 다니면서 기초 프랑스어부터 공부하여 문법, 회화, 소설 읽기를 거쳤다. 그러고 나서 마스페로의 『도교와 중국 종교』, 그라네의 『고대 중국의 축제와 가요』를 번역했다.

마르셀 그라네라는 이름은 김용옥 교수의 책을 통해 처음 들었다. 그라네는 성스러운 유교 경전인 사서삼경의 하나로만 여겼던 『시경』이 실은 고대 농경사회의 구성원이 식물의 생장주기에 따라 일구어온 삶을 반영하는, 고대 사회의 생활상을 보여주는 텍스트임을 밝혀냈다는 것이다. 그라네의 『고대 중국의 축제와 가요』는 『시경』 해석학의 전환점이라고 할 만큼 중요한 연구 업적인데 아직 우리나라에는 번역이 안 되어 있단다. 그래서 이 책을 번역하려고 프랑스어를 공부했던 것이다.

김용옥 교수는 또 이화여대 기독교학과 허혁 교수를 성실한 학문적 양심의 소유자라고 칭송하였다. 허 교수가 문자주의에 입각한, 비학문적이고 보수적인 한국 신학계에 독일의 양식사학樣式史學, formsgeschichte을 중심으로 한 선진 신학 이론을 번역 소개하는 데 일생을 다 바쳤기 때문이란다. 나도 중국과 일본은 물론 서양의 동양학 연구 성과를 우리 학계에 소개하는 일을 해야겠다고 마음먹었다. 남들은 공부를 해서 교수 자리를 차지하고 연구 성과를 많이 내어 이름난 학자가 되고 싶어 하고, 숭실대학교 철학과 동기들은 큰 교회 당회장이 되기를 꿈꾸지만 나는 '이름 없이 빛도 없이' 꼭 해야 할 일을 하리라. 학문에 들어선 사람은 자기 학문 분야에 초석을 놓거나 선학의 연구 성과를 계승 발전시켜야 한다. 나는 동양학을 연구하는 사람들이 한문과 기껏해야 일본어, 중국어에 맴돌고 있을 때 서양 언어도 섭렵하여 그들의 연구 성과를 우리 학계에 소개하고 우리의 연구 성과도 서양에 소개하리라. 남들은 외국에 가서 선진 학문을 배우기 위해 외국어를 공부하지만 나는 우리 학문을 외국에 전하기 위해 외국어를 배우리라. 이것이 내가 여러 외국어를 공부하게 된 동기이자 목적이다.

문법은 한 세계의 체계를 이해하는 일

외국어를 공부하는 목적은 남들이 하지 못하는 언어를 할 수 있다고 뽐내고 자랑하려는 것이 아니다. 언어를 통해 새로운 언어문화의 세계에 들어가려는 것이다. 1970년대 말에 우리 동네에 전기가 들어오고 텔레비전이 보급되었다. 그 무렵 사랑방에 기거하시며 식사도 사랑방에서 하시던 할아버지께서, 일손을 덜어달라고 압력(?)을 넣은 할머니 덕분에 안방에서 식사를 하시게 되었다. 방문 맞은편 북쪽으로 난 창문 아래 놓인 텔레비전 앞에 할아버지 상을 놓아드렸다. 나머지 식구들은 방문 쪽에 밥상을 두고 둘러앉아서 밥을 먹었다. 저녁 때 식구들은 밥을 먹으면서 텔레비전을 보았는데, 텔레비전 바로 앞에 앉으신 할아버지는 텔레비전 쪽으로는 눈길 한 번 주지 않으시고 식사만 하셨다. 우스운 장면이 나오면 우리는 깔깔대고 웃고 할머니와 아버지, 어머니도 껄껄 웃으시는데 할아버지만 아무 표정 변화도 없이 미동도 하지 않으시고 밥만 잡수셨다. 보다 못한 할머니가 "저렇게 새미있는 걸 한번 보시라노 하지 밥만 잡숫느냐?"고 하시면 "아무 뜻도 없는 걸 본다"고 타박을 하셨다. 할아버지는 아무 일도 없었다는 듯 밥만 잡수시고 바로 일어나 사랑방으로 가곤 하셨다. 애시당초 네모난 기계 안에서 사람이 움직이고 말을 하고 춤을 추고 활동을 한다는 사실을 이해하지 못하셨다. 연속극이라는, 삶의 이야기가 서사 구조 속에서 전개되다가 일정한 시간이 되면 끝나고 다음 날 다시 이어지는 그 낯선 문법을 이해하지 못하셨다. 할아버지의 의식 세계에서는 텔레비전의 논리가 없었던 것이다. 당시 동네 아주머니들은 연속극에 빠져 살았는데, 친구 어머니한 사람은 외국영화를 그렇게 좋아하였다. 막 중학교에 다니던 우리는 서부영화 외에는 장면 전개가 느린 멜로드라마는 이해도 잘 안되고 재미도 없었는데 아주머니는 '주말의 명화' 시간이 되면 끝날 때까지 정신을 온통 텔레비전 화면에 쏟았다. 아주머니는 외화의 문법을 터득하였고 우리나 다른 여인들은 터득하지 못했기 때문이다.

영국의 극작가 피터 셰퍼Peter L. Shaffer가 모차르트의 너무나 이른 죽음을 둘러싼 뜬소문을 모티브로 삼아서 쓴 희곡을 각색하여 만든 영화 「아마데우스Amadeus」에 이런 장면이 있다. 모차르트가 생계의 어려움을 겪고 있을 때 부인이 당시 궁정음악을 좌지우지하던 살리에리에게 남편의 취직을 부탁하면서 최근에 작곡한 원본 악보를 가지고 몰래 찾아간다. 살리에리는 원본이라는 사실에 놀라면서 악보를 훌훌 넘겨본다. 살리에리가 악보를 보면서 음계에 도취되어 있을 때 영화에서는 음악이 흘러나온다.

보통사람은 악보를 아무리 봐도 음악을 느낄 수 없다. 그러나 음악을 오랫동안 연주한 사람이나 음악에 정통한 사람은 악보만 봐도 음악을 느낄 수 있다. 언어에서 문법이란 음악에서 악보와 같은 역할을 하는 것이다. 우리가 성인이 되어 외국어를 배우는 일도 마찬가지다. 우리는 문법 체계를 통해 언어 세계를 이해하고 새로운 언어 세계에 들어간다.

언어의 유형별 특성: 고립어, 포합어, 교착어, 굴절어

"외국어를 모르는 이는 자기 나라 말에 관해서 아무것도 아는 것이 없다."

괴테가 한 말이라고 한다. 자기 모습을 보려면 거울에 비춰 본다. 거울에 비친 나와 거울을 보는 나는 동일한 나이지만 나는 거울 속의 나를 타자의 시선으로 보게 된다. 나를 알려면 내가 남들에게 어떻게 보이는지 알아야 한다. 우리말을 객관적으로 알려면 외국어를 공부해보아야 한다. 외국어를 공부해보면 우리말의 특징을 알 수 있다.

외국어를 공부하려면 공부하려는 언어의 유형별 특성을 알아두어야 한다. 물론 공부를 하는 과정에서 차차 언어 형태의 특성을 알게 되겠지만 공부를 시작할 때 미리 염투에 두는 것이 좋다. 유형별 특성을 알아두면 언어에 구조적으로 접근할 수 있다. 나이가 들어서 외국어를 배운다는 것은 해당 언어의 구조를 익히는 것이다.

지구상에는 언어가 대체로 3000여 종이 있다고 하는데, 이 수천 종 언어를 유형별로 고립어孤立語, 포합어抱合語, 교착어膠着語, 굴절어屈折語로 나눈다. 어근語根이나 어간語幹에 접사接詞가 붙을 수 있느냐에 따라 고립어와 포합어로, 단어의 형태소가 분절될 수 있느냐에 따라 교착어와 굴절어로 나눌 수 있다. 그러나 고립어든 포합어든, 교착어든 굴절어든 유형을 분류할 수 있는 특징이 있을 뿐 이런 분류가 절대적이지는 않다. 고립어와 포합어 사이의 간극, 교착어와 굴절어 사이의 간극이 서로 건널 수 없을 만큼 넓은 것은 아니며, 고립어와 교착어, 굴절어 역시 서로 넘나들 수 없는 장벽으로 가로막힌 것이 아니다. 영어는 이미 고립어의 요소를 얼마간 가지고 있다. 이런 유형상의 분류는 어디까지나 상대적인 특징을 드러낸 것일 뿐이다.

❶ 고립어

고립어는 모든 단어가 단일 형태소인 언어이다. 고전 한문과, 현대 언어로는 중국어가 대표적인 고립어이다. 고립어에서는 단어의 형태가 변화하지 않으며 접사가 없고, 단어가 문장 안에서 놓이는 순서나 다른 단어와 관계하는 방식에 따라 문법적 기능이 결정된다. 단어가 모두 한 음절로 되어 있으며 단어를 어근과 접사, 어간과 어미로 나눌 수도 없다. 문장이 흔히 연속 동사구로 구성된다. 곧 한 문장에서 동사가 여러 개 이어지기도 한다. 동사가 이어지더라도 동사와 동사를 구분하는 지표가 없다. 어순에 따라 문법적 기능이 나타나기 때문에 어순을 바꾸면 뜻이 달라진다.

❷ 포합어

포합어는 성분 사이의 일치나 태, 시제, 결합가, 서법을 파생된 형태소나 독립 단어로 표시하지 않으며, 어근에 접사 형태소가 붙어서 발화를 완성하는 언어이다. 곧 포합어는 동사를 중심으로 그 앞뒤에 인칭을 나타내는 접사나 목적을 나타내는 말이 결합되어 한 문장이 한 단어와 같은 형태를 띠는 언어인데, 아메리카 원주민의 말이나 아이누어, 이누이트어 따위가 이에 해당한다. 포합어는 언어학적 관점에서는 의미가 있지만 다른 언어에 견주어서 형태론적 특성이 특이하여 언어 유형을 분류할 때는 흔히 포합어를 제외한 세 가지를 주로 논한다.

❸ 교착어

교착어는 단어 안에 나타나는 형태소가 쉽게 구별되는 언어이다. 어근에 접사가 결합하여 단어가 형성되며 문장 속에서 문법적 역할을 하기 때문에 첨가어添加語, affixing language라고도 한다. 어미 변화가 굴절어처럼 엄격하지 않고 어근이 거의 변하지 않는다. 우랄-알타이어에 속하는 언어가 대체로 교착어이다. 어근과 접사가 명확하게 구분되므로 어근에 접사를 쉽게 붙이거나 떼거나 바꾸어 넣을 수 있다. 어근에 어떤 접두사나 접미사를 붙이더라도 형태가 변하지 않으며 단어의 형태소 사이에 경계가 확실하다.

❹ 굴절어

굴절어는 형태소들 사이의 경계를 정하기 어려운 언어이다. 초등학교 때 빛의 굴절 현상을 배운다. 빛을 프리즘에 투과시키면 무지개색으로 나뉘고, 커다란 비커에 물을 담고 곧은 막대기를 넣으면 막대기가 꺾인 것처럼 보인다. 빛이 굴절하듯이 관사, 명사, 형용사, 동사의 어미가 성性과 수數와 격格에 따라 굴절하면서 문법적 기능을 나타낸다. 인도-유럽어 조어祖語에서 갈라져 나온 게르만어 계열의 영어와 독일어, 라틴어에서 갈라져 나온 불어와 에스파냐어, 이탈리아어, 슬라브어에서 갈라져 나온 러시아어 등은 모두 형태소의 어미가 복잡하게 굴절하는 굴절어이다. 다만 현대 영어는 굴절어의 특성을 상당히 잃어버렸다.

고립어, 교착어, 굴절어의 "나는 너를 사랑한다"

"나는 너를 사랑한다"라는 문장을 예로 들어서 이상 세 가지 언어 유형의 특징을 살펴보자. 고립어는 중국어, 교착어는 일본어, 굴절어는 독일어를 택한다.

❶ 고립어의 예: 중국어

我愛你(wǒ ài nǐ)。

⋯▶ 我(wǒ)는 대명사 '나'이며 주어이다. 愛(ài)는 동사로서 '사랑하다'이다. 你(nǐ)는 대명사 '너'이다. 우리말과 달리, 我와 你 뒤에 주격조사 '이/가'나 보조사(또는 주제격조사) '은/는', 목적격조사 '을/를'이 붙지 않는다. 또한 愛라는 동사에는 시제나 태態를 나타내는 접사가 없다. 시제, 태를 나타내는 또 다른 단어가 필요하다. 이 문장을 도치시켜서 你愛我라고 하면 '너는 나를 사랑한다'는 뜻으로서 단순히 어순을 바꿨을 뿐인데 주어와 목적어가 반대로 된다. 어순이 바뀌면 문장성분이 바뀐다. 예컨대 '산이 높다'라는 문장을 '山高'라고 하면 山은 명사로서 주어이고 高는 형용사로서 술어이다. 이를 '高山'이라고 하면 '높은 산'이되어 高는 山을 수식하는 형용사(우리말 문법으로는 관형사)가 된다.

❷ 교착어의 예: 일본어

私はあなたを愛する(watashi-wa-anata-o-aisuru)。

⋯▶ 私(watashi)는 '나'라는 대명사로서 주어이며, は(wa)는 일본어 문법에서는 계조사係助詞라 하는데 우리말의 보조사(또는 주제격조사) '은/는'에 해당한다. あなた(anata)는 '너'라는 대명사이며 を(o)는 우리말 문법의 목적격조사 '을/를'에 해당한다. 愛(ai)する는 동사원형으로서 술어이다. 일본어에서는 동사

원형이 단독으로 술어가 된다. 형용사도 단독으로 술어가 된다. 현재형에서는 동사의 어미가 활용하지 않는다. 어순을 바꾸어도 뉘앙스는 조금 달라질 수 있지만 뜻은 변함이 없다.

교착어에 속하는 언어는 조사나 어미, 접사가 발달하여 문법적 기능을 하기 때문에 문장성분이 비교적 자유로이 이동할 수 있는데, 문장성분이 자리를 바꾸어도 의미에는 큰 차이가 없다. "나는 너를 사랑한다"라는 우리말은 어순이 바뀌어도 뜻은 변함이 없다.

너를 나는 사랑한다. / 사랑한다, 나는 너를. / 나는 사랑한다, 너를. / 사랑한다, 너를 나는.

문장의 느낌은 조금씩 달라도 뜻은 동일하다. 조사가 문법적 기능을 하기 때문이다.

❸ 굴절어의 예: 독일어

굴절어는 문장의 중요한 성분이 굴절하면서 문장의 주어와 술어, 목적어의 관계, 동사가 지배하는 시상을 명료하게 한다. 그리하여 성분들 사이에 일치가 무엇보다 중요하다.

Ich liebe dich.

····▶ Ich는 1인칭 대명사로서 주어이다. liebe는 1인칭 현재형 동사로서 술어이
다. dich는 2인칭 대명사로서 목적어이다.

독일어는 명사, 형용사, 관사 어미가 성, 수, 격에 따라 굴절하
며, 동사도 수와 인칭에 따라 굴절한다. 예로 든 문장의 1인칭, 2인
칭 대명사가 굴절하는 형태를 살펴보면 다음과 같다.

Ich-mein-mir-mich(나는 – 나의 – 나에게 – 나를)

Du-dein-dir-dich(너는 – 너의 – 너에게 – 너를)

주격 – 소유격 – 여격 – 목적격

다음으로 동사는 단수와 복수에 따라 다음과 같이 굴절한다. 동
사원형은 lieben이다. 모든 동사의 원형은 – en의 형태를 띤다. 편의
상 대명사 주어를 붙여서 굴절하기로 한다.

Ich liebe(나는 사랑한다).

Du liebst(너는 사랑한다).

Er(남성)/Sie(여성)/Es(중성) liebt(그 남자는/ 그 여자는/ 그것은 사랑한다).

Wir lieben(우리는 사랑한다).

Ihr liebt(너희들은 사랑한다).

Sie/Sie(존칭) lieben〔그들은/당신은 사랑한다(사랑하신다)〕.

'나는 너를 사랑한다'라는 문장을 '너는 나를 사랑한다'로 바꾸면 다음과 같다.

Du liebst mich.

고등학교 다닐 때 데카르트의 명제 'cogito, ergo sum'을 어디선가 주워들었는데, 영어로는 'I think, therefore I am'이라고 한단다. 라틴어 명제는 세 단어로 되어 있는데, 영어는 왜 다섯 단어로 되어 있는가? 도무지 알 수가 없었다. 인도-유럽어에서는 동사 어미가 굴절한다는 사실을 알 때까지는. cogito는 동사 cogitare에 대응하는 1인칭 단수 현재형이며 sum은 esse에 대응하는 1인칭 단수 현재형이다. 그리하여 cogito와 sum은 주어가 생략되어 있지만 영어로는 각각 I think와 I am으로 옮겨지는 것이다.

이상 세 가지 유형에 속하는 언어라 하더라도 언어별로 독특한 특징이 있다. 영어도 원래 명사는 성, 수, 격에 따라, 동사는 시제, 인칭, 법에 따라, 그리고 형용사는 강변화, 약변화로 어미가 굴절하였지만 스칸디나비아 계통 언어와 합쳐지면서 굴절 어미가 점점 사라지고 단순해졌다. 우리가 영어를 배울 때 주어가 3인칭 단수인 직설법 문장의 현재형 동사 어미가 -(e)s로 끝나는 것은 동사 어미가 굴절했던 흔적이다. 영어 문법을 가르칠 때 적어도 영어가 굴절어에 속한다는 언어적 특성을 알려주었더라면, 굴절어의 개념이라도 알려주었더라면 어떤 문장은 동사 어미가 왜 -(e)s로 끝나는지 be 동사가 인칭에 따라 왜 달라지는지 좀 더 쉽게 알 수 있었으리라.

인도-유럽어를 공부하려면

알리앙스 프랑세즈에서 불어를 공부할 때 일이다. 내가 공부한 숭실대학교 불문학과에서 오래 강의를 했던 미셸 토랑Michell Thorent 이라는 연로한 강사가 고급 불어를 가르쳤다. 키가 작달막하고 매우 쾌활하며 안광이 형형한 토랑 선생님은 알리앙스 프랑세즈에서 터줏대감 노릇을 하였기에 1970-80년대 우리나라에서 불어를 공부한 사람 치고 이 사람을 거쳐 가지 않은 이가 없었을 정도이다. 하루는 시사 문제인가를 두고 질문을 하였는데, 질문을 받은 수강생이 답을 못하고 머뭇거리고 있었다. 무슈 토랑이 진지한 목소리로 이렇게 말했다. "Nous 기다리ㄷ-ont!" 수강생은 다들 깔깔 웃어댔다. 그러자 무슈 토랑이 이어서 말했다. "Nous 기다리ㄷ-ont. Je 기다리ㄷ-e, Tu 기다리ㄷ-es, Il 기다리ㄷ-e, Nous 기다리ㄷ-ont, Vous 기다리ㄷ-ez, Ils 기다리ㄷ-ent." 우리말 '기다리다'를 불어식으로 어미 굴절을 해보인 것이었다. 진지하게 말하니 더 우스워서 수강생들은 배꼽을 잡고 웃어댔다. 우리말이 인도-유럽어처럼 굴절한다면 그럴 법도 하지 않을까! '나는 기다린다' '너는 기다린더' '그는 기다린드'라고 한다면? 단어가 굴절하면서 관사, 형용사, 명사, 동사가 성, 수, 격에 따라 나란히 일치하게 된다. 성분의 일치는 매우 중요하다. 인도-유럽어를 공부한다면 이런 특성을 늘 염두에 두어야 한다.

❶ 시제

인도-유럽어에서 동사의 굴절은 서법敍法과 시제時制를 수반한다. 동사가 실현하는 동작이나 행위는 반드시 시간의 지배를 받기 때문에 모든 동사는 시간의 상相을 반영한다. 시제는 언어의 형식으로서 동사가 시간의 범위를 표현하는 형태를 말한다. 섬세하게 분화한 인도-유럽어의 수많은 시제는 어미의 형태에 따라 저마다 미묘한 시상의 차이를 담고 있다. 따라서 시제는 시간과 반드시 일치하지는 않는다. 불어를 예로 들면, 직설법에서는 현재, 반과거, 복합과거, 단순과거, 전과거, 대과거, 단순미래, 근접미래, 전미래로 시제를 분할하며, 접속법에서도 현재, 과거, 반과거, 대과거로 시제를 분할한다. 이들 시제는 주절과 종속절에서 저마다 다른 시상時相을 갖는다. 그러나 인도-유럽어는 동사의 어미를 복잡하게 굴절하여 시상을 섬세하게 나타내지만 동사가 아무리 겹치더라도 시간을 표시하는 동사 또는 조동사는 맨 처음 나오는 동사 하나뿐이다.

❷ 서법

서법은 사건을 객관적으로 설명하는가, 말하는 사람의 의사나 의향, 동기 등 주관적인 의식을 진술하는가에 따라 직설법과 접속법으로 나뉜다. 영어의 가정법도 주관적인 의식을 진술하는 것과 관련이 있다. 문장은 서법에 따라 객관적인 서술인지 주관적인 진술인지 뚜렷이 드러난다. 또한 접속법 반과거 시제는 문학작품의 문장에만 쓰인다. 이런 섬세한 시제의 분할과 미묘한 시상의 표현은 우리말이라면 부사어나 부사구로 나타내지만 이들 언어에서는 동사의 어미를 굴절시켜서 나타낸다. 시제와 시상, 서법에 대한 미세한 감각은 그네들이 시간을 우리보다 훨씬 세분하여 의식하고 인간의 모든 물리적 심리적 행위를 시간상에서 파악한다는 것을 뜻한다. 담화 상황에서도 화자가 서법을 어떻게 사용하느냐에 따라 객관적 서술, 판단 유보, 확정과 단언, 원망顯望과 원망怨望 등 말하는 사람의 주관적 태도와 심리적 차이가 드러난다.

우리가 처음 영어를 배울 때 아주 어려워한 것 가운데 하나가 완료perfect의 시상을 나타내는 문장이었다. 거의 대부분 영어 학습서나 문법책에서는 이른바 '완료형 시제perfect tense'를 설명하면서, 어느 시점에서 끝난 동작이 완료, 경험, 계속, 결과를 나타내거나 심지어 이 구문이 때나 조건을 나타내는 부사절에서 미래완료를 대신한다고 한다. 현재완료는 현재를 시점으로, 과거완료는 과거를 시섬으로 이런 시상을 나타낸다고 덧붙인다. 그런데 우리말 완료는 완전히 끝났다는 말인데, 어째서 끝난 일이 경험, 계속, 결과, 미래를 의미한다는 말인가? 완료라는 말에 현혹되면 우리 학생들은 헷갈릴 수밖에 없다.

현재완료는 현재의 주체, 과거완료는 과거의 주체가 완료된 일과 결부되어 있음을 나타내는 문법 형태이다. 완료형이 have+p.p 형태인 까닭은 have의 1차적인 뜻인 '가지다'와 관련이 있어서이다. 과거분사는 동사의 행위가 과거 시간에 실현되어 형용사의 기능을 한다. 다음 문장을 보자. I have bought a book. 이 문장의 1차적인 뜻은 I have a bought book 또는 I have a book bought이다. 우리말로는 "나는 산 책을 갖고 있다"는 말이 된다. 다시 말하면, "나는 책을 한 권 사서 갖고 있다"는 뜻이다. 현재완료형 문장 I have bought a book은 따라서 책을 한 권 샀는데(완료) 그 책을 지금도 갖고 있다는(현재) 뜻이 되는 것이다. 또한 영어에서는 have+p.p의 형식 하나이지만 독일어나 로망스어 계열 언어에서는 동사의 형태에 따라 완료형을 지배하는 동사가 두 가지이다. 영어의 have 동사에 해당하는 haben, avoir, avere 등과 be 동사에 해당하는 sein, être, essere 등이다. 독일어를 예로 들면, haben이 지배하는 동사는 수동태가 가능한 모든 타동사, 재귀동사, 4격 목적어를 취하는 동사, 비인칭주어를 취하는 동사, 상태의 지속을 나타내는 동사, 독일어에 특유한 화법조동사 등이다. sein이 지배하는 동사는 자동사, 동작성이 있는 동사, 상황에 처해 있음을 나타내는 동사 등이다. 물론 영어에도 과거에는 be+p.p 형태가 있었다. 예를 들어, The hour is come. He was recently returned from abroad 같은 문장에 그 흔적이 남아 있다. 이런 문법의 차이는 동사가 나타내는 시상을 처리하는 의식의 차이에서 비롯한다. 완료형은 어떤 행위나 동작이 일단 어느 시점에서 끝났지만 주관적인 의식 속에서나 실제 행위의 맥락 속에서 발화 시점까지 영향을 미칠 때 사용하는 어법이다. 영어의 완료형 문장은 불어나 독일어에서 접속법, 조건법으로 처리하는 시제와 관련이 있다. 독일어나 불어에서 접속법이나 조건법은 실제로 일어나지 않은, 비현실적인 사태를 진술하는 서법으로서 화자의 주관적 관점, 처지, 의식을 표현한다.

이와 같이 외국어를 공부할 때 먼저 해당 외국어의 유형적 특성을 알아야 혼란이 적고 외국어 공부에 대한 부담이 줄어든다. 또한 한국어의 언어적 특성을 더 명료히 알 수 있다. 그러므로 외국어 공부를 하기 위해서는 먼저 반드시 한국어의 특성을 알아야 한다. 교착어에 속하는 한국어는 굴절어에 속하는 인도-유럽어나 고립어에 속하는 중국어와 유형이나 통사, 화용의 측면에서 다르며 고유한 특성이 있다.

인도-유럽어와 한국어의 차이

인도-유럽어와 비교할 때 한국어는 대명사가 발달하지 않았으며 쓰임이 매우 제한된다. 지시대명사 '이' '그' '저'와 같은 것은 흔히 의존명사 '것'과 결합하여 쓰인다. 명사든 대명사든 성性을 나타내지 않는다. 사람을 가리킬 때도 대명사보다는 화제에 오른 사람의 신분이나 직위, 연고지와 같은 간접 호칭을 사용한다. 한국어는 관계대명사가 없어서 주어와 술어의 관계가 둘 이상 연결되는 겹문장을 만들 때에는 안은문장과 안긴문장의 형태로 구성한다. 알다시피 영어에서 관계대명사는 대명사이되 접속사 역할을 한다. 인도-유럽어에서 관사는 어떤 단어가 명사임을 나타내는 지표가 되는데, 우리말의 경우 명사에 관사가 없다. 관사가 발달한 것은 명사를 실체로 간주하는 세계관을 반영한다.

한국어에는 자체 뜻이 없이 단순히 문법적 기능만 하는 단어가 발달하지 않았으며 특히 형식주어가 없다. 영어는 날씨를 나타낼 때 형식주어 It, 불어는 Il, 독일어는 Es를 쓴다. '비가 내린다'는 말을 영어로는 Rain falls라 하지 않고 It rains라고 한다. 불어로는 Il pleut, 독일어로는 Es regnet라고 하는데, 이들 언어에서는 대명사가 형식주어 역할을 한다. 비 내리는 현상은 모두 3인칭 단수형 주어에 따라오는 동사를 쓴다. 우리말로는 '비'를 주어로 내세워서 '비가 내린다/온다'라고 하는데, 영어나 독일어, 불어에서는 형식주어를 내세우고 비 내리는 현상을 동사로 취급한다. 인도-유럽어에서 '춥다/덥다'와 같이 감각에 영향을 미치는 기상 현상은 형용사로 처리한다. 예컨대, 날씨가 춥다는 말을 영어로는 "It is cold"라 하고 날씨가 덥다는 말을 "It is hot"이라 한다. 독일어로는 각각 "Es ist kalt" "Es ist heiß"라 한다. 불어로는 각각 "Il fait froid" "Il fait chaud"라 한다. 영어와 독일어는 춥다/덥다를 각각 be 동사, sein 동사에 형용사 보어를 덧붙여 표현하지만 불어, 이탈리아어는 faire, fare라는 타동사에 형용사를 붙여서 표현한다. 또한 어떤 대상이 존재하거나 나타날 때 영어는 'There is', 불어는 'Il y a', 독일어는 'Es gibt'와 같은 유도부사誘導副詞를 사용한다. 인도-유럽어는 동사를 중심으로 주어를, 물론 생략하기도 하지만, 갖추어서 문장을 구성한다.

한국어는 인도-유럽어와 같은 의미에서 성분의 일치 현상이 없다. 인도-유럽어에서는 반드시 주어의 성, 수, 격에 따라 관사, 형용사, 동사의 활용이 일치해야 한다. 그러나 한국어에서는 주어와 술어가 완벽하게 호응하지 않는다 하더라도 표현이 철저하지 않거나 뉘앙스에 차이가 있을 뿐 문법적으로 틀린 문장은 아니다. 지시 대상이 복수라 하더라도 반드시 복수를 나타내는 접미사를 써야 하는 것은 아니다. 어떤 경우에는 복수접미사를 쓰면 어색할 때도 있다. 복수 대상을 나타낼 때는 '고등어 한 손' '책 두 권' '곰 세 마리'와 같이 분류사分類詞를 사용한다.

한국어에서는 형용사가 용언으로서 술어의 역할을 하며 동사와 매우 비슷하게 활용한다. 인도-유럽어에서 형용사는 명사를 수식하며 단독으로 술어가 되지 못하고 반드시 be동사(불어에서는 être, 독일어에서는 sein) 뒤에서 보어 역할을 한다.

한국어에서 명사를 수식하는 역할은 관형사가 한다. 관형사는 용언이 아니므로 활용을 못 하고 체언을 꾸미는 역할만 한다. 우리나라 중등 학교에서 영어를 배울 때 학생들이 가장 이해하기 어려워하는 문제 가운데 하나가 형용사와 관형사의 개념이다. 우리 문법에서 형용사는 용언으로서 동사와 함께 서술어 역할을 한다. 그리고 영어 문장에서 명사를 수식하는 형용사의 역할을 하는 단어를 우리 문법에서는 관형어로 취급한다. 예를 들어, '파란 하늘'의 '파란'은 어미 활용을 못하며 하늘을 수식하는 역할만 하기 때문에 우리 문법에서는 품사로는 형용사이나 문장성분은 '하늘'을 수식하는 관형어이다. '하늘이 파랗다'라고 할 때의 '파랗다'는 술어로서 형용사이며 어미 활용을 할 수 있다. 영어에서는 '파란 하늘'을 'blue sky'라 하고 '하늘이 파랗다'는 'The sky is blue'라고 한다. 이때 'blue'는 sky를 수식하건 설명하건 간에 형태가 변하지 않는다. 영어에서 'blue'는 형용사이며, 형용사는 명사를 수식하거나 주어의 상태를 보충 설명할 수도 있다. 그러나 우리 문법에서 명사를 수식하는 품사는 관형사, 주어를 보충 설명하는 것은 형용사이며, 이는 문장 속에서는 각각 관형어, 서술어가 된다. 이런 문법 용어의 차이 때문에 중등 학생들은 영어와 한국어 학습에서 개념의 혼동을 일으키는 것이다.

끝까지 들어봐야 하는 한국어

한국어의 통사론적 특성은 다음과 같다. 타동사 술어가 오는 평서문을 기준으로 할 때 주어(S)-목적어(O)-서술어(V) 어순을 갖는 SOV형 언어이다. 서술어는 영어로 Predicative이니 엄밀히 말하면 서술어(P)라고 해야 하나 인도-유럽어는 술어가 모두 동사이므로 서술어(V)라고 하는데, 이 책에서는 일단 관행을 따른다. 따라서 동사가 문장의 마지막에 온다. 인도-유럽어와 중국어는 대체로 SVO형 언어이다. 우리말에서는 수식어가 반드시 피수식어 앞에 온다. 우리말처럼 중심 단어를 두고 수식어가 앞에 오는 언어 형태를 좌분지左分枝 언어left-branching language라고 한다. 수식어는 피수식어 앞에 오며, 부사어와 기타 문장성분은 모두 술어 앞에 온다. 관계대명사가 없는 대신에 문장 속에 문장이 들어가는데 이런 부가문이 모두 술어 앞에 나온다. 그래서 흔히 '조선말은 끝까지 들어봐야 안다'는 말이 생긴 것이다. 중국어는 어순으로는 SVO형 언어에 속하지만 수식어가 피수식어 앞에 온다.

한국어는 '이 사람이 키가 크다'나 '밥을 두 공기를 먹었다'와 같이 주어나 목적어가 이론상으로는 둘 이상도 올 수 있으므로 주어나 목적어 같은 필수성분도 생략될 수 있다. 그리하여 한국어는 화용론적 측면에서 담화 중심적 언어discourse-oriented language이다. 예컨대, '나는 자장면이야'라고 하면 엄밀히 따지면 비문이지만 담화의 상황에서는 의미가 통한다. 목욕탕에 가면 한증실을 비롯한 부속 시설물에 홍보문 겸 설명글이 붙어 있다. 글을 유심히 읽어보면 한 문장에 여러 정보가 담겨 있다. 한증실을 이루는 주요 재료, 재료의 특성, 효능, 시설물 사용 요령 등. 서너 문장 이상으로 표현해야 할 텐데 주어와 술어가 하나씩 나오는 한 문장으로 처리해버렸다. 문장은 주어와 술어의 호응이 자연스럽지 않지만 뜻은 대체로 통한다.

우리는 일상에서 '입장'이라는 말을 아주 자주 쓴다. 특히 신문 기사나 뉴스에서 '(화제의 당사자는) …… 입장이다' 형태의 문장을 자주 접한다. '나는 이러저러한 입장에 처해 있다' 할 것을 '나는 이러저러한 입장이다' 하고 말한다. '나는 사람이다' '나는 학생이다' 하는 말은 성립하지만 '나는 …… 입장이다' 하는 말은 성립하지 않는다. 물론 무슨 말인지 알아들을 수는 있고 언중言衆이 이렇게 쓰고 있으니까 절대로 써서는 안 된다고 할 수는 없다. 다만 이처럼 우리말은 문법적 규범에 어긋나는 말이 아주 쉽게 허용된다는 말이다.

이와 같이 우리글에서 볼 수 있는 문장의 호응에 관한 혼란은 담화를 중심으로 하는 언어적 특성에서 기인하는 점도 있을 것이다. 인도-유럽어는 문장이 관사, 형용사, 명사, 동사가 성, 수, 격에 따라 일치해야 옳은 문법이지만 우리말은 때로는 성, 수, 격에 '일치'시키지 않아야 오히려 문장이 자연스러워진다.

또한 문장에서 '화제가 중심이 되는가' '주어가 중심이 되는가'에 따라 분류하면 한국어는 주어 중심형 언어와 화제 중심형 언어의 두 가지 특성을 함께 지니고 있다. '토끼는 귀가 길다'와 같은 문장에서 문두文頭의 '토끼'는 화제 또는 주제를 제시하는 역할을 하고 '귀'가 주어이다. 중국어는 화제 중심 언어에 속한다. 예문을 통해 한국어 문장과 중국어 문장의 화제 중심형 특성을 살펴보자.

동물은 호랑이가 가장 무섭다.

動物, 老虎最厲害(Dòngwù, lǎohu zuì lìhai)。

한국어 운문문학은 운보다 율을 중시한다

한국어는 문장의 핵核이나 피수식어가 뒤에 오는 좌분지형 언어이며, SVO형 언어의 특성을 갖고 있기 때문에 시가詩歌에서 운韻, rhyme(같은 음이 일정한 위치에 반복해서 나오게 함으로써 음악성을 나타냄)보다 율律, rhythm(글자의 수나 위치, 소리의 반복을 규칙적으로 구사함으로써 음악성을 나타냄)을 중시하는 경향을 보인다. 시의 본질은 노래이다. 노래는 음의 강약과 장단, 음보音步, 압운, 율격 등이 규칙적으로 반복되고 변화하여 감성을 자극하는 예술 형식이다. 글로 쓰인 시가 입으로 부르는 노래에서 분리되었다 하더라도 시는 노래가 추구하는 미美의 형식을 본질로 삼는다. 한시나 서양의 시가에서는 표현 형식으로서 특히 압운押韻(시와 같은 운문에서 행의 처음과 끝 등에 비슷한 음 혹은 같은 음을 반복해서 문장을 정비하는 수사법)이 두드러진다. 단테의 『신곡』은 전체 3부, 100곡으로 이루어져 있는데, 전 시행이 모두 aba bcb cdc 와 같이 삼운三韻을 밟고 있다. 괴테의 『파우스트』도 전체 작품이 시 형식을 띠고 있으며 특징적인 운율로 표현되어 있다. 그러나 우리나라 시가는, 동요나 대중가요의 랩은 압운을 따르기도 하나, 특히 현대시는 압운을 하기가 어렵다.

풍당풍당 돌을 던지자 / 누나 몰래 돌을 던지자 / 냇물아 퍼져라, 널리 널리 퍼져라 / 건너편에 앉아서 나물을 씻는 / 우리 누나 손등을 간질여 주어라

—윤석중, 「퐁당퐁당」

송알송알 싸리 잎에 은구슬 / 조롱조롱 거미줄에 옥구슬 / 대롱대롱 풀 잎마다 총총 / 방긋 웃는 꽃잎마다 송송송
고이고이 오색실에 꿰어서 / 달빛 새는 창문가에 두라고 / 포슬포슬 구슬비는 종일 / 예쁜 구슬 맺히면서 솔솔솔

—권오순, 「구슬비」

살어리 살어리랏다 / 청산에 살어리랏다 / 머루랑 다래랑 먹고 / 청산에 살어리랏다

—고려가요, 「청산별곡」

나는 나는 갈 테야 / 연못으로 갈 테야 / 동그라미 그리러 / 연못으로
갈 테야

—강소천, 「이슬비의 속삭임」

「퐁당퐁당」은 '-자'와 '-라'의 모음 'ㅏ'로 압운을 하였고, 「구슬
비」는 1절은 '-슬' '-총/-송'으로 압운을 했지만 2절은 그렇지 않다.
「청산별곡」은 '-어리랏다'로, 「이슬비의 속삭임」은 '-갈 테야'로 압
운을 하였다. 이처럼 동요나 고대 시가에서는 더러 압운을 해서 소
리 내어 읽으면 규칙적으로 반복되는 음운이 리듬감을 빚어낸다.

압운이 중요한 한시와 유럽의 시

한시는 철저히 압운을 구사해야 한다.

약 캐다가 문득 길을 잃었다〔採藥忽迷路〕

수많은 봉우리 단풍 속에서〔千峰秋葉裏〕

중이 물을 길어 돌아갔나〔山僧汲水歸〕

차 달이는 연기가 이네 숲 속에서〔林末茶烟起〕

—이이, 「산중山中」

裏(리)와 起(기)는 상성上聲 지운止韻(모든 한자는 소리의 울림이나 지속, 고저에 따라 평성, 상성, 거성, 입성으로 분류하는데 각 성에 속하는 여러 글자 가운데 대표 글자를 따서 그 운의 이름으로 삼는다)에 속한다. 이이의 시「산중」을 번역하면서 한시의 압운을 고려하여 '-에서'로 압운을 구사해보았다.

독일어 시를 예로 들어보자. 슈베르트가 곡을 붙인 빌헬름 뮐러 Wilhelm Müller의 연작시「겨울여행Winterreise」(우리나라에서는「겨울 나그네」로 알려져 있다)에 수록된「보리수」의 앞부분이다.

Am Brunnen vor dem Tore,

Da steht ein Lindenbaum.

Ich träumt' in seinem Schatten,

So manchen süßen Traum.

Ich schnitt in seine Rinde

So manches liebe Wort;

Es zog in Freud und Leide

Zu ihm mich immer fort.

압운을 편의상 A와 B로 표기하여 구별해보면, 한 행을 건너서 A-A(린덴바움-트라움), B-B(보르트-포르트) 형식으로 압운이 되어 있다.

프랑스의 샹송 하나를 예로 들어보자. 살바토레 아다모Salvatore

Adamo가 불러서 크게 히트했던 노래 「눈이 내리네Tombe la neige」의
1절이다.

Tombe la neige

Tu ne viendras pas ce soir

Tombe la neige

Et mon coeur s'habille de noir

Ce soyeux cortege

Tout en larmes blanches

L'oiseau sur la branche

Pleure le sortilege

Tu ne viendras pas ce soir

Me crie mon desespoir

Mais tombe la neige

Impassible manege

첫 단락은 A-B-A-B(네주-수아르-네주-누아르)이다. 둘째 단락은
A-B-B-A(코르테주-블랑슈-브랑슈-소르틸레주)이다. 셋째 단락은 A-A-B-
B(수아르-데제스푸아르-네주-마네주)이다. 세 단락 모두 어떤 형태로는

운을 따르고 있다.

1970년대 후반, 가수 박인희 씨가 불러서 아주 히트했던 「방랑자」라는 노래의 이탈리아어 가사이다.

Quando la gente dorme scendo giu

maglione sulle spalle nella notte blu

Nel cuore una chitarra

Nella mente cose strane

E sul mio volto un po' d'ingenuita

Vagabondo vagabondo qualche santo mi guidera

Ho venduto le mie scarpe per un miglio di liberta

Da soli non si vive senza amore non moriro

Vagabondo sto sognando delirando

역시 일정한 운을 반복 사용함으로써 리듬을 살렸다. 심지어 마지막 1-2줄은 moriro, vagabondo, sto sognando, delirando(모리로, 바가본도, 스토 소난도, 델리란도)로 모두 -o의 운을 밟고 있다. 이처럼 한시나 유럽의 시는 운을 밟음으로써 규칙적인 리듬을 빚어내지만 우리 시는 운보다 율로서 리듬을 만들어낸다. 과거에는 한시를 번역할 때 운율을 살리려고 억지로 매 행의 끝을 동사나 형용사의 활용 어미 '-네'로 끝맺었다. 그래서인지 우리는 초등학교 다닐 때 동시를 지으라고 하면 무조건 끝말을 '-네'로 맺었다. 우리말은 용언인 동사, 형용사가 술어가 되어 '-다'로 끝나며, 동사를 중심으로 한 문장의 핵이 끝에 오는 좌분지형 언어라는 점에서 시가를 창작할 때 엄밀한 의미에서 압운을 하기는 어렵다.

3장

/

고전 한문은
동아시아의 라틴어

15세기 조선 지식인 최보의 표류기

광주광역시 광산구 월계동, 영산강을 가까이 두고 북구의 중심 산인 삼각산을 바라보는 야트막한 언덕을 면하여 아담한 서원 하나 가 있다. 무양서원. 영남의 내로라하는 서원은 말할 것도 없고 호남 에 있는 서원에 견주어서도 규모가 작지만 매우 조촐하고 아름다운 서원이다. 탐진耽津 최씨崔氏 문중에서 1927년에 유림의 호응을 얻어 건립한 서원이다. 고려 인종 때 어의였으며 탐진 최씨의 시조인 최 사전과 금남錦南 최보崔溥('부'로 표기하는 것이 굳어졌으나 원래 음은 '보'이 다), 1454-1504, 문절공 미암 유희춘 등 다섯 명현을 모시고 있다. 이 서원의 상징 인물은 역시 금남 최보이다. 최보는 조선 전기 호남을 대표하는 사림과 유학사도서 성봉수―길재―김숙자로 이어지는 사림파의 정통을 잇는 점필재 김종직의 문하이다.

최보는 성종 18년(1487) 음력 9월 17일(이하 음력)에 죄를 저지르고 제주도로 도망간 범죄자를 찾아내서 소환하는 사명을 띤 추쇄경차관推刷敬差官에 임명되어 11월 12일에 제주에 도착하였다. 임무를 수행하던 중, 이듬 해(1488) 정월 30일 오후에 종 막쇠가 상복을 가지고 찾아와서 부친의 죽음을 알렸다. 제주목사의 도움을 받아 윤정월 초사흗날, 제주도로 건너올 때 수행한 전라도 소속 하급 지방관과 아전 일곱 명, 제주 현감이 딸려 보낸 군관과 군인, 뱃사람 서른다섯 명, 도합 마흔세 명이 제주에서 출항하였다. 바다로 나가자마자 사나운 풍랑을 만나 먼 해상에서 표류하다가 중국 영파寧波 연해에 표착하여 도적을 만나 약탈을 당한 뒤 다시 표류하여 윤정월 16일에 지금 중국 절강성에 속한 우두외양牛頭外洋이라는 곳에 표착하여 다음 날 상륙하였다. 앞뒤로 열나흘 동안 바다를 떠돌았다. 이 무렵 중국 강남 지역은 왜구가 자주 출몰하여 낯선 사람들에 대한 경계가 삼엄하였고, 민심도 좋지 않아서 일행은 왜구로 오인받아 온갖 곤경을 겪었다. 그러나 최보가 때로는 기지를 발휘하고 때로는 학식과 품행에서 우러난 언행으로 일행을 잘 통솔하여 지나가는 길에서 만난 지방 관리와 식자識者들에게 잘 대처함으로써 위기를 벗어나고 지방 행정관서에 끌려가서 집중 조사를 받은 다음 혐의를 벗어난다.

그 뒤 지방 행정관이 파견한 군교軍校의 호송을 받으며 북상하여 영해현과 영파부를 지나고 소흥부에 이르러서 더 엄격한 심문을 받은 뒤 본격적으로 조선 관인官人으로 대우를 받기 시작한다. 이후 전당강을 건너 항주에 머물면서 마지막 신문을 받고, 하급 군관의 호송을 받아 가흥, 소주, 무석, 상주를 거쳐 장강을 건너고 계속 북상하여 양주, 회안을 지나 황하의 지류인 회하를 건넌다. 다시 서주, 패현, 연주, 제녕, 덕주를 경유하여 산동 지역을 지나고 옛 발해군渤海郡 지역인 천진을 거쳐서 북경에 들어가 황제를 알현하고 25일 정도 머문 뒤 북경을 떠나 요동을 거쳐서 압록강을 건너 6월 4일에 의주에 도착한다.

필담, 한자 문화권의 독특한 교류 방식

한양에 도착한 뒤 최보는 6월 18일에 청파역에서 왕명에 따라 제주에 표류하여 의주로 귀국하기까지의 노정과 지나는 지역의 풍물, 풍속, 만난 사람들과 주고받은 말, 지역마다 특색 있는 역사와 문화를 낱낱이 기록하여 바쳤다. 최보의 『표해록漂海錄』은 15세기 중국 강남 지역의 사회생활과 인문지리의 실상을 전해주는 생생한 자료일 뿐만 아니라 당시 조선과 중국 지식인 사이에 우연히 이루어진 문화 교류의 수준과 양식樣式을 증언하는 기록이다. 최보는 조선 성리학자의 시각으로 중국 문화를 들여다보면서 간접적으로 조선 문화의 정체성을 성찰하고 있다.

절강성 태주부 임해현에 표착하여 북경을 거쳐 의주로 돌아오기까지 최보가 중국인과 의사소통을 한 주된 수단은 필담筆談이었다. 필담은 한자를 공통 문자언어로 사용하는 동아시아 문화권의 독특한 교류 방식이다. 국가 간의 공식 외교는 통역을 사이에 두고 이루어졌지만 통역 이외에도 필담으로 문화, 예술 등의 분야에서 교류를 하였다. 최보가 여정에서 만난 중국인 식자들과 나눈 대화의 내용이나 수준을 한두 가지 엿보기로 하자.

윤정월 19일.

(……)

어떤 사람이 신의 손바닥에 글을 써서 말하였습니다. "보아하니 당신은 나쁜 사람[歹人]이 아닙니다. 다만 언어가 달라서 실로 장님이나 귀머거리와 같으니 참으로 가련합니다. 내 한 마디 할 테니 기억하여서 잘 처신하십시오. 경솔하게 남들과 말을 하지 마십시오. 예전부터 왜적이 우리 변경을 여러 차례 약탈하였기 때문에 국가에서 비왜도지휘備倭都指揮와 비왜파총관備倭把總官을 두어서 방비하고 있는데, 만약 왜놈을 잡으면 모두 먼저 참斬하고 뒤에 보고합니다. 당신이 처음 배를 댄 곳은 사자채獅子寨 관할 지역인데 수채관守寨官(방어를 위해 설치한 울타리를 채라 하며, 군사가 주둔하거나 울타리를 두른 촌락, 강도나 도적의 집단 주거지를 두루 일컫는다. 사자채는 강서성에 있으며, 수채관은 공공기관에서 파견하여 군사 주둔지를 지키는 관리이다)이 당신을 왜적이라고 무고하여 머리를 베어서 바치고 공을 얻고자 하였습니다. 그러므로 먼저 보고하기를, '왜선 열네 척이 변경을 범하여 사람을 약탈한다' 하고서 군사를 거느리고 가서 당신들을 사로잡아 베려고 하였을 때 당신들이 먼저 배를 버리고 사람이 많은 마을로 들어갔기 때문에 계획을 실행할 수 없었던 것입니다. 내일 파총관이 와서 당신들을 신문할 터인데 상세하게 변론하십시오. 조금이라도 어긋나고 잘못 말하면 앞일을 예측할 수 없을 것입니다."

2월 7일

(……)

저녁에 안찰제조학교부사按察提調學校副使 정鄭 대인이 한 대인과 함께 역에 와서 신을 불러 앞에 나오게 하고 물었습니다. "당신네 나라 과거 시험의 제도는 어떠하오?"

신이 말하였습니다. "진사시, 생원시, 문과시, 무과시가 있습니다. 또 문무과 중시重試가 있습니다."

또 물었습니다. "선비를 시험하는 방식은 어떠하오?"

신이 답하였습니다. "매 인寅, 신申, 사巳, 해亥의 해 가을에 학업을 갈고닦은 유생을 불러 모아 삼장三場으로 시험을 보게 합니다. 초장에는 의疑, 의義, 논論 가운데 두 편을, 중장에는 부賦, 표表, 기記 가운데 두 편을, 종장에는 대책對策을 시험하여 몇 사람을 뽑습니다. 다음해 봄에 또 합격자를 불러 모아……."

또 물었습니다. "당신은 무슨 경전을 익혔소?"

신이 말하였습니다. "사서오경을 자세하게 연구하지는 못했으나 거칠 게나마 섭렵하였습니다."

또 물었습니다. "당신은 경서의 이름을 낱낱이 들 수 있겠소?"

신이 말하였습니다. "『중용』『대학』『논어』『맹자』는 사서이고, 『역』『시경』『서경』『춘추』『예기』는 오경입니다."

또 물었습니다. "역易이란 글자는 무슨 뜻입니까?"

신이 말하였습니다. "역의 형태로 말하자면 日과 月을 합한 글자입니다. 역의 뜻으로 말하자면 교역交易, 변역變易이라는 뜻이 있습니다."

또 물었습니다. "역의 위치와 수리〔位數〕는 어떤 사물에 빗댄 것이오?"

신이 말하였습니다. "황하黃河에서 그림이 나오고 낙수洛水에서 글이 나오자 성인이 그것을 본받아서 만들었습니다."

또 물었습니다. "하도河圖, 낙서洛書가 아니면 역을 만들 수 없소?"

신이 말하였습니다. "천하 만물은 모두 수리를 지니고 있습니다. 비록 토끼를 파는 자를 보아도 역의 위치와 수리를 추측할 수 있습니다."

두 대인이 서로 돌아보며 눈짓을 하고 신에게 말하였습니다. "당신은 참으로 독서하는 선비요. 이곳 사람들은 고루하고 무식하오."

정 대인은 이름은 잊어버렸지만 호는 동원자東園子이며 서재의 이름은 복재復齋입니다.

2월 8일

(……)

한 사람이 와서 물었습니다. "경태景泰 연간(1449-1457)에 우리나라 급사중給事中 관원 장녕張寧이 당신네 나라에 사신으로 가서*「금정金亭」이란 시를 지었습니다. 『황화집皇華集』을 알고 있습니까?"

신이 대답하였습니다. "장 급사가 우리나라에 와서 『황화집』을 저술하였는데 그 가운데 「한강루漢江樓」라는 시에서 '햇빛은 푸른 배에 흔들리고 그림자는 흰 모래톱에 떨어진다. 멀리 바라보니 하늘은 끝없고 허공을 굽어보니 땅은 떠오르는 듯하다〔光搖靑雀舫, 影落白鷗洲. 望遠天疑盡, 凌虛地欲浮〕'라고 한 구절이 더욱 칭송이 자자합니다."

그 사람은 얼굴에 기쁜 빛을 띠었습니다.

또 누가 말하기를, "장 급사는 벼슬에서 물러나 집에 있는데, 집이 가흥부 해염현에 있습니다. 여기서 100리 떨어져 있습니다. 장 공이 여기 항성杭城(항주)에 왔다가 조선 문사文士가 바다에 표류하여 왔다는 소문을 듣고 조선의 사정을 물어보려고 여러 날 머물면서 기다리다가 어제 돌아갔습니다." 하였습니다. 그 사람의 이름을 물었더니 '왕개王玠'라고 하였는데, 급사의 생질甥姪이었습니다.

(……)

---

* 『세조실록』에 의하면 장녕이 사신으로 조선에 온 때는 천순天順 4년(1460)이다. 1460년 2월, 3월 사이에 장녕이 사신으로 왔다 간 전말이 자세히 기록되어 있다. 장녕의 시무을 모아 엮은 『황하집』에 치항崔恒이 서문을 썼다. 「장녕황화집서張寧皇華集序」가 최항의 문집 『태허정집太虛亭集』에 남아 있다.

한문은 동아시아의 라틴어

최보가 중국에 머무는 동안 겪은 일은 15세기 조선 사람으로서는 꿈도 꿀 수 없는 것이었다. 전근대 중국에서는 외국인이 정해진 통로를 벗어나 중국 경내를 마음대로 돌아다닐 수 없었다. 조선에서 한 해에 서너 차례 사행이 왕래했어도 육로든 해로든 정해진 경로를 벗어날 수 없었다. 최보가 강남 내륙 지역을 경유하여 북경까지 갈 수 있었던 까닭은 풍랑을 만나 표착하여 본국으로 귀환한다는 특수한 사례에 속했기 때문이다. 아무튼 최보는 풍랑을 만나 표류한 덕분에 중국 강남을 생생하게 체험하고 속속들이 겪고서 뛰어난 학식과 안목으로 중국 강남의 생활문화를 일별할 수 있었다. 최보가 평범한 상인이나 뱃사람이었더라면 거의 목숨도 부지할 수 없었을뿐더러 만에 하나 살아서 무사히 귀환했다 하더라도 견문見聞에 제한이 있고 증언 또한 매우 소략했으리라. 최보는 당대 조선의 뛰어난 학자로서 동아시아 보편 문화의 기본 텍스트라 할 유교 경전과 역사서에 정통하였고, 당시 모든 지식인이 마땅히 구비해야 할 소양인 시문詩文에 관한 해박한 지식을 지니고 있었다. 그렇기에 표착하여 처음 조사를 받는 동안 몇 차례 곤경을 겪은 뒤로는 조선 경내로 들어올 때까지 마치 중국의 인문 문화를 현지답사 하듯이 역사적 인물을 되새겨 보고 문학작품을 음미하였으며, 현지의 문사 및 지식인과 문화적 교류를 하였다. 최보의 표류와 여행을 인문학적 현지답사로 승

화시킨 수단이 바로 한문이다.

최보의 표류기는 낯선 사람과 다른 문화를 마주했을 때 생기는 상대에 대한 호기심과 관심을, 계층이나 교양의 수준에 따라 얼마나 다양하게 표출하는지를 여실히 보여준다. 최보가 간간이 과시한 지적 허영과 경쟁의식은 유교라는 동아시아 보편 문화의 종주국인 중국에 내던져져 있으면서도 조선의 문화적 주체성과 독자성을 확인하려는 몸부림에서 빚어진 해프닝이었다. 중국 남방의 인민 또한 표착한 최보 일행을 맞닥뜨리고서 강렬한 문화 충돌을 경험했다. 한 지역에서 수십, 수백 세대를 거치면서 혈연, 지연으로 얽혀서 살아온 중국 강남 지역의 주민들도 느닷없이 나타난, 이상한 말을 쓰는 (barbaroi) 낯선 사람들을 접하고서 다른 세계, 다른 사람들, 다른 문화를 접해보고자 하는 아주 원초적인 호기심과 관심을 드러냈다. 새로운 정보와 이벤트에 대한 갈망은, 대대로 살아온 촌락에서 늘 같은 방식으로 삶을 살아가고 같은 말과 생활문화를 공유하는 수많은 갑남을녀의 보편적인 본능의 하나이리라.

아무리 서로 다른 말을 쓰는 사람들끼리라 하더라도 본능적이고 보편적인 의사소통의 방법은 있다. 일상의 의사소통에서도 비언어적 요소가 언어적 요소 못지않게, 때로는 더 큰 비중을 차지하기도 한다. 서유럽의 라틴어, 동아시아의 한문과 같이 공유하는 문자가 있는 경우에는 음성언어로 의사소통이 불가능한 사이라도 매우 효과적으로 의사소통을 할 수 있다. 동북아시아 전근대 사회는 유교, 불교, 도교에서 유래한 문화를 공유하였으나 문화적 동질성과 차별성이 직조되어 한국, 중국, 일본, 월남越南(베트남)은 나름의 고유한 문화를 함께 발전시켜왔다. 동북아시아 문화의 동질성을 지켜온 성채城砦는 바로 한문이다. 동아시아 식자층은 한자를 문자로 썼으며 한문 문어체로 문자 생활을 영위하였다. 자기 내면을 토로하는 신변 잡기에서부터 문학적 정감을 표현하는 시와 문장은 물론 학문 탐구와 학술 토론의 글, 공공기관의 공식 문서나 사사로운 개인들 사이의 편지도 모두 문어체 한문을 사용하였다. 한문을 읽고 쓰는 일은 식자층의 문화 교류 방법이요 수단이었다.

김동리의 소설 『등신불』에 나오는 사건 한 토막을 보자. 작중 화자는 일제 말, 학병으로 징집되어 중국 내륙의 전선으로 끌려갔다가 천신만고 끝에 탈출하여 어느 절로 숨어 들어간다. 화자는 주지에게 다음과 같은 글자를 써서 자기 뜻을 펴 보인다. "願免殺生, 歸依佛恩 (원면살생, 귀의불은)!" 살생을 면하고 부처님의 은혜에 귀의하고 싶다는 뜻이다. 일제 때 지식인은 이런 정도의 의사는 한문으로 충분히 소통할 수가 있었던 것일까? 고故 장준하 선생도 일제 말에 학병으로 징집되어 역시 중국 땅으로 끌려갔다가 탈출하여 우여곡절을 겪고서 중경에 있는 임시정부를 찾아가 독립군으로 활동한다. 장준하 선생 일행이 일본군에서 탈출하여 초인적인 6000리 대장정 끝에 임시정부로 찾아가는 풍운과 파란의 기록이 『돌베개』라는 회고록이다. 장준하 일행도 여정에서 중국 사람을 만났을 때, 아직 중국어를 제대로 익히지 못했을 동안에는, 간단한 한문으로 말을 주고받았다.

홍대용도 연행을 하는 동안 쉬운 말은 중국어로, 어려운 내용은 필담을 곁들어서 중국 현지인들과 의사소통을 하였다. 처음 국경을 넘자마자 낯선 언어 환경에 내던져진 상황에서는 아무리 그 나라 언어를 열심히 배웠다 하더라도 현지 언어와 발음에 곧바로 익숙해질 수는 없다. 이런 당혹감은 시간이 지나고 경험이 늘어남에 따라 사라지고 차츰 새 언어에 적응해나가겠지만, 한편으로 홍대용과 같은 조선 지식인들에게 문언 한문은 아주 유용하고 본격적인 의사소통의 수단이었다. 서양 사람들이 보면 기이한 일이겠지만 알아듣기 어렵거나 뜻이 잘 전달되지 않을 때에는 손가락으로 허공이나 가까이 있는 물체의 표면에 글자를 써서 뜻을 나타내 보일 수도 있다. 손짓을 섞어가면서 말을 주고받는 일은 중국에서는 요즘도 보기 드문 일이 아니다. 한마디로 한문 문어의 의사소통 기능이 중국, 한국, 일본을 엮어서 동아시아 보편 문화를 형성하는 바탕이 되었다고 하겠다.

한자는 벽돌, 한문은 건축물

단순하고도 당연한 사실이지만, 한자와 한문은 범주가 다르다. 한자는 글자이고 한문은 문언 언어이다. 한자는 한문을 표현하는 문자로서 표기 수단이니, 한문을 구성하는 각 단어를 이루는 기본 글자이다. 한문은 한자라는 글자를 수단으로 삼아 글로 표현해낸 고전 문언이다. 그러므로 한자 공부와 한문 공부는 결이 다르다. 우리가 영어 단어를 열심히 익힌다고 해서 영어를 잘하지는 못한다. 마찬가지로 한자를 많이 알고 있다고 해서 한문을 잘하지는 못한다. 영어 단어가 영어 문장을 이루는 낱낱의 벽돌이라면 한자는 한문 문장을 이루는 벽돌이다. 벽돌이 없으면 담장이나 집을 짓지 못하지만 벽돌만 쌓아놓았다고 해서 담장이나 집이 되지는 않는다. 한자는 한문을 공부하기 위한 필요조건이지 충분조건은 아니다.

다 그렇지는 않지만 아주 많은 한자가 개별로 뜻을 지니고 있기 때문에 한자는 한 글자가 한 단어를 이룰 수도 있다. 그리하여 문장을 이루는 최소 단위로서 한자는 한두 글자로도 뜻을 전달할 수 있다. 특히 대화체에서는 한두 글자로 된 문답도 드물지 않다. 한자의 문자적 특색이 어떠하든 한문은 여러 한자로 이루어진 문장이므로 한문 나름대로 문장을 구성하고 뜻을 담아내는 법식이 있다. 한문을 공부하는 일은 바로 이 한자들을 부려서 뜻을 전달하고 뜻을 파악하는 법식을 익히는 일이다. 고전 한문은 특히 문학과 역사와 철학이 삼위일체가 된 문언文言이다. 한문은 동아시아 문화를 비춰보는 거울이며 동아시아 문화로 들어가는 문이다.

한문을 공부하려면 한문의 특성을 알아야 한다. 언어를 배우기에 가장 좋은 방법은 배우려는 언어를 노상 읽고 쓰고 말하고 외고 생활화하는 일이다. 조선 시대 글 읽는 사람들이 경서經書의 구두句讀

를 떼는(한문은 원래 띄어쓰기를 하지 않고 죽 이어서 썼는데 이를 백문白文이라 한다. 한 문장에서 의미가 완전히 끝나는 단위를 구라 하고, 쉬는 부분을 두라 한다. 한문 독해는 구두를 떼는 법을 익히는 데서 비롯한다) 법과 우리말 풀이를 대충 익힌 다음 서책을 싸들고 절간이나 한적한 곳에 가서 수백 수천 번 들입다 소리 내어 읽어댄 방법은 사실 한 언어를 익히는 데는 가장 효과가 크다. 그러나 읽어야 할 책이 산더미고 시간과 공간의 여유가 거의 없는 오늘날 이런 방법을 쓸 수는 없다. 아무리 몸으로 익히는 것이 좋다고 할지라도 노상 한 언어만 붙들고 앉아 있을 수는 없는 노릇이다. 그러므로 나름대로 언어 공부를 위한 경제적인 방법, 합리적인 방법을 찾아야 한다. 언어 공부의 첫걸음은 우선 해당 언어의 갈래를 아는 일이다. 어떤 언어 갈래에 속하는지를 알면 나름의 공부 방침이 정해진다.

한문 공부의 첫걸음, 갈래를 파악하라

한문은 고립어에 속한다. 고립어는 문장 안에서 글자나 단어가 어미는 변하지 않고 위치만 바뀌면서 문법 기능을 하는 언어를 말한다.

한문은 지금은 사용되지 않고 문헌으로만 남아서 전해지는 언어다. 하지만 한문을 공부하려면 한문이 고립어라는 사실을 염두에 두고서 시작해야 한다. 단순하고 자명한 사실이지만 이 점을 늘 의식해야 한다. 한문을 공부하거나 한문 서적을 읽을 때 흔히 "한문에도 문법이 있는가?" 하는 의문에 직면한다. 아직까지도 한문 학습은 거의 관행적으로 학습자가 한문 독본을 소리 내어 읽고, 교사가 어휘와 어구와 뜻을 풀이하고, 학습자가 배운 내용을 여러 차례 읽고 복습하는 식으로 이루어진다. 다시 말해, 한문법이나 한문학의 기초를 배우지 않고 바로 텍스트를 잡고서 공부하는 식이다. 사실 이런 방법이 언어 학습에는 더 의미가 있고 효과적이다. 언어는 아무리 짧은 문장이라도, 심지어는 단어 한둘로 이루어진 말이라도 맥락이 있으며 의미를 담고 있다. 그리고 언어 학습은 해당 언어 자체를 공부하려는 것이 아니라, 물론 학습자에 따라 다르겠지만, 언어를 익혀서 해당 언어로 된 문화를 접하고 이 언어가 나타내는 의미를 습득하는 것이 목적이다. 그러므로 모국어 체계가 이미 자리 잡은 연령 이후의 언어 학습에서 언어 문법을 따로 추출해서 문법을 공부하고 나서 텍스트를 읽는 방식은, 다른 언어를 배우는 데 물론 체계적이기는 하지만 그리 효율적이지는 않다. 이는 경험에서 비롯된 나의 주관적인 생각이기는 하지만. 외국어를 배울 때에는 텍스트를 먼저 접하고서 필요할 때 문법을 익히는 것이 좋다. 그래야 언어에 흥미를 갖게 되고 문법 구조도 잘 이해할 수 있을뿐더러 언어의 체계를 잡아나가는 데 도움이 된다.

그렇다면 한문에도 문법이 있는가, 하는 의문으로 돌아가 보자.

당연히 한문도 언어인 한, 한문만의 문법 체계가 있다. 또한 고립어이므로 한문의 문장을 구성하는 어휘는 역할에 따라서 특정 위치에 배열되며 문법적 기능을 한다. 다만 현행 한문 문법은, 불가피한 일이기는 하나, 서양 언어의 문법 체계를 본으로 하여 재구성된 것이다. 또한 한문 문법이라 하면 선진先秦, 양한兩漢(중국 고대사를 일컬을 때 흔히 진의 통일 이전을 선진이라 한다. 또 한은 왕망이 세운 신을 기준으로 이전을 전한 또는 서한, 이후를 후한 또는 동한이라 하는데 이를 합하여 양한이라 한다. 서한, 동한이라 한 것은 수도인 장안과 낙양이 각각 서쪽, 동쪽에 있기 때문이다)의 한문을 정통으로 삼는다. 캐나다의 브리티시컬럼비아대학 아시아학과 명예교수인 에드윈 풀리블랭크Edwin Pulleyblank는 고전 중국어 문법과 역사음운론 분야의 대가로서 고전 중국어의 음운과 문법에 관한 많은 저술을 남겼다. 우리말로도 번역된 『고전 중국어 문법 강의Outline of Classical Chinese Grammar』는 고전 한문의 문법을 공부하려는 사람이라면 누구나 읽어볼 만한 탁월한 저작인데, 이 책에서 문법 설명에 인용한 한문 텍스트는 제임스 레그James Legge가 영역한 사서오경을 토대로 삼았다. 그리하여 이 책에서 서술한 한문 문법의 시제, 상, 태, 서법과 같은 체계는 영문법의 영향을 받은 것으로 보인다.

고전 한문의 문법?

그런데 한문을 실제로 읽고 공부하는 학습자, 그것도 초심자의 경우에는 한문 문법을 경유하여 한문의 세계로 들어가는 길이 참으로 지난하다. 험산준령을 오르면 별천지가 펼쳐지리라는 것을 분명히 확신하지만 앞을 막아서는 수림이 너무 울울창창하여 지레 포기하게 된다. 한문 문법은 보통 서양 언어의 문법 체계인 형태론과 통사론을 수용하여 각각 사법詞法, 구법句法으로 구성되어 있다. 형태론은 품사론과 거의 같고 통사론은 통사 규칙과 같은 말이다. 한문의 품사는 크게 실사實詞와 허사虛詞로 나뉘는데, 실사는 제 의미를 갖고서 문장의 주요 성분을 이루는 단어이며, 허사는 자체 뜻은 없고 문법적 기능만 하는 단어이다.

중국의 유명한 중국어 학자 랴오전여우廖振佑는『한문 문법의 분석적 이해〔古代漢語特殊語法〕』에서 한문 문법을 매우 정교하게 분류하였는데, 몇몇 통사론에 해당하는 문법 사항만 살펴보면 다음과 같다. 이 책에서는 실사에 명사, 동사, 형용사, 수량사數量詞(수사와 양사), 대사代詞(대명사)를 두고, 허사에 부사, 개사介詞(전치사), 연사連詞(접속사), 조사, 어기사語氣詞, 탄사歎詞(감탄사와 응답사), 겸사兼詞(원래는 두 글자인데 한 글자로 된 단어)를 두었다. 이 품사의 의미를 하나하나 설명하는 것은 무의미한 일이다. 다만 한문의 품사는 크게 실사와 허사로 나뉜다는 정도만 알아도 충분하다.

이제 랴오전여우의 책에서 실사와 허사의 하위 항목을 어떻게 분류하는지 살펴봄으로써 고전 한문의 문법을 공부하려면 어떤 엄청난 일을 겪어야 하는지 알아보기로 하자.

실사에서 명사는 보통 언어에서 하듯이 고유한 기능을 수행할 뿐 아니라 일반동사, 사역동사, 의동동사意動動詞(인정의 동사), 부사어로 쓰인다. 동사 역시 동사의 고유한 기능 외에 부사어, 명사, 판단사, 조동사로 전용된다. 형용사도 일반동사, 사역동사, 의동동사, 명사로 쓰일 수 있다. 수량사의 경우는 기수, 서수, 분수, 배수, 약수約數(어림수), 문수問數(물음수), 허수虛數, 물량사物量詞, 동량사動量詞의 용법으로 나뉜다.

허사에서 부사는 정도, 범위, 시간, 표수表數(수량), 정태情態, 부정, 어기부사로 나뉜다. 개사(전치사)는 시간, 처소處所(장소), 원인, 방식, 인사人事를 나타낼 때 쓰인다. 연사(접속사)는 병렬, 진층進層(점진), 선택, 승접承接(연접), 전절轉折(전환), 양보, 가설假設(가정), 인과, 주종을 표현할 때 사용된다. 조사, 어기사, 탄사도 각각 세 가지, 일곱 가지, 두 가지 역할을 한다.

이 가운데 분수를 예로 들어서 수사가 문법적으로 어떻게 분류되고 어떤 역할을 하는지 살펴보자. 분수 항목에서는 다음과 같이 풀이하고 각 경우의 예를 들어놓았다.

분수는 자모의 분배 비례를 나타내는 수로서, 수학의 분수의 의미와 같다. 예를 들면, '三分之一' '十分之六' 등과 같은 것이다. 한문에서 분수를 나타내는 방식은 다음의 몇 종류가 있다.

1) 분모와 분자 사이에 '分' 자가 있고, 명사와 '之' 자가 있는 경우

―분모 + 分 + 명사 + 之 + 분자

예) 冬至, 日在斗二十一度四分度之一.

동지에 태양은 북두성 21도 4분의 1도 지점에 있다.

―『한서漢書』「율력지律曆志」

2) 분모와 분자 사이에 '分' 자가 없고, 명사와 '之'가 있는 경우

―분모 + 명사 + 之 + 분자

예) 先王之制, 大都不過參國之一, 中, 五之一, 小, 九之一.

선왕의 제도는 큰 도시는 수도의 3분의 1을 넘지 않고, 중급 도시는 5분의 1을, 작은 도시는 9분의 1을 넘지 않(도록 규정되어 있)다.

―『좌씨전左氏傳』「은공隱公 · 원년元年」

3) 분모와 분자 사이에 '分' 자와 '之' 자가 있고, 명사가 없는 경우

―분모 + 分 + 之 + 분자

예) 秦地, 天下三分之一.

진의 영토는 천하의 3분의 1이다.

4) 분모와 분자 사이에 '分' 자와 명사가 없고, '之' 자만 있는 경우

—분모 + 之 + 분자

예) 先王之制, 大都不過參國之一, 中, 五之一, 小, 九之一.

선왕의 제도는 큰 도시는 수도의 3분의 1을 넘지 않고, 중급 도시는 5분의 1을, 작은 도시는 9분의 1을 넘지 않(도록 규정되어 있)다.

—『좌씨전』「은공·원년」

5) 분모와 분자 사이에 '分' 자가 없고, 명사와 '之' 자도 없는 경우

—분모 + 분자

예) 會大寒, 士卒墮指者什二三.

혹한을 만나서 사졸 가운데 손가락이 얼어서 떨어져나간 자가 열에 두셋이었다.

—『한서』「고제본기高帝本紀」

수사뿐만 아니라 부사, 개사, 접속사, 어기사가 모두 이와 같이 문장의 유형과 내용에 따라 의미와 역할이 세세히 나뉘어 있다. 물론 모든 한문 문법책이 이와 같이 세세히 분류하고 분석하지는 않았다. 그러나 대체로 서양 언어의 문법 체계에 맞추어서 이처럼 가능한 한 쪼개고 나누어서 문법 체계를 완정하게 꾸미려고 한다. 이렇

게 세분한 문법 용어와 규칙을 어느 세월에 익히고 분류하고 활용할 수 있다는 말인가! 대관절 이런 문법을 공부해서 무얼 하겠는가? 문법학자라면 쓸모가 있겠지만 한문 텍스트를 읽고 감상하고 우리말로 옮기는 데 이런 문법이 왜 필요한가? 문법 용어나 문법 규정을 모르면 한문 문장을 독해할 수 없다는 말인가?

문법보다 문장을 먼저!

문법이 먼저 있고 언어가 나중에 생긴 것은 아니다. 문법은 언어 활동을 추후에 규정하는 체계의 준거이며 언어의 틀이다: 언어에 문법을 맞춰야지 문법에 언어를 맞춰서는 안 된다. 한문 학습에 관한 한 이 말은 더욱 강조해야 마땅하다. 우리가 이전에 영어 공부를 할 때에는 거의 예외 없이 『○○기본영어』니 『○○종합영어』니 하는 문법서를 밑금을 그어가면서 들입다 팠지만 지금 우리 머릿속엔 영어의 문법 구조가 하나도 남아 있지 않다. 문법을 먼저 공부하고 언어를 읽고 쓰는 것은 본말이 전도되었다. 한문에서는 특히 그러하다. 아직도 고전 한문을 연구하는 학자들에 따라서는, 심지어 중국에서도, 문법 용어가 통일되어 있지 않고 문법의 범주와 갈래가 서로 다르다. 그러니 문법을 맹신할 필요가 없다. 한문에는 문법이 필요 없다고 하는 것도 만용의 발로이지만 문법에 얽매이는 것은 여행을 한다고 지도를 들여다보면서 한 발짝도 떼어놓지 않는 짓과 같다. 한문 학습에서는 문법을 따로 공부하고 나서 한문에 입문하는 것보다 바로 한문 문장을 익히는 것이 훨씬 효과가 크다.

나는 어릴 때부터 한시 구절이나 한문 고전의 명구를 들으면 곧바로 귀에 쏙 들어왔다. 동네 집집마다 뒹구는 『명심보감』을 넘겨보다가 한두 구절 멋있는 문장이 있으면 곧 외울 수 있었다. 6학년 여름방학 때, 마을 경로당을 대신했던 우리 집 사랑마루에서 할아버지와 집안 할아버지, 동네 노인네들이 모여서 술추렴을 하셨다. 별호를 효산이라고 쓰시는 집안 할아버지가 술잔을 받으시면서 "일배일배부일배一杯一杯復一杯라 했으니 한 잔 더 해야지!" 하셨다. 이 구절이 이백李白의 「산중대작山中對酌」의 둘째 구임을 안 것은 한참 뒤의 일이다. 중고등학교 때 국어 교과서나 한문 교과서에 나오는 한시나 명구가 그렇게 흥미롭고 멋있을 수가 없었다. 대학 신입생 때 도서관에서 우연히 뒤적이던 어떤 에세이에서 "동쪽 울타리 밑에서 국화꽃 꺾어들고 멀거니 남산을 보네〔採菊東籬下, 悠然見南山〕"(도잠陶潛의 「음주飲酒」)라는 구절을 만났는데 그 표현과 정경이 저절로 머릿속에 그려지면서 바로 읊조릴 수 있었다. 대학원 1학기, 다른 대학의 세미나에 참석했는데, 담당 교수가 과천에 거주하셔서 자택으로 세미나를 다녔다. 이른 봄날이라 수양버들 가지가 막 파릇파릇 잎을 터뜨리고 있었다. 우리를 배웅 나오신 교수님이 "수양버들은 참 아름다워!" 하고 새삼 감탄하셨다. 머릿속에서는 어디서 주워들었는지 누구 시인지도 모르지만 '객사청청류색신客舍青青柳色新'이라는 시구가 떠올랐다. 하지만 그때는 숫기도 없었고, 굳이 남들 이목을 끄는 것도 이름을 낚는 일이라, 나 홀로 그윽한 경지를 느끼면 그만이지 하고 마음속에 눌러두었다. 문장이든 시이든 홍미와 관심을 일으키는 글귀라면 자연 자꾸 되뇌고 외고 끄적이게 된다. 그리고 이렇게 친숙해진 시구나 문장이 늘어나면 저절로 한문에 홍취와 자신이 생긴다. 한문뿐만이 아니다. 서양의 언어도 좋은 글귀, 유명한 문학작품 한두 구절을 인용하는 현학적 취향이, 지적 허영이 반드시 나쁜 것은 아니다. 우선은 즐겨야 한다. 즐겁고 친해지면 더 알고 싶어진다. 친구도 만나면 좋고 만날수록 더 친해지는 친구가 좋은 친구이다. 이런 점에서 언어 공부도 친구 사귀기와 비슷하다.

사서삼경을 통째로 외운 까닭

한자는 의미를 지닌 최소 단위인 형태소가 대부분 한 음절로 이루어진 단음절어이다. 우리 고유어도 꽃, 물, 불, 땅, 젖, 새, 소, 뜰과 같은 단음절어가 많은데 한자는 우리말과 비교가 안 될 만큼 단음절어가 많다. 거의 대부분의 글자에 고유한 뜻이 있다고 해도 지나친 말이 아니다. 물론 개별 단어가 거의 한 글자로 되어 있다는 말은 아니다. 책을 파는 가게를 서점書店이라고 할 때 서점을 이루는 단어 하나하나가 고유한 뜻을 갖고 있다는 말이지 서書, 점店이 각각 책을 파는 가게를 뜻하지는 않는다. 서점은 한 단어로서 서점이고, 서와 점은 각각 책과 가게를 뜻하는 독립된 글자이다.

한자는 한 글자의 의미 폭이 매우 깊고 넓다. 물론 7만여 자나 된다는 한자가 모두 그러하지는 않으나 오랫동안 쓰인 주요 한자는 매우 다양한 뜻을 갖고서 여러 용법에 두루 쓰이며 심지어는 반대의 뜻으로 쓰이기도 한다. 예컨대, 황정荒政이라 하면 군주가 정치를 게을리해서 나라의 기강이 문란해진 상황을 가리키기도 하고, 자연재해로 흉년이 일어났을 때 구제하는 정책을 펼치는 것을 가리키기도 한다. 역逆이라는 글자는 반역反逆이나 역전逆轉, 역주행逆走行처럼 '거스른다' '어긋난다'는 뜻으로 많이 알고 있지만, '맞이한다'는 뜻도 있다. 그래서 여인숙, 여관을 역려逆旅라고도 한다.

여러 뜻과 여러 품사로 전용되는 수많은 한자 하나하나의 제자리를 잡아주기란 한자학, 한문학을 오래 연구한 학자라도 쉬운 일이 아니다. 초심자를 위한 고전 한문 학습서나 고전 한문 문법책을 보아도 학자마다 품사의 분류, 문법의 갈래가 달라서 차라리 안 보는 게 나을 정도이다. 한문 공부에 한해서만은 여전히 사서四書를 통째로 텍스트로 삼아 옛날부터 읽어온 대로 읽어 내리는 방법을 쓰는 데는 까닭이 있다. 한문 문장을 대하면 너무 문법에 얽매이지 말고 맥락을 따라 이해해야 한다. 한문은 비록 지금은 말을 하거나 글을 쓰는 데 거의 사용하지 않지만 언어의 본질적 기능을 그대로 지니고 있다. 언어는 말을 하는 '나' 자신이 세계를 인식하고 의사를 소통하는 도구이다. 그러므로 한문 역시 한문을 구사하는 사람이 세계를 인식하고 의사를 소통하는 데 사용했던 도구이다.

길을 갈 때에는 여러 사람이 다닌 길이 가기 편하다. 한문 학습도 마찬가지이다. 많은 사람들이 따르는 방식에는 나름대로 까닭이 있다. 물론 한 길을 무조건 금과옥조로 여기라는 말은 아니지만. 우리나라에서 한문을 공부할 때에는 대부분 사서집주四書集注로부터 출발한다. 사서집주는 오랫동안 공부를 해왔고 언해도 충실하며 고전한문 문법의 기초를 이루기에 초심자든 연구자든 한문 학습은 사서집주를 중심으로 삼는다. 서양의 중국 고전언어 학자들도 고전 한문의 문법 체계를 세울 때 사서를 중심으로 하였다. 사서는 요즘은 번역서도 많으며 대부분 내용이 충실하기 때문에 한문의 초보를 떼었다면 번역서를 대조하면서 혼자 공부할 수도 있다. 처음에는 시간이 걸리더라도 원문을 일일이 공책에 옮겨 쓰고 번역을 하면서 공부하는 것이 좋다. 사서를 읽은 다음에는 관심 분야에 따라 문학, 역사, 철학 등의 다른 고전으로 영역을 확장할 수 있다. 한문 텍스트는 어떤 책이라도 한 번 읽고 끝내지 말고 여러 차례 되풀이 읽어서 입에 붙게 해야 한다.

한문을 체계적으로 전수하는 기관으로는 국책기관인 고전번역원이 있으며, 사설로 세운 한문 전수소도 여럿 있다. 고전번역원에서는 해마다 시험을 보아 수강생을 선발한다. 저마다 형편에 따라 고전번역원이나 학습 동아리, 전수소를 택하여 몇 년 꾸준히 공부하면 한문을 잘 배울 수 있다. 아무리 뛰어난 선생을 모시고 교육체계가 잘 잡혀 있는 기관에서 공부한다 하더라도 스스로 공부하지 않으면 문턱만 닳게 할 뿐 헛일이다. 급할수록 돌아가라는 말은 괜한 말이 아니다.

품사에서 자유로워지면 보이는 것들

한문 문법의 강박에서 벗어나고 품사의 개념에서 자유로워지면 한문에 더 흥미를 느낄 수 있다. 한문은 품사의 전용轉用이 용이한 언어다. 이 말은 한문에 고유한 품사가 있다 하더라도 특정한 기능에 얽매이지 않고 자유로이 다른 품사의 기능을 할 수 있다는 말이다. 곧 한문은 품사가 전용됨으로써 의미와 역할이 달라진다. 예컨대, 人은 사람을 뜻하는 명사이다. 그런데 이 人이 문맥에 따라서 명사 이외의 역할을 할 수 있다. 아주 유명한 예를 하나 들어보자.

豕人立而啼.
돼지가 사람처럼 서서 울었다.

―『좌씨전』 「장공莊公·8년八年」

여기서 人은 명사 '사람'이 아니라 부사어 '사람처럼'이라는 뜻이다. 마찬가지로 다음의 人도 부사어로 쓰였다고 볼 수 있다.

人而無信, 不知其可也.
사람이면서(사람이로되) 신의가 없으면 그가 옳은지 모른다.

—『논어論語』「위정爲政」

흔히 '사람이 신의가 없으면……'으로 번역하는데 이 경우에는 '사람이면서'로 번역해야 더 한문의 맥락에 맞다고 생각한다. 이처럼 실사가 부사어 역할을 하는 문장을 더 살펴보자.

陳涉首難, 豪傑蜂起.
진섭이 처음 난을 일으키자 호걸이 벌떼처럼 일어났다.

—『한서』「진승항적전陳勝項籍傳」

(狼)蛇盤龜息, 以聽命先生.
(이리가) 뱀처럼 서리고 거북처럼 숨 쉬면서 선생의 명을 들었다.

—「산중랑전山中狼傳」

벌과 뱀, 거북은 보통명사이지만 모두 부사어로 쓰였다.

秋水時至, 百川灌河.

가을 물이 때맞춰 이르자 모든 내가 황하로 흘러들었다.

—『장자莊子』「추수秋水」

謹食之, 時而獻焉.

(뱀을) 잘 먹여(키웠)다가 때맞춰 바친다.

—「포사자설捕蛇者說」

良庖歲更刀, 割也. 族庖月更刀, 折也.

훌륭한 백정은 해마다 칼을 바꾸는데, (살과 근육을) 바르기 때문이고,
보통 백정은 달마다 칼을 바꾸는데, (뼈를) 자르기 때문입니다.

—『장자』「양생주養生主」

時, 歲, 月은 모두 시간을 나타내는 명사지만 부사어로 쓰였다.

富豪皆爭匿財.

부호가 모두 다투어 재물을 감추었다.

—『한서』「복식전卜式傳」

爭은 동사인데 부사어로 쓰였다.

范增數目項王.

범증이 자주 항왕에게 눈짓을 하였다.

—『사기史記』「항우본기項羽本紀」

數는 명사로서 숫자를 뜻하지만 부사어로 쓰였다. 이때는 '자주'라는 뜻이며, 발음도 '수'가 아닌 '삭'이다. 그리고 명사 目은 동사로 쓰였다.

각 품사가 고유한 정체성을 갖고 있다 하더라도 이처럼 다양하게 전용될 수 있다면 품사로 분류하는 것이 과연 의미가 있을까? 예외가 너무 많으면 더 이상 예외가 아니다. 특수한 용법이 여러 가지라면 더 이상 특수하지 않다. 아무리 예외 없는 법칙은 없다 하더라도 예외나 특수를 많이 인정한다면 법이 바뀌어야 하는 것이다. 물론 언어학자라면 마땅히 품사를 정하고 분류 체계를 만들고 변별하여 체계를 잘 세울 필요가 있으리라. 그러나 언어 학습과 활용이라는 점에서는 굳이 문법 용어와 체계에 연연하지 않아도 된다고 생각한다.

고전 한문의 다양한 문체

한문은 고립어인 만큼 어순이 문장의 성격을 규정한다. 문장에서 주어가 있을 때에는 보통 주어＋술어의 순을 따르며, 주어가 생략되면 술어＋보어/목적어의 순을 따른다. 또한 수식어가 있으면 수식어＋피수식어 순으로 배열된다. 목적어가 여럿 나올 때에도 술어 다음에 목적어가 차례로 나온다. 다음 문장은 술어＋목적어 구가 주어구문이 되는 예이다.

信信信也, 疑疑亦信也.
믿음직한 것을 믿는 것은 믿음이며, 의심스러운 것을 의심하는 것 역시 믿음이다.

—『순자荀子』「비십이자非十二子」

이 문장을 좀 더 분해하면 信信, 信也, 疑疑, 亦信也로 나눌 수 있는데, 信信과 疑疑는 각각 술어＋목적어 구조로 이루어져서 다시 주어구가 된다.

한문은 의미에 따라 문장의 유형이 변별되기 때문에 문맥이 대단히 중요하다. 평서문이나 명령문의 형태가 다르지 않고, 어떤 문장에서건 도치와 생략이 자유로이 일어나기 때문에 문장의 맥락을 잘 파악해야 한다.

다음 문장은 형식상 평서문인가, 명령문인가?

不患人之不己知, 患不知人也.

남이 나를 알아주지 않음을 근심하지 않고

내가 남을 알지 못함을 근심한다.

―『논어』「학이學而」

己所不欲, 勿施於人.

내가 바라지 않는 것을 남에게 베풀지 말라.

―『논어』「안연顔淵」

번역은 관행을 따랐지만 사실 이런 문장은 오로지 문맥에 의거하여 명령문 또는 평서문으로 귀속된다. 그러나 흔히 勿을 금지조동사로 알고 있기에 일반적으로는 금지의 명령문으로 이해할 뿐이다. 그러므로 한문 문장을 이해하려면 무엇보다도 문맥을 잘 따라가야 한다.

고전 한문은 아주 오랫동안 문언문의 정통으로 여겨져왔기에 갖가지 문장 갈래와 다채로운 수사법이 발달했다. 한문 문장의 갈래를 처음 분류한 사람은 삼국시대 위魏의 문제文帝로 그는 조조의 아들 조비曹丕이다. 그는 『문선文選』에 수록된 「전론典論」의 「논문論文」에서 문체를 주의奏議, 서론書論, 명뢰銘誄, 시부詩賦 네 갈래로 나누었다. 주의는 신하가 왕에게 올리는 서신, 보고문, 정책 건의문 같은 글을 말한다. 이를 세분하면 주奏, 의議, 서書, 소疏, 표表, 장狀, 봉사封事, 차자箚子 등이 있다. 서론은 자기 생각을 주장하고 논증하는 글들이다. 명뢰는 명과 뇌로 나눌 수 있는데, 명은 송축하는 글이나 경계를 위해 쓴 글이다. 뇌는 본래 죽은 이의 덕행을 기록하는 글이었으나 나중에는 애도하는 글로 범위가 넓어졌다. 시부는 시詩와 부賦, 곧 운문으로 된 문장을 말한다.

남북조 시대에 남조 송宋, 양梁 시대에 걸쳐서 살았던 유협劉勰, 465-520은 전문적인 문학비평서, 문학이론서인 『문심조룡文心雕龍』을 저술하였는데, 절반에 가까운 분량을 할애하여 여러 문체의 원류와 유파를 상세히 논술하였다. 남조 양梁의 소명 태자昭明太子가 편찬한 『문선』은 문체를 총 37종으로 분류하였다. 이후 문장 갈래를 연구하고 문장을 분류하는 전문 저작이 이어서 나왔는데, 청淸의 요내姚鼐가 편찬한 『고문사류찬古文辭類纂』이 매우 중요하고 체계적이다. 이 책은 모든 문장을 총 열세 갈래로 나누었다. 논변류論辨類, 서발류序跋類, 주의류奏議類, 서설류書說類, 증서류贈序類, 조령류詔令類, 전장류傳狀類, 비지류碑誌類, 잡기류雜記類, 잠명류箴銘類, 송찬류頌贊類, 사부류辭賦類, 애제류哀祭類이다. 이는 한문 문장을 모두 망라한 것이다.

이런 수많은 갈래를 통해 지식인 한 사람이 쓸 수 있는 글의 종류가 이렇게 풍부하다는 것을 알 수 있다. 실제로 지식인은 사적으로든 공적으로든 끊임없이 글을 썼다. 글을 서로 주고받았고, 글보

의사를 표현하고 지역사회의 여론을 만들었으며, 자기 학문을 갈고 닦아서 표현하였다. 또한 개인의 사사로운 정감과 미적 정서와 예술적 감흥을 표현하고 생활 세계의 희로애락을 표출하였던 것이다. 조선 시대 학자들의 문집에도 이처럼 다양한 종류의 글이 거의 모두 망라되어 있다. 물론 학자 한 사람이 이 모든 갈래를 거의 섭렵한 예도 있지만 글을 하는 선비라면 몇몇 분야를 빼고 거의 모든 글을 다룰 줄 알고 발표하였던 것이다. 이렇게 내용이나 문체에 따라 다양하게 갈래를 나눌 수도 있지만 언어를 부려 쓰는 형식에 따라 크게 운문과 산문으로 나눌 수 있겠다.

한문 문장 가운데에는 특이하게 시가와 산문의 언어 형식을 절충하여 평측平仄(한자의 사성 가운데 평성을 제외한 상성, 거성, 입성을 측성이라 한다. 평성과 측성을 적절히 배합해야 운율이 잘 살아난다)과 대구對句를 중시하되 운문에 필수 요소인 압운을 하지 않는 갈래가 있다. 변문騈文 또는 변려문騈儷文이라고 하는 갈래이다. 변문은 위진魏晉 시대에 형성되어 남북조 시대에 정통 문장이 되었고 당을 거쳐서 명, 청 때까지 성행하였다. 변려문은 두 구를 잘 맞추어야 하며, 전체 문장을 '넉 자, 여섯 자'로 구성하기에 '사륙문四六文' 또는 '사륙四六'이라고도 한다. 우리 고전 시가인 「경기체가景幾體歌」에 나오는, "元淳文 仁老詩 公老四六(원슌문 인노시 공노사륙)/李正言 陳翰林 雙韻走筆(니졍언 딘한림 솽운주필)……"의 공로, 곧 이공로李公老의 사륙이 바로 변려문이다. 그리고 평측과 대구를 중시하며 어휘에서 전고典故(역사 인물이나 제도, 사건에서 유래한 용어나 전거)와 수식修飾(꾸밈)에 극도로 천착한다. 한문을 잘 이해하고 번역하려면 문장 갈래의 특징과 표현 양식에도 익숙해야 한다. 변려문이 아니라 하더라도 고전 한문은 전고와 수식에 공을 들이는 것을 중시하므로 중국 문화 전반에 관한 해박한 지식이 필요하다.

말이든 글이든 주체가 객체를 향해 자기 의사를 표현하는 언어 활동이므로 말을 하거나 글을 쓸 때에는 상대방을 잘 설득할 수 있어야 한다. 당연히 말과 글은 논리 정연해야 하고 내용이 타당해야 한다. 또한 감정과 호흡을 운율에 실어서 다양하게 변주하고 상대방의 감성을 자극하고 공감을 불러일으켜야 한다. 그리하여 동서양을 막론하고 변론이나 저술은 수사법을 중시할 수밖에 없었다. 고전 한문도 수사법이 매우 다양하고 다채롭게 발전하였다.

문장에 활력을 불어넣는 수사법

고전 한문에서 사용한 중요한 수사법을 살펴보자.

昔衛靈公與雍渠同載, 孔子適陳. 商鞅因景監見, 趙良寒心. 同子參乘, 袁絲變色. 自古而恥之.

옛날 위령공이 옹거와 수레를 같이 타자 공자는 진나라로 가버렸습니다. 상앙이 경감을 통해 알현하자 조량이 실망하였습니다. 동자가 수레를 함께 타자 원앙은 얼굴색이 변하였습니다. 예로부터 이런 일을 부끄럽게 여긴 것입니다.

―「보임안서報任安書」

위령공은 춘추시대 위나라 영공인데, 부인과 함께 수레를 타고서 환관 옹거를 시위하게 하고, 공자는 뒤따르는 수레를 타고 오게 하였다. 이에 공자는 실망하여 진陳나라로 가버렸다. 상앙은 환관 경감을 통해 진효공秦孝公을 알현하고서 관직을 얻었는데 당시 진秦나라의 현사賢士 조량이 이를 한심하게 여겼다. 동자는 한문제의 환관인데 문제가 수레를 타고 모후母后에게 문안드리러 갈 때 동승한 적이 있다. 이에 원앙이 수레에 엎드려 간언하였다. 사마천은 이런 역사의 사례를 인용하여 자존감과 지조를 지키는 일이 소중함을 간접적으로 표현하였다. 한문에서는 이처럼 역사 사건이나 『시경』 『서경』 『주역』 같은 유교의 경전이나 제자서諸子書, 고사故事, 다른 사람의 명구名句를 즐겨 인용하여 자기주장을 강화하고 뒷받침한다. 『논어』나 『맹자』, 『대학』, 『중용』을 보아도 고대의 전적에서 단장취의斷章取義(남이 쓴 문장이나 시의 한 부분을 인용해 자기의 주장이나 생각을 합리화하는 일)하여 자기의 논지를 입증하는 구절이 비일비재하다.

다음으로 문장을 생동감 있고 이해하기 쉽게 표현하는 비유법이 있다. 비유법은 『시경』에서도 아주 즐겨 사용한 수사법이다.

周有天下, 裂土田而瓜分之. (……) 布履星羅, 四周於天下,
輪運而輻集.

주가 천하를 소유한 뒤 토지를 갈라서 오이처럼 나누어 주었다. (……)
제후의 영지는 별처럼 분포하여 천하에 사방으로 펼쳐졌고, 바퀴처럼
둘러서 바퀴살처럼 집중하였다.

—「봉건론封建論」

오이를 나누듯, 별처럼 흩어지듯, 바퀴처럼 둘러서듯, 바퀴살처
럼 집중하듯 한다는 표현은 하나하나가 생생하고 생동감 있으며, 명
료한 이미지를 빚어낸다. 이 글을 보면 주가 실시한 봉건제의 형태
와 작동 체계가 손에 잡히듯이, 눈으로 보듯이 또렷하게 드러난다.

이 밖에도 흔히 사용하는 수사법으로는 대유법, 과장법, 완곡어
법, 도치법, 생략법이 있고, 한문에서 특유한 수사법으로는 병제법
竝提法과 호문법互文法을 들 수 있다. 병제법이란 서로 관련한 두 사상
을 한 문장 안에 병렬하여 서술하는 수사법이다.

夫種蠡無一罪, 身死亡.

저 종과 범려는 조금도 죄가 없었으나 한 사람은 죽고 한 사람은 도망
하였습니다.

—『사기』「한신노관열전韓信盧綰列傳」

역사적 사실에 따르면 대부인 종種은 자살하였고, 범려范蠡는 도망하였다. 따라서 이 문장을 '종과 려는 조금도 죄가 없이 사망하였다'고 이해하면 안 된다. 종은 죽고 범려는 도망하였다는 두 사안을 한 문장에 녹여서 이렇게 표현하였던 것이다. 이런 예는 아주 흔하다. 예컨대 우리가 잘 아는『천자문』맨 첫 구절도 병제법에 속한다.

天地玄黃.
하늘은 검고 땅은 누렇다.

호문은 두 문장이 서로 번갈아 호응하여 의미를 보충하는 수사법이다.

叫囂乎東西, 隳突乎南北.
동서로 소란을 피우고 남북으로 들쑤시고 다녔다.

—「포사자설」

不以物喜, 不以己悲.
남으로 인해 기뻐하지 않고 자기로 인해 슬퍼하지 않는다.

—「악양루기」

위 두 예문에 나오는 두 구절은 각각 독립된 사상을 전달하는 것이 아니라 서로 호응하여 의미를 보완한다. 곧 위 구절은 동서남북으로 소란을 피우고 들쑤시고 다녔다는 뜻이고, 아래 구절은 남이나 나로 인해 기뻐하거나 슬퍼하지 않는다는 뜻이다.

한문 수사법에서 특기할 만한 또 한 가지는 한 문장 내에서 같은 글자를 중복하여 사용하지 않는 경향이 있다는 점이다.

流共工于幽州, 放驩兜于崇山, 竄三苗于三危, 殛鯀于羽山.

공공을 유주에 유배하고, 환두를 숭산에 유배하고, 삼묘를 삼위에 유배하고, 곤을 우산에 유배하였다.

—『상서尚書』「순전舜典」

鄭衛之女不充後宮, 而駿馬駃騠不實外廄.

정나라, 위나라 여인은 후궁을 채우지 못하고, 준마와 결제는 바깥 마구간을 채울 수 없습니다.

—「간축객서諫逐客書」

時維九月, 序屬三秋.

때는 구월이요 계절은 삼추로다.

—「등왕각서滕王閣序」

위의 예문에서 밑금을 그은 어휘는 모두 같은 뜻인데, 중복을 피하기 위해 일부러 다른 글자를 썼다. 유流는 유배流配라는 뜻으로 흔히 쓰이고, 방放은 추방追放에 쓰이는 글자인데, 역시 유배한다는 뜻이다. 찬竄도 찬적竄謫이라 하여 죄인을 귀양 보낸다는 뜻으로 쓰이는 글자이다. 조선 시대 역사 용어 가운데 계미삼찬癸未三竄이라는 말이 있다. 1583년(선조 16년)에 동인 계열의 관료 세 사람이, 동서 붕당의 중재에 나섰다가 동인의 과도한 여론을 누르고 점차 서인의 편을 들어주던 이이李珥를 모함하다가 귀양을 간 사건이다. 이처럼 찬竄이란 글자도 찬적, 찬배竄配로 써서 유배를 보낸다는 뜻으로 많이 쓰였다. 유독 극殛은 죽인다는 뜻으로 쓰는 글자이지만, 주석서에 의거하면, 극殛은 극極의 가차자假借字이며, 극極은 방放과 같다. 따라서 이 네 구절은 모두 당사자를 유배 보냈다는 뜻이다. 한문 문장은 이처럼 같은 단어의 중복을 회피하는 경향이 아주 강하게 나타난다. 프랑스어도 글을 쓰거나 말을 할 때 한 문단 내에서 같은 단어를 반복하여 쓰지 않으려 한다.

사실 수사법은 문장을 생기 있게 하고, 개성을 살려주고, 설득력을 갖게 하며 문장 전체에 활력을 불어넣는 장치이다. 물론, 과유불급過猶不及! 아무리 좋은 것이라도 남용하면 안 쓰느니만 못하다. 그러나 수사적 장치가 없다면 무미건조한 글이 되고 만다. 요즘 출판과 독서계에서는 가독성이라는 망령이 지배하여 수사적 장치를 가능한 한 배제하고 문장을 간결하게 다듬으려고만 한다. 그리하여 우리가 학교 국어 시간에 배웠던 그 많은 문체들이 자취를 감추고 말았다. 만연체, 화려체, 간결체, 우유체, 강건체…… 문장의 개성을 살려주던 문체가 사라지니 주어 하나에 목적어와 부사 성분을 두고 술어 하나만 달랑 남는 천편일률의 글이 되고 말았다.

가독성이란 무엇인가? 사전을 찾으면 이에 해당하는 영어 단어가 둘이다. readability는 "문자를 해독할 수 있는 정도. 쉽게 읽힐 뿐만 아니라 그 뜻을 쉽게 알아차릴 수 있을 때 가독성이 높다고 한다. 일반적으로 작은 글씨보다는 큰 글씨가, 세로로 진행하는 문장보다는 가로로 진행하는 문장이 가독성이 높다. 서체 및 바탕 색채도 가독성에 영향을 준다. 한편 가독성은 문장 구성과 이미지와의 관계, 조판과 디자인 등 모든 요인의 총합으로 나타나기 때문에 일률적으로 가독성의 높고 낮음을 결정하는 요소를 정리하기는 힘들다. 광고는 광고의 주목률 및 광고 내용의 이해도를 높이는 것이 필수적이므로 광고를 만들 때 가독성은 가장 중요한 고려 사항 중 하나로 취급된다"고 설명한다. legibility는 "기호, 문자, 도형에 대해 판독이 쉬운 정도. 색채의 경우 명시성明視性 또는 시인성視認性"이라고 풀이하였다. 요컨대 legibility는 글자 한 자 한 자에 대한 읽기 쉬움을 말하고, readability는 좀 더 포괄적인 문장이나 디자인 측면의 가독성을 의미한다고 한다. 출판계에서 전가의 보도처럼 여기는 가독성은 문장이나 글의 이해도를 말하는 것이 아니라는 말이다.

고전 한문의 행문 습관

거듭 말했다시피 고전 한문은 중국 고대, 주로 선진, 양한 이전의 선인들이 남긴 글과 이런 글을 모델로 삼아서 전근대 동아시아 지식인들이 생활 세계에서 생산하고 소비, 향유했던 문언문이다. 말은 당대의 언어생활을 반영하더라도 글은 고문古文을 표준으로 삼았던 것이다. 그리하여 문언 한문의 행문行文은 문언에 특유하고 독특한 관습을 따랐다. 고전 한문을 잘 읽으려면 이런 독특한 행문 습관을 알아두어야 한다. 고전 한문의 행문 습관은 주로 수사법과 관련이 있는데 앞에서 언급한 내용을 피하고 좀 더 문헌을 참조하여 살펴보자.

한문은 특히 완곡어법을 즐겨 구사한다. 하고자 하는 말을 정확하게, 단도직입으로 말하지 않고 빙빙 돌려서 표현한다. 이런 행문 습관을 잘 모르면 오해하기 딱 알맞다. 예를 들어 다음과 같은 것들이 대표적인 완곡 어휘이다. 옛날에 고급 관리가 탐학하고 독직瀆職한 행위를 하면 '청렴하지 않고 더럽다(不廉汚穢)'고 말하지 않고 '보궤불식簠簋不飾'이라고 하였다. 보궤는 제수祭需를 담거나 잔치 때 성찬盛饌을 담는 제기祭器, 식기食器이다. 식飾은 칙飭과 같은 말이다. 그러므로 불식不飾은 귀중한 제기 또는 식기를 가지런히 정돈하지 않았다는 말이다. 옛날에는 제사나 궁중의 연회가 대단히 중요한 의식, 전례典禮였는데, 이 행사에 쓰이는 기물을 함부로 다루는 행위는 큰

죄를 범하는 일이었다.

관리가 몸가짐을 깨끗이 하지 않고 음란하고 문란한 행위를 하는 것을 '분별없이 음란하다〔淫亂無別〕'라고 하지 않고 '유박불수帷薄不修'라고 한다. 유박帷薄은 휘장揮帳(커튼)과 발로서 집안의 안팎, 곧 남자의 공간과 여자의 공간을 구분하는 기물이다. 수修는 역시 정돈한다는 뜻이니 유박이 정돈되지 않았다는 말은 관리가 특히 여자와 관련하여 행실이 문란하다는 뜻이다. 그리고 관리가 꿋꿋하고 강직하지 못하고 주관이 뚜렷하지 않아 임무를 감당할 수 없을 때, '하관부직下官不職'이라고 한다. 이 세 용어는 원래 중국 전한 시대 문인이자 학자인 가의賈誼의 글에서 유래하는데, 조선 시대에도 어전회의에서 인사人事 평가를 하거나 인물 논평을 할 때 많이 쓰였다.

맹자가 제나라에 있을 때 일이다. 맹자가 제나라 왕을 뵈려고 마음먹고 있는데, 마침 제나라 왕이 사신을 보내서 이렇게 말하였다. "선생님을 뵈려고 하였으나 감기가 걸려서 바람을 쐴 수 없습니다. 아침에 조회를 보려고 하니 (선생님이 찾아오셔서) 과인이 선생님을 뵐 수 있겠습니까?" 맹자가 사신에게 대답하였다. "불행히도 병이 들어서 찾아뵐 수 없습니다." 맹자가 다음날 다른 곳에 조문을 가려고 하였다. 제자가 말하기를, "어제는 병으로 왕의 부름을 사양하셨으면서 오늘 조문하러 가시다니 그러실 수 있습니까?" 하였다. 맹자가 "어제는 아팠지만 오늘은 나았으니 왜 조문하러 가지 못한단 말이냐?" 하고 나갔다. 그 뒤 왕이 사신을 보내서 맹자의 병문안을 하려고 의사를 보내왔다. 다른 제자가 변명을 하였다. "어제는 조정에 들라는 명이 계셨으나 채신采薪의 근심이 있어서〔采薪之憂〕 조정에 나아가지 못하였습니다. 이제 병이 조금 나아서 조정으로 갔는데 혹 당도하지 않았는지 모르겠습니다." 그러고는 얼른 몇 사람을 보내서 맹자가 돌아오는 길을 지키고 있다가 '그냥 돌아오시지 말고 조정에 들르시라'고 하였다. 맹자는 하릴없이 다른 집으로 가서 묵었다.

맹자는 원래 제나라 왕을 찾아보려고 하였지만 왕이 핑계를 대면서 자기더러 오라고 하였기 때문에 자신도 핑계를 대고 가지 않았던 것이다. 학자로서, 스승으로서 자긍심을 세우기 위해서 말이다. 이 일화에 나오는 '채신의 근심'이란 땔감을 하는 사람에게 문제가 생겼다는 말이다. 곧 땔감을 하는 일은 천한 아랫사람의 일이니 상대방보다 미천한 사람, 곧 맹자에게 병이 들었다는 뜻을 에둘러 표현한 것이다. 이와 같은 완곡한 어법과 용어는 부지기수이다.

事有不可知者三, (……) 宮車一日晏駕, 是事之不可知者一也. 君卒然捐館舍, 是事之不可知者二也. 使臣卒然塡溝壑, 是事之不可知者三也.
미리 알 수 없는 일이 셋, (……) 있습니다. 궁궐의 수레가 어느 날 더디 나오는 일이니 이 일이 미리 알 수 없는 첫째 일입니다. 그대가 갑자기 관사館舍를 내어주는 일이니 이 일이 미리 알 수 없는 둘째 일입니다.

사신이 갑자기 구렁텅이를 채우는 일이니 이 일이 미리 알 수 없는 셋째 일입니다.

—『사기』「범수채택열전范雎蔡澤列傳」

위의 세 어휘(晏駕, 捐館舍, 塡溝壑)는 일부러 직역을 하였지만, 모두 죽음을 가리키는 말이다. 죽음을 직접 일컫지 않고 완곡하게, 에둘러서 관련된 기물이나 상황으로 표현하였던 것이다.

臣行得待罪行間, 賴陛下神靈, 軍大捷, 皆諸校力戰之功也.
신이 다행히 항간에서 죄를 기다리고 있었는데(→ 지휘를 맡았는데), 폐하의 신령한 위력에 힘입어서 군대가 크게 승리하였습니다. 이는 모두 여러 장교가 힘써 싸운 결과입니다.

—『한서』「위청열전衛靑列傳」

관리가 관직에 나아가 직무를 보는 일을 대죄待罪라고 한다. 그런데 역사 문헌에 나오는 대죄를, 죄의 처벌을 기다리는 일로 읽는다면 엉뚱한 해석을 하게 된다. 위의 글도 군대에서 지휘관의 직책을 맡았음을 에둘러 말한 것이다. 한자를 안다고 해서 자전字典의 말풀이를 곧이곧대로 적용해버리면 영 엉뚱한 오해를 하기 마련이다. 한문을 해독하려면 고대 문화에 관한 해박한 지식이 필요하다.

한문 고유명사의 늪

한문에서 정말 까다롭고 오해하기 쉬운, 때로는 요령부득인 분야가 고유명사의 처리이다. 성씨, 호칭, 관직, 제도, 지리, 역법과 관련한 용어는 어쭙잖은 지식으로 덤벼들었다가는 백전백패 하고 나가떨어진다. 아는 길도 물어가고, 돌다리도 두드려가며 건너라고, 사전을 찾고 또 찾아야 한다. 박사과정을 이수하면서 처음으로 공부 겸 생계로 중국어 서적을 윤독하고 번역할 때 일이다. 문장에 느닷없이 제오원선第五元先이라는 글자가 나타났다. 앞뒤 맥락을 아무리 따져보아도 도무지 뜻이 통하지 않았다. 기껏해야 정현鄭玄, 127-200과 관련한 글귀가 앞뒤로 이어질 뿐이었다. 글자로는 도저히 알 수가 없어서 어찌어찌 하다가 며칠 고민하던 중에 선배가 알아냈다. 제오第五가 성이고 원선元先이 이름이라고 하였다. 그러고 보니 제오第五를 성으로 삼은 사람이 여럿 있었다. 후한 광무제를 섬겨서 치적을 남긴 제오륜第五倫, 제오륜의 손자이며 역시 지방관으로서 치적을 남긴 제오방第五訪 같은 사람들이다. 제오第五를 다섯째라고만 알면 도저히 이해할 수 없는 글이 된다. 특히 사람 이름에 관해서는 자字, 호號로 부르거나 별호別號, 관직이나 출신 또는 연고가 있는 지역으로 대칭하는 일도 많아서 여간 주의를 기울이지 않으면 안 된다.

그뿐만 아니라 피휘避諱하는 일도 흔하기 때문에 역대 제왕의 이름, 역사 인물의 직계 조상에 관해서도 어느 정도는 알아두어야 한다. 역사 용어와 역사 인물이 교묘하게 얽힌 경우에는 한문에 해박한 사람이라도 꼼짝없이 빠져들기 쉬운 함정이 적지 않다. 조선 시대 문헌을 번역할 때 일이다. '비록 덕망이 왕조王朝와 같고, 강직하고 굳세기가 구준寇準과 같다 하더라도……' 하는 구절이 나왔다. 왕조라는 이름을 역사 사전이나 인명사전에서 아무리 찾아봐도 나오지 않았다. 중국어 문헌을 검색할 수 있는 컴퓨터 자료를 찾아봐도 '한 왕가王家의 계열로 이어지는 조대朝代'라는 일반 용어의 풀이만 나올 뿐 사람 이름으로는 도무지 찾을 수 없었다. 며칠 고민을 하다가 불현듯 학부 3학년 시절, 동양철학사를 수강할 때 일이 떠올랐다. 교수가 주희의 격물치지格物致知와 관련하여 『대학장구大學章句』에 나오는 '하루아침에 활연관통하면[一旦豁然貫通焉, 則……]'이라는 구절을 설명하면서 예전에 서당에서는 일단一旦을 일조一朝라고 읽었다고 지나가는 말로 소개해주었다. 당시에는 왜 그렇게 읽는지 의문이 들었지만 그냥 넘어갔다. 그러다 한참 뒷날 『조선왕조실록』을 접하면서 의문이 풀렸다. 바로 조선을 세운 태조의 이름이 이단李旦(옛 이름 이성계)이었기 때문이다. 조선 시대에는 피휘하는 문화가 있었다. 공적으로는 왕의 이름자, 사적으로는 부모나 조상의 이름자를 말하고 쓰는 것을 피해서 같은 뜻을 가진 다른 글자를 쓰거나 획을 더하거나 글자를 바꿀 수 없을 때는 발음을 바꾸었다. 곧 태조의 이름자를 피해서 旦이라는 글자는 모두 朝로 바꾸었던 것이다. 왕단王旦으로 검색을 하자마자 자료가 주르륵 쏟아져 나왔다.

黥布者, 六人也. 姓英氏. 秦時爲布衣. 少年, 有客相之曰, 當刑而王. 及壯, <u>坐法</u>. 黥布欣然笑曰, 人相我當刑而王. 幾是乎.

경포는 육 사람이다. 성은 영씨이다. 진 때에는 서민이었다. 젊었을 시절에 어떤 사람이 상을 보고 말하기를, '형벌을 당하고 나서는 왕이 되리라' 하였다. 장년이 되었을 때 법에 저촉되었는데 경포는(→경포가 법에 저촉되어 경형을 받았는데) 흔쾌히 웃으며 말하였다. "어떤 사람이 내 상을 보고서 형벌을 당한 뒤 왕이 되리라 하였는데, 아마도 이를 말함인가!"

—『사기』「경포열전黥布列傳」

위 예문에서 '좌법坐法, 경포黥布'는 실은 '좌법경坐法黥, 포布'로 구문을 떼어 읽어야 한다. 경黥은 형벌의 하나로서 옛사람들이 가끔 남을 심하게 꾸짖으며 "경을 칠 놈!"이라고 할 때의 경黥이다. 얼굴이나 몸에 죄인임을 나타내기 위해 먹으로 문신을 새기는 것을 말한다. 경형黥刑, 묵형墨刑이라고도 한다. 그러니까 이 예문은 "경포가 법에 저촉되어 경형(또는 묵형)을 받았다"로 옮겨야 한다.

한문 문장에서 사람을 서술할 때에는 처음 한 번 성과 이름을 밝힌 뒤 이어지는 문장에서는 거의 대부분 이름만 언급한다. 위의 사례는 형벌과 당사자의 성이 같아서 빚어진 오독誤讀이다. 이런 문화에 익숙하지 않으면 한문을 제대로 읽고 해석하기 어렵다. 그러니 이른바 문사철文史哲을 두루 꿰어야 한문을 읽고 독해하고 번역할 수 있다고 하겠다. 한마디로 한문을 잘 하려면 먼저 동양 문화의 기초와 기본이 되는 지식과 교양을 갖추어야 한다는 말이다. 한문 공부는 그다음 일이다.

4장

/

중국어, 일본어 공부

중국어는 한문이 아니다

이제는 벌써 아득한 옛일이 되어버렸으나 1980년대에 막 대만이 아닌 대륙 중국의 서적이 '어둠의 경로'로 우리, 넓게 말해서 동양학을 하는 학인들에게 맨얼굴을 드러냈다. 사회주의 중국은 우리에게서 공자와 맹자를 쫓아내버리고 콩치우孔丘와 멍커孟軻를 소개해주었다. 중국이 관념 속 동양 세계의 종주국이 아니라 정치 세계의 객관적 실체로서 우리에게 다가왔고, 중국의 사상은 심오하고 지고한, 그리고 보편적인 동양의 사상이 아니라 상대적인 사상의 하나로 제자리를 얻었던 것이다. 공자와 맹자는 콩치우와 멍커라는, 자기에게 주어진 역사의 시공간을 살아간 객관적이고 구체적인 한 인물들로서 생물학적 한 인간으로 우리에게 다가왔다. 중국은 '죽竹의 장막'

에 가려진 알 수 없는 세계도 아니었고, 사회주의 이상을 실현한 모범적인 인민의 세계도 공산주의 악마의 국가도 아닌 그야말로 갑남을녀, 장삼이사가 살아가는 이웃 나라였다. 요컨대 중국은 타자화한 것이다. 중국은 이제 객관적 시각으로 연구하고 규명할 대상이 되었으며 공자와 맹자는 자기 계급의 이익을 대변하는 역사 인물로서 한문의 세계가 아니라 중국어의 세계 속에서 자기 자리를 다시 정립하였다.

우리는 이제 한문이 아니라 중국어로 중국 세계를 이해하고 들여다보게 되었다. 한문은 한문대로 공부하는 방법이 있지만 중국어 역시 중국어 나름으로 공부하는 방법이 있다. 우선 중국어도 한자로 표기하지만 한문이 아니라는 사실을 깨달아야 한다. 중국어와 한문은 저마다 다른 언어 체계가 있다. 비록 중국 대륙에서 수천 년 동안 살아온 억조億兆의 창생蒼生들이 부려 쓴 말과 글이 한문을 이루고 중국어로 변신해왔지만 이제 중국어는 한문과는 다른 언어가 되었다. 한문이라는 어머니 배 속에서 나왔지만 중국어라는 자식이 되어 딴 몸으로 자라난 것이다.

한문과 중국어는 어떻게 다른가? 한문은 고전 문언문이며 중국어는 현재 중국 사람들이 읽고 쓰고 말하고 들으며 언어생활을 영위하는 중국의 언어이다. 한 언어에서 갈라졌다고 하기에는 어휘와 발음이 너무나 다르며 사용 인구가 적게는 수천만에서 많게는 수억이 되는 방언도 여럿이지만 어쨌든 현재 중국 대륙에서 사용하는 언어를 중국어라고 한다. 조선 시대 학자들도 언어에 관심이 있는 사람들은 구어체 중국어를 배우고 일부 사용했으며, 중국 사신을 접대하는 고급 관료들은 중국어에 꽤 능통한 사람들도 적지 않았다. 심지어 궁중에서도 제한적으로 중국어 어휘와 간단한 중국어가 통용되었던 것으로 보인다.

이전에 소설 『영원한 제국』을 각색하여 만든 영화를 본 적이 있는데, 정조(안성기 분)가 상소문을 결재할 때 긍정의 비답을 내릴 때는 '지도知道'라고 하고 부정의 비답을 할 때는 '우불吁咈'이라 하는 장면이 나왔다. '지도知道'는 바로 중국 구어체로 '알았다'고 할 때 쓰는 말이다. 중국 북경 발음으로는 '즈다오'이다. '우불吁咈'은 원래 '도유우불都俞吁咈'이라 하여, 『서경』 앞부분에 수록된 요, 순 임금 시절의 기록에 나오는 말로서 군주와 신하가 허심탄회하게 나라의 정사를 토론하고 결정할 때 서로 마음이 통하여 화답한 말이다. '도都'와 '우吁'는 감탄사이며, '유俞'와 '불咈'은 각각 긍정과 부정의 답이다. 정조는 신하의 건의에 알겠다는 뜻으로 '지도!'라고 답하고, 반대 의견을 나타낼 때 '우불!'이라고 답하였다.

중국어는 언어 갈래로는 고립어에 속하며, 계통으로는 시노-티베트 어족Sino-Tibetan Languages에 속하고, 어순으로는 주어-술어-목적어 구조를 따른다. 영어와 유사하게, 주로 동사에서 파생된 일종의 전치사가 있어서 명사 목적어를 취한다. 중국어는 고립어의 특성을 상하게 띠고 있어 어순이 바뀌면 뜻이 달라지거나 비문이 된다.

我喜歡東坡肉(Wǒ xǐhuan dōngpōròu)。

나-좋아한다-동파육

나는 동파육을 좋아한다.

이 문장의 주어와 목적어의 순서를 바꾸면 뜻이 반대로 된다.

東坡肉喜歡我。

동파육이 나를 좋아한다.

그리고 다음과 같이 순서를 바꾸면, 대충 의사소통은 되겠지만 문법이 맞지 않다. 중국어를 제대로 구사하는 사람은 이렇게는 말하지 않는다.

我東坡肉喜歡。

우리말은 어색하기는 해도 문장성분의 위치를 부담 없이 바꿀 수 있으며, 어떤 경우에는 앞뒤로 바꿈으로써 다른 느낌을 자아낼 수도 있다.

'나는 동파육을 좋아한다'고 하면 사실 진술이다. 그러나 '동파육을 나는 좋아한다'고 하면 목적어를 앞에 내세워서 강조한 말이 된다. '동파육을 좋아한다, 나는'이라고 하면 경우에 따라서는 '나'에 강세를 둔 말이 되기도 한다. 또한 '나는 좋아한다, 동파육을'이라고 해도 '동파육'에 강세를 둔 말이 될 수 있다. 우리말이 이처럼 어순에서 비교적 자유로운 까닭은 조사 덕분인데, 조사가 없는 중국어는 어순이 문장을 구성하는 데 결정적인 역할을 한다.

중국어는 화제 중심 언어

언어를 각각 화제topic를 중심으로 하는 언어와 주어subject를 중심으로 하는 언어로 나누기도 하는데, 중국어는 화제를 중심으로 하는 언어로 분류된다. 화제를 중심으로 하는 언어란 문장의 주어 앞에 화제를 제시하는 언어이다. 우리말도 일부 화제를 앞에 내세우기도 한다. 바로 주제격조사로 분류되는 '-은/-는'이 붙는 말이 화제에 해당한다고 하겠다. 이를 학교문법에서는 이중주어문 또는 복문으로 분류하기도 한다. 아무튼, 우리말에도 실제 문법적 주어 앞에 화제나 주제를 앞세우는 문장이 꽤 흔하다. 그런데 중국어에서는 화제/주제를 앞세우는 문장이 대단히 많다.

那本書我已經看完了(Nà běn shū wǒ yǐjing kànwán le)。

그 책은 내가 이미 보았다.

(그 책을 나는 이미 보았다.)

我已經看完那本書了。

나는 이미 그 책을 보았다.

이 문장에서 那本書는 의미상 목적어인데, 중국 사람들은 이런 뜻으로 말할 때 흔히 목적어로 처리하여 동사 뒤에 두지 않고 문장 맨 앞에 둔다. 다음 예문은 정서법으로 쓴 문장인데, 이렇게 말하면 사실을 진술하는 매우 평이한 말이 되어버린다.

五個苹果兩個壞了(Wǔ ge píngguǒ liǎng ge huài le)。

사과 다섯 개는 두 개가 상했다.

(다섯 개의 사과에서 두 개가 상했다.)

'사과 다섯 개'를 주어로 보면 '두 개가 상했다' 전체가 술어이다. '두 개가 상했다'라는 문장은 주어+술어 구조로 되어 있는데, 중국어에서는 이를 '주술술어문'이라고도 한다. 명사가 술어이면 '명사술어문'이고 동사가 술어이면 '동사술어문'이며 '주어+술어(+목적어)'가 술어이면 '주술술어문'이다. 그러나 '사과 다섯 개'를 제시된 화제로 보면 '화제topic-진술comment'로 구성된 문장이라 할 수 있다. 따라서 '화제-진술(주어+술어+동사)' 어순이 성립하는 것이다.

중국어의 보어

한국인이 중국어 문법에서 많이 헷갈리는 성분 가운데 하나가 바로 보어補語이다. 영어 학습에서도 초심자들이 많이 어려워하는 성분이 보어이다. 우선 영어의 보어를 살펴보자.

He is a priest.
그는 성직자이다.

이 문장에서 a priest는 보어이다. be 동사만으로는 주어를 다 설명할 수 없고 뜻이 완성되지 않기 때문에 주어를 다시 보충해주는 말이 필요하다. 알다시피 이런 보어를 주격보어라고 하는데, 주격보어와 주어는 사실상 일치한다.

She makes me happy.
그녀는 나를 행복하게 한다.
(그녀가 있어서 나는 행복하다. / 그녀 때문에 나는 행복하다.)

make는 타동사로서 목적어를 취하는데, make가 지배하는 목적어는 me이다. 그런데 make와 me만으로는 문장이 완결되지 않기에 형용사 happy가 보어로서 목석어 me의 상황을 보충한다. 그리하여 목적어와 목적격보어의 관계는 다시 주어-보어의 관계를 이룬다.

me happy – I am happy

이런 보어를 목적격보어라고 한다.

학교문법에서는 주격보어와 목적격보어를 지배하는 동사를 각각 불완전자동사, 불완전타동사라고 분류하기도 하지만 중요한 사실은 이 두 문장 형식에서는 보어가 없이는 문장이 성립할 수 없다는 점이다.

❶ 결과보어

중국어에서 보어는 동사나 형용사 뒤에 붙어서 술어의 결과, 정도, 방향, 가능, 상태, 수량 등을 보충 설명하는 성분이다. 결과보어는 동작동사만으로는 뜻을 완성하지 못하여 취하는 보어이다.

我的書, 找到了嗎(Wǒ de shū, zhǎo dào le ma?)?

내 책은(을) 찾았느냐?

•••▶ 我: 1인칭 단수, 복수 대명사.

的: 조사. 문장 안에서 어구 사이의 성분 관계를 연결하며, 수식이나 종속(또는 소유), 동격 등의 관계를 나타낸다. 문법적 역할이 매우 다양하고, 일상의 언어 생활에서 아주 많이 쓰인다. 여기서는 소유(종속)를 나타낸다. 소유를 나타낼 때에는 과거에는 底로도 썼다.

書: 명사로서 책. 여기서는 화제가 되는 한정어이다.

找: '찾다'는 뜻을 지닌 주동사.

到: 결과보어로서 동사의 동작이 기대하는 결과를 얻었음을 나타냄. 중국어에서는 결과보어를 써야만 동작이 완료된다.

了: 조사이다. 동사나 형용사 뒤에 쓰여서 동작이나 상황의 변화가 완료되었음을 나타내며, 문장의 끝이나 중간에서 한 관념이 완결되고 새로운 상황이 출현할 때 사용하여 변화상을 나타내기도 한다.

嗎: 조사이다. 문장의 끝에 쓰여서 의문을 나타낸다.

우리말 '찾다'라는 동사는 상相이 분화하지 않아서 찾는 행위와 찾은 결과를 포괄한다. 그러나 중국어에서는 找라는 동사만 써서는 뜻이 완성되지 않는다. 이 동사는 찾는 행위만 가리키며, 찾는 동작을 해서 실제로 찾아냈을 경우에는 到라는 결과보어를 써야만 한다.

❷ 정도보어

정도보어는 '得(de)'를 사용하는 것과 사용하지 않는 것으로 나뉘는데, '得'를 사용하면 '得'가 지배하는 보어에 의미의 중점이 찍히고, 그렇지 않으면 앞의 술어를 강조하는 기능만 한다.

寫得非常好了(Xiě de fei cháng hǎo le)。

대단히 잘 썼다.

•••▶ 寫: 주동사로서 '그리다' '쓰다'는 뜻이다.

得: 보어로서 쓰는 행위가 기대하는 정도를 얼마나 충족시켰는지를 나타낸다.

非常好: 非常은 우리말로도 보통, 일반적인 상황이 아닌 매우 대단한 정도를 나타낼 때 쓰이는 말이다. 비상시국, 비상계엄령, 머리가 비상하다 등으로 쓰인다. 여기서는 好의 정도가 일반적이지 않고 매우 대단함을 나타낸다. 非常好는 得의 지배를 받아서 寫의 행위가 매우 잘 이루어졌다는 뜻이다.

了: 변화상을 나타내는 조사로서 여기서는 의견이나 인식, 주장 등의 변화를 나타낸다.

글자(글)를 썼는데, 쓴 정도가 아주 뛰어나다는 뜻이다. 여기서는 '非常好'에 중점이 찍혀 있다. 이에 견주어서 다음 문장은 술어를 강조하는 기능만 한다.

這個電影好極了(Zhège diànyǐng hǎo jí le)。

이 영화는 아주 좋다.

•••▶ 這: 지시대명사, 부사로 쓰이는데, 여기서는 대명사로 쓰였다.

個: 양사이다. 가장 일반적으로 쓰이는 양사로서 전용 양사가 없는 명사에 두루 쓰인다.

電影: 영화映畫를 중국어로 電影이라 한다.

好: '좋다' '좋아지다' '좋게'라는 뜻을 지닌 형용사, 동사, 부사, 감탄사로 두루 쓰이는데, 여기서는 형용사 술어로 쓰였다.

極: 절정, 최고, 극도를 나타내는 명사, 형용사, 동사, 부사로 쓰인다. 여기서는
부사로 쓰여서 술어 好를 강조하는 기능을 한다.

了: 말하는 사람의 상황 판단을 보충하는 어기조사이다.

❸ 방향보어

방향보어는 어떤 동작이 행해지는 방향성을 나타내는 보어로서,
'來'와 '去'를 비롯하여 '上, 下, 進, 出, 回, 過, 起, 開'와 같은 동사 열 개
가 다른 동사 뒤에 붙어서 보어 역할을 하면서 동작의 방향을 지시
하여 문장을 완성한다. 방향보어는 단독으로 쓰이기도 하고 '上來, 上
去, 出來, 出去, 過來, 過去'처럼 '來' '去'와 결합한 뒤 다른 방향동사 뒤
에 붙어서 의미를 보완하기도 한다.

무협지의 한 장면. 목이 마른 협객이 남루한 옷차림으로 헐레벌
떡 주막으로 뛰어 들어오자마자 다짜고짜 술을 가져오라고 점소이店
小二에게 고함을 지른다.

拿酒來!(Ná jiǔ laí)。
술 가져와!

···▶ 동사 '拿'는 어떤 물건을 손으로 붙잡는 행동 또는 붙잡은 상태를 말한다. 그
러니까 拿酒라고만 하면 술을 손에 가지고 있다는 뜻이며, 여기에 來가 붙어서

술이 옮겨가는 방향성을 나타낸다.

복합방향보어로는 다음과 같은 형태를 예로 들 수 있다.

他走進禮堂來了(Tā zǒujìn lǐtáng lái le)。

그는 강당으로 걸어서 들어왔다.

•••▶ 進과 來는 모두 방향보어이다. 동작동사 走에 방향보어 進과 來가 결합하여

방향성을 명료하게 나타낸다.

당의 시인 유희이劉希夷의 시 「머리 허연 늙은이를 대신하여 슬

퍼하다[代悲白頭翁]」의 첫 구절은 다음과 같다.

낙양성 동쪽 복사꽃 오얏꽃[洛陽城東桃李花]

이리저리 흩날려서 뉘 집으로 지나[飛來飛去落誰家]

•••▶ 여기서 '來'와 '去'는 어떤 동작이 계속 이어질 때 많이 쓴다. 우리가 서로 말

을 주고받는다고 할 때 설왕설래說往說來라고 하는데, 중국 사람들은 비슷한 조

어구조로서 說來說去(shuō lái shuō qù)라고 해서 장황하게 자꾸 반복해서 말할

때 쓴다. 한 동사나 비슷한 뜻을 지닌 두 동사에 '來'와 '去'를 붙여서 관련 동작

이 끊임없이 상호작용을 하면서 반복됨을 나타낸다.

❹ 가능보어

가능보어는 동사와 결과보어 또는 방향보어 사이에 '得'와 '不'를 넣어서 가능성, 불가능성을 나타내는 보어이다. 옛날 옛날에, 어떤 사람이 몸에 붙이면 보이지 않는 신기한 나뭇잎을 한 장 얻었는데 실수로 그만 땅에 떨어뜨렸다. 땅에는 비슷한 나뭇잎이 수백 수천 장이 있었다. 그 사람은 주위의 나뭇잎을 한 잎도 빠뜨리지 않고 모두 모아서 가지고 가서 아내 앞에서 한 장씩 이마에 붙이면서 물었다. "내가 보이오, 안 보이오?" 아내는 처음에는 고분고분 대답했다. "보여요." 그러나 한 장 한 장 붙일 때마다 끝도 없이 묻자 따분하고 짜증이 나서 꾸벅꾸벅 졸다가 "안 보여요" 하고 대답했다. 이 멍청한 남자는 아내의 말만 믿고 나뭇잎을 이마에 붙이고서 남의 물건을 훔치다 들켜서 졸경(몹시 시달리거나 고난을 겪음)을 치렀다. 이 이야기에 나오는 부부의 대화를 중국어로 옮기면 다음과 같다.

你看得見我嗎(Nǐ kàndejiàn wǒ ma)?

당신 내가 보이오?

看得見(Kàndejiàn)。

보여요.

還看得見我嗎(Hái kàndejiàn wǒ ma)?

아직도 보이오?

看得見(Kàndejiàn)。

보여요.

(……)

還看得見我嗎(Hái kàndejiàn wǒ ma)?

아직도 보이오?

看不見(Kànbujiàn)。

안 보여요.

得가 看과 見 사이에 들어감으로써 보는 행위가 보는 결과를 실
제로 이루어낼 수 있는지 없는지를 명확하게 지시한다. 『대학大學』에
이런 구절이 있다.

心不在焉, 視而不見, 聽而不聞, 食而不知其味.

마음이 거기에 가 있지 않으면 보아도 보이지 않고 들어도 들리지 않고
먹어도 그 맛을 모른다.

이 구절의 현대 중국어 번역 가운데 하나를 들면 다음과 같다.

一個人的心不專注, 就是睜著眼, 也看不見事物。

張著耳, 也聽不到聲音。吃著東西, 也吃不出味道。

한 사람의 마음이 전념하지 않으면 곧 눈을 떠도(눈으로 봐도) 사물을
볼 수 없다. 귀를 열어도 소리를 들을 수 없다. 음식을 먹어도 맛을 보

아내지 못한다.

여기서 看不見이 바로 가능보어를 사용한 예이다.

❺ 수량보어

수량보어는 동사의 수와 양을 나타내서 술어의 의미를 보충한
다. 수사와 양사가 결합하여 보어 구실을 한다.

看了三遍(Kàn le sān biàn)。

세 차례 보았다.

•••▶ 看: 동사이며 술어이다.

了: 동작의 완료를 나타내는 조사이다.

三遍: 三은 수사이며, 遍은 어떤 동작이 시작되어 끝날 때까지 전 과정을 지배하
는 양사이다. 우리말로는 '번' '회'로 쓸 수 있다.

走了一趟(Zǒu le yí tàng)。

한 차례 갔다.

•••▶ 走: 우리말로는 '달아나다' '달리다'라는 뜻이지만 중국어에서는 보통 '가다'
라는 뜻으로 쓰인다. 동사이며 술어이다.

了: 동작의 완료를 나타내는 조사이다.

一趟: 趟은 사람이나 차가 왕래하는 횟수를 나타내는 양사이다.

중국어 보어는 우리말 보어와 용법이 다르기 때문에 주의해야 한다. 그리고 이 보어를 잘 처리해야 동사의 의미가 명료해져서 문장의 뜻이 분명해진다.

중국어 품사의 역할

단어를 문법적인 성질로 나눈 것을 품사라고 하는데, 중국어에도 여느 언어와 마찬가지로 여러 품사가 있어서 문법에서 고유한 기능을 담당한다.

❶ 명사

명사는 주어, 목적어로 쓰이며, 관형어로 쓰이기도 하고 때로는 술어로도 쓰인다.

❷ 대사

대명사와 유사한 역할을 하는 단어를 중국어에서는 대사代詞라고 한다. 대사는 주로 명사를 대신하며 때로는 형용사나 부사를 대신해 쓰인다. 대사는 명사와 마찬가지로 주어, 목적어, 관형어로 쓰이지만 명사와 달리 다른 관형어의 수식을 받지는 않는다.

❸ 양사

중국어에서는 수사數詞가 명사를 바로 수식하는 예는 거의 없고 양사量詞를 반드시 대동한다. 중국어는 우리말에 견주어 양사가 매우 발달하였다. 우리말에도 원래 한문의 영향으로 다양한 양사가 있었는데 이제는 많이 사용하지 않는다. 특히 '팔굽혀펴기 서른 개' '줄넘기 100개' '천 개의 고원高原'처럼 낱으로 셀 수 없는 대상조차도 '개個'로 쓰는 것을 보면 양사에 관한 관념이 옅어진 듯하다. 양사를 쓰는 방식도 우리말과 중국어는 다르다. 중국어는 '三隻兔子(sān zhī tùzi, 토끼 세 마리)' '三本書(sān běn shū, 책 세 권)'처럼 수사＋양사＋명사 순인데, 우리말은 '곰 세 마리'처럼 명사＋수사＋양사가 원칙이며, 명사＋수사나 수관형사＋명사 형태도 흔히 쓰인다. 중국어를 공부할 때 이와 같은 우리말과 다른 점을 염두에 두면 유리하다. 물론 공부하는 과정에서 저절로 습득하게 되겠지만 말이다.

❹ 동사와 형용사

동사와 형용사는 부사의 수식을 받으며 둘 다 문장에서 술어가 될 수 있다. 부사는 일반적으로 술어 앞에서 술어를 수식한다.

이외에 어휘 자체의 의미는 약화하고 주로 문법적 기능을 하면서 명사를 목적어로 취하여 명사 앞에 쓰이는 전치사, 단어와 단어, 단어와 구, 절과 문장을 이어주는 접속사가 있다. 또한 문장 안에서 어구 사이에 쓰여서 문법적 기능을 하는 조사가 있고, 독립어구로 쓰이는 감탄사와 의성어가 있다.

중국어는 고립어이며 표의문자에서 출발한 언어와 문자답게 품사의 전용이 비교적 자유롭다는 특징이 있다. 형용사든 부사든 명사든 동사든 어미가 붙지 않고 굴절하지 않기 때문에 어디에 붙건 형태가 변하지 않으며, 문장에서 차지하는 위치나 앞뒤에 붙은 부가어附加語에 따라서 품사나 성분이 변하기도 한다.

❺ 이합사

중국어에서 또 하나 특이한 문법적 범주로서 이합사離合詞라는 단어 유형이 있다. 중국어 학자들은 이를 중국어가 단음절어에서 다음절어로 변하는 과도기 현상으로 보기도 한다. 이합사란 한 단어가 상황에 따라 분리되어 쓰이는 일종의 구句와 같은 역할을 하는 단어이다. 예컨대 '한턱낸다'고 할 때 請客(qǐng kè)라고 하는데, 목적어가 나오면 請과 客 사이에 목적어를 넣는 방식이다.

這回我請你的客吧(Zhè huí wǒ qǐng nǐ de kè ba)。
이번에는 내가 너에게 한턱낼게.

이합사와 같은 단어는 매우 생소하고 우리말에는 없는 어법이므로 중국어에 유창한 사람도 틀리기 쉽다. 글을 읽을 때는 앞뒤 맥락으로 알 수 있지만 말을 하거나 글을 쓸 경우에는 이합사 사용에 실수를 면하기 어렵다.

선先 한문, 후後 중국어 학습의 좋은 점

중국어는 또한 관용어와 언어유희가 매우 발달하였다. 한문 고전에서 유래한 어휘와 문장이 '고급 언어(?)'에서는 빈번하게 인용된다. 중국 국가주석이 외교 관계로 미국에 갈 때 비행기 안에서 이백의 「조발백제성早發白帝城」을 패러디하여서 자기 소회를 밝혔고, 우리나라에 국빈 방문을 하였을 때 청와대 경내에서 우리 대통령과 산책을 하다가 풍광과 당시 분위기를 보고 거기에 걸맞은 두목杜牧의 「산행山行」한 구절을 읊조렸다. "서리 맞은 단풍잎이 이월 꽃보다 붉다〔霜葉紅於二月花〕." 주석이 인용한 시구에는 그의 뜻이 숨어 있었다. 아득한 고대부터 중국 사회에서는 국가 간에 외교를 하건, 상담을 하건 자기의 뜻을 미리 암시하는 시구를 『시경』에서 따와서 외는 관례가 있었다. 현대에도 중국 사람들과 깊은 대화를 할 때에는 적절한 고전을 인용하면 매우 좋은 인상을 줄 수 있다. 중국은 한 나라라기보다는 대륙이니만큼 수많은 민족과 종족이 뒤얽혀서 때로는 각축을 벌이고 때로는 경쟁을 하고 때로는 화합하면서 문화와 역사를 발전시켜온 만큼, 고전 한문을 공부할 때와 마찬가지로 중국어를 공부할 때에도 장구한 역사 경험 속에서 생산된 헐후어歇後語, 속담, 성어, 문학작품을 많이 접하는 것이 좋다.

헐후어는 중국에서 흔히 쓰는 말버릇이다. 어떤 드라마에서 주인공을 둘러싸고 주변 인물이 대화를 나누는 도중에 이런 말이 나왔다. "사마소의 마음, 길 가는 사람도 다 알지〔司馬昭之心, 路人皆知〕(sī mǎ zhāo zhī xīn, lù rén jiē zhī)!" 『삼국지연의』에 나오는 인물 사마소는 위나라 사마의司馬懿의 차남인데, 형 사마사司馬師가 죽은 뒤 위나라의 실권을 장악하고서 세력을 키웠다. 그의 아들 사마염司馬炎에 이르러서 마침내 삼국을 통일하고 진晉을 세우게 된다. 사마소가 세력을 키워서 위나라 조씨曹氏의 권력을 찬탈하려는 야욕은 너무나 명백하여 아무리 숨기려 해도 모든 사람이 다 안다는 뜻이다. 보통은 한 사람이 앞부분을 말하면 다른 사람이 뒷부분을 채우는 식으로 말을 한다. 또는 앞부분만 말하기도 한다. 그래도 무슨 뜻인지 다들 안다. 이런 헐후어를 주고받으려면 어느 정도 배경 지식이 있어야 한다.

우리나라에서 중국어를 배울 때에는 먼저 한문을 익히고, 이른바 번체자로 시작하는 것이 여러모로 유리하다. 지금 중국어를 배우는 사람들은 대학에서든 사회에서든 바로 중국 대륙에서 사용하고 있는 간체자로 공부를 시작하는데, 간체자를 배우고 나서 번체자를 배우려면 더 어렵다. 간체자는 번체자를 간화簡化한 글자이므로 번체자에 익숙하면 간체자는 그다지 어렵지 않게 배울 수 있다. 왜 굳이 번체자를 배워야 하는가? 일상회화 수준에서 중국어를 공부하고 현대 중국 문화를 수용하고 향유하는 정도라면 굳이 번체자를 배우지 않아도 불편하지 않다. 그러나 조금이라도 문화적 맥락을 이해하고 고급 중국어의 세계로 들어가려면 번체자를 알아두는 것이 좋다.

십 수년 전, 중국 북경에 간 일이 있었다. 천단天壇을 관람할 때의 일이다. 천단은 황제가 땅의 주인으로서 하늘에 제사를 지내는 제단이다. 우리 역사에서도 조선 고종이 제국을 선포하고 환구단圜丘壇을 축조하여 하늘에 제사를 지냈다. 고대 동양 사회에서 하늘에 제사를 지낸다는 것은 땅의 주인임을 고하는 행위였다. 그러므로 황제만 제사를 지낼 수 있었다. 천단에는 황제가 제사를 주재하면서 머무는 궁궐이 있는데, 궁궐 내외에는 수많은 주련柱聯, 대련對聯, 편액扁額이 즐비하다. 궁 바깥에서 안을 들여다보고 있노라니 중국인 청춘남녀가 옆에서 안을 들여다보면서 대화를 하였다. 처녀가 물었다. "저 천장에 걸려 있는 글자가 뭐야?" 총각이 "윈즈줴에종允執厥中"이라고 읽었다. 처녀가 물었다. "무슨 뜻이야?" 총각이 대답했다. "나도 잘 몰라."

현대 중국 사람들은 일단 번체자를 잘 읽지 못하며, 고전 문장은 현대어로 번역이 되어 있지 않으면 읽어도 뜻을 알기 어렵다. 이는 어쩌면 당연한 일이다. 간체자와 번체자의 차이는 표기 형태의 문제이지만 고전 한문과 현대 중국어의 불통不通은 문법과 화용의 문제이기 때문에 현대 중국 사람들도 고전 한문에 익숙하지 않으면 뜻을 알 수 없다. 명승고적과 역사 유적지에는 수많은 명사名士와 시인묵객詩人墨客의 묵적墨跡이 빽빽하다. 모든 글자는 번체자로 쓰여 있으며, 모두 고전 한문의 글귀이다. 모든 고전전적古典典籍이 간체자로 전환되어 있고, 현대어로 번역이 되어 있지만 1차 문헌을 자기 힘으로 읽을 수 있다면 고전 한문과 현대 중국어 세계를 자유자재로 넘나들 수 있다. 앞으로 한국과 중국, 한국과 대만, 일본의 교류가 문화적으로 더 성숙한다면 동양의 고전을 읽을 수 있는 실력이 자기 세계를 확장하는 데 무엇보다도 유리한 무기가 될 터이다.

중국어를 학습하기에 앞서 고전 한문을 조금이라도 익혀두는 것은 필요불가결한 사항이다. 중국어 학습에서 조금 돌아가더라도 먼저 고전 한문을 배워두면 더 빨리 목적지에 이를 수도 있다. 내 개인의 경험으로는 같이 공부했던 수강생들보다 빨리 소기의 성과를 거두고 폭넓고 깊게 공부할 수 있었던 비결은 중국어를 배우기 전에 고전 한문의 기초를 다져놓았던 점이다.

중국어 학습에서 가장 까다로운 부분이 성조다. 중국어 성조는 현재 중심 언어인 북경어에 네 가지가 있고 지역 방언에는 이보다 더 많다. 우리말도 지역 방언에는 성조의 흔적이 남아 있기도 하다. 아무튼 중국어에 성조가 발달한 까닭은 발음의 갈래가 같은 여러 글자를 변별하기 위한 것이라 한다. 예컨대, 西, 席, 洗, 細가 모두 중국어로는 xi로 발음되지만 각각 1, 2, 3, 4성으로 발음이 되어 뜻과 글자가 구별된다. 우리말은 특히 한자에서 유래한 어휘의 경우에는 원래 성조가 있었을 터이나 현재는 장단음으로 남아 있고, 그나마 이제는 한자어와 멀어지면서 장단음 구별조차도 희미해지고 있다.

1980년대 일본어 학습 열풍

일제 시대는 우리에게 강요된 근대였다. 조선 말기의 정치 문란과 사회모순을 자체 역량으로 대면하고 극복할 사이도 없이, 그리하여 주체적으로 전근대를 탈각하고 근대로 진입하지 못한 채, 일본에 의해 우리는 위장된 근대로 송두리째 빨려 들어갔다. 근현대 우리 역사는 일본이라는 타자를 극복하는 것이 과제였지만 이 과제의 엄중함에 반비례하여 일본이 간 길을 따르고 배워서 하루빨리 선진 사회로 진입해야 한다는 절박한 원망도 숨길 수 없었다. 해방 직후와 한국전쟁 전후로는 일본을 향한 적개심과 민족적 감정이 승勝하여 드러내놓고 일본 문화를 향유하지 못하였지만 60년대 들어오면서 일본을 배우고 '선진' 일본을 모델로 삼아서 경제를 발전시키고 문화를 창달해야 한다는 바람이 불면서, 문학을 통한 일본 이해의 물결이 일었다. 수많은 일본 문학작품이 번역 소개되었고, 일본 정신을 고취한 일본 역사 인물을 그린 소설이 인생철학과 경영 전략의 교과서처럼 읽혔고, 심지어 세계문학마저도 일본식으로 선별되고 일본어 중역重譯을 거쳐서 출간되었다. 1970, 80년대 학창 시절을 보낸 우리 세대는 문학에서 과학, 철학에 이르기까지 일본이라는 프리즘을 통해 세계를 바라보았던 것이다.

일본 문학을 번역 소개한 사람들이나 대학에서 학문을 전수하는 교수도 일제강점기 때 공부를 한 사람들이었다. 이늘 식빈시 시식인들은 사회 여러 층에서 여전히 현역으로 있거나 원로 대접을 받고 있었으며 이들에게 일본어는 한국어보다 더 익숙한 언어였다. 그리하여 1980년대까지도 일본에 대한 향수와 저항, 추종과 극복, 동질감과 이질감이 날줄과 씨줄처럼 직조되어 도저히 헤어날 수 없는 양가감정이 남아 있었다. 우리는 다들 모로하시諸橋轍次의 『대한화사전大漢和辭典』을 동양학 연구의 필수 공구서工具書로서 신주처럼 떠받들었다. 교수들은 연구든 학술서 번역이든 일본 자료를 활용하였고, 일본 학술서를 그대로 베껴서 재편집하여 출간하기도 하였다. 1980년대 민주화 운동이 절정에 이르렀을 때, 세계를 바라보는 가치관의 전복을 위한 사회주의 서적, 사회과학 서적이 일본을 경유하여 대량 유입되었는데, 이에 삽시간에 일본어 학습 바람이 불었다. 사흘 공부해서 일본어를 읽고 한 달 공부하여 사회과학 서적을 번역했다는 '무용담'이 그다지 과장이 아닐 만큼 일본어는 우리 가까이 있었다.

번역에 관해서는 확실히 일본은 우리의 스승이었다. 과거에는 중국을 경유하여 불교가 유입되고 서방세계의 문화가 번역되었다면 근현대에는 일본을 경유하여 서방세계의 문화가 번역되고 이식되었다. 베르디의 오페라 「라 트라비아타La Traviata」는 「춘희椿姬」로 번역되었고, 알프스의 소녀 '하이디'는 '하이지'로, 요술 램프의 주인 '알라딘'은 '아라진'으로, 도둑 40인을 처치한 '알리바바'는 '아리바바'로, 『삼총사』의 주요 배역 가운데 한 사람인 리슐리외 추기경은 '카르지날'로 우리에게 소개되었다. 미녀와 야수로 알려진 민담의 주인공 벨Belle은 '베루'였고, 메테를링크M. Maeterlinck가 쓴 『파랑새 L'Oiseau bleu』의 주인공 틸틸과 미틸 남매는 최근까지도 '치루치루, 미치루' 또는 '찌르찌르, 미찌르'라는 일본어식 이름으로 알려졌다. 기계와 기물器物과 자동차와 법률과 문학과 학문과 문화의 새로운 용어가 모두 일본어를 경유하여 우리말 세계로 틈입闖入했던 것이다.

1980년대 우리에게 일본어를 배우는 일은 거의 외국어 공부로 여겨지지도 않았다. 며칠만 공부하면 되는, 배우기 쉬운 외국어였다. 그리하여 일본어를 한다는 것은 그리 대단한 일도 아닌 것처럼 여겨졌고, 일본어를 애써 배우려고 하지도 않았다. 그저 필요하면 필요한 만큼 대충 자료를 찾아볼 정도로만 익히면 되었다.

일본어에 대한 근거 없는 자만심의 배경

왜 일본어에 대한 이런 근거 없는 자만심을 갖게 되었을까? 이는 일제를 겪었다는 역사적 경험 말고도 일본어가 지닌 특성 때문이기도 하다. 일본어도 우리말과 같은 갈래에 속한다. 우리말과 같이 조사가 뒤에 붙는 교착어이며, 어순도 우리말과 같다. 또한 일본어의 중요한 어휘는 모두 한자로 되어 있다. 마치 우리가 「독립선언서」나 근대 초 국한혼용의 글을 보는 느낌이 들 정도로 수요 어휘는 한자로 되어 있고 조사만 히라가나로 되어 있기 때문에, 그리고 특수한 글자만 가타카나로 되어 있기 때문에, 히라가나만 익히면 한자는 어느 정도 눈에 익으니 며칠만 공부해도 읽을 수 있다는 말이 그리 과장은 아닌 셈이다. 그러나 일본어의 이런 특성이 도리어 함정이다.

일본어는 어순과 교착어라는 공통된 특성 때문에 일단 접근하기가 그리 어렵지는 않다. 또한 한국과 일본은 이웃 나라이고 역사적으로 교류가 많았기 때문에 두 나라의 언어에 유사한 어휘가 상호 스며들어 있다. 그러나 일본어도 외국어이다. 외국어인 한 외국어라는 시각으로 접근해야 한다. 거듭 말하지만, 외국어를 처음 배우는 사람은 그 언어 세계에서는 갓 말을 배우기 시작한 어린아이나 마찬가지이다. 따라서 갓난아기가 말을 배우듯이 시작해야 한다. 자꾸 읽고 쓰고 말하고 들어야 한다는 것이다. 며칠 히라가나만 배워서 한자말을 그대로 우리말로 옮기기만 하면 일본어를 읽고 번역할 수 있는 것이 아니다. 공부하거나 연구를 하기 위해 필요한 자료를 잠시 읽을 때에는 굳이 조사의 미묘한 쓰임새나 동사의 시상을 세밀하게 따지지 않아도 크게 문제 되지 않을 수 있지만 본격적으로 읽고 번역하기 위해서는 정확하게 일본어를 공부해야 한다. 1980년대에 학생운동이 한창일 때 "惡貨는 良貨를 驅逐한다"는 글을 자주 접할 수 있었다. 이는 그레샴의 법칙을 일본어로 옮긴 "惡貨は良貨を驅逐する"라는 문장에서 유래하였다. 1980년대까지만 해도 대학생이

라면 최소한의 한자 실력은 상식으로 갖추고 있어서, 한글로 "악화는 양화를 구축한다"라고 써놓으면 무슨 뜻인지 감을 잡기 어려워도 "惡貨는 良貨를 驅逐한다"라고 써놓으면 대개 뜻을 유추해서 짐작할 수 있었다. 그러나 모든 출판물을 순 한글로 표기한 지 상당히 오래되어서 이제는 한자가 영어보다 더 어렵고 낯선 글자가 되어버렸다. 그러니 조사만 대충 익히면 일본어를 읽을 수 있다는 얄팍한 생각도 옛 생각이 되고 말았다.

한자 읽기와 관용 표현의 벽

일본어 학습을 어느 정도 한 사람이 이구동성으로 털어놓는 고충은 한자 읽기와 관용 표현의 벽이다. 일본어는 한자를 많이 쓰지만 문장 내에 들어 있는 한자는 일본식 조어 구조를 따른 어휘라서 일본어에 익숙하지 않은 사람은 읽을 수도 없고 뜻도 알 수 없다. 그뿐만 아니라 일본에서만 쓰는 일본식 한자도 적지 않다. 일단 한자는 읽는 방식이 음독音讀과 훈독訓讀의 두 가지가 있는데, 훈독은 매우 까다로워서 열 가지가 넘는 글자도 있다. 그래서 한자 실력만 믿고 만만하게 보아서는 큰 코 다친다. 한자를 많이 알면 발음이나 의미를 유추할 수 있기 때문에 유리한 것은 틀림없는 사실이다. 그러나 일본어 구조 속에서 쓰이는 한자이기 때문에 한자가 아닌 일본어로 보고 접근해야 한다. 일본도 우리만큼 역사가 장구하고 다채로운 문화를 발전시켜온 나라이기 때문에 역사적 사건이나 설화, 민담, 전설이 풍부하며, 이런 기층문화에서 유래한 관용 표현이 많다. 그러므로 일본 문화와 역사를 잘 알지 못하면 이해하기 어려운 표현이 수두룩하다. 사실 어느 언어라도 최종 관문은 그 나라 문화와 역사를 배경으로 한 어휘와 관용 표현, 속담과 격언, 고사성어, 문학작품에서 인용한 고급 표현 같은 것이리라.

일본어 학습도 여느 외국어를 배우듯이 쉬운 것부터 차근차근 밟아나가야 하며 차곡차곡 실력을 쌓아가야 한다. 우리말 조사만큼이나 많은 조사의 쓰임새를 문장을 통해 뉘앙스를 새기고 자꾸 써보아야 한다. 교재의 본문을 중심으로 여러 차례 반복해서 읽고 쓰고 우리말로 옮겨보아야 한다. 일본어 학습이라 해서 특별히 다른 초특급 고속도로는 없다. 일본어를 얼마나 많이, 오랫동안, 꾸준히 접했느냐 하는 점이 성패를 가른다. 그리고 일본 역시 한반도를 경유하여, 혹은 직접 중국과 교통하면서 문화를 발전시켰기 때문에 크게 보아 한문, 한자문화권에 속한다고 하겠다. 따라서 중국의 고전 한문을 이해하는 것이 고급 일본어 학습에는 필요불가결한 요소이다.

일본어와 한국어의 유사점과 차이점

　일본어의 언어적 특성을 중요한 사항만 간단히 살펴보기로 하자. 일본어는 우리말과 함께 알타이어계에 속하며, 교착어라는 특성을 갖고 있어서 비슷한 점이 많다. 우선 고유어에는 한국어나 일본어나 모음조화가 있었고, 높고 낮은 억양이 있었다. 한국어에는 모음조화가 아직도 남아 있고 일본어에는 억양이 아직 남아 있다. 그리고 〔r〕과 〔l〕을 구별하지 않는다. 다시 말해 이 두 음소는 의미변별력이 없으며 이 음소로 시작되는 어휘도 없다. (북한에는 첫 음에 ㄹ음이 살아 있다.) 한국어와 일본어는 교착어로서 인칭이나 성, 수, 격에 따른 어미변화가 없다. 명사나 대명사, 명사구 앞에 전치사가 오지 않으며, 조사, 접속사와 같은 문법적 기능을 하는 후치사後置詞를 사용한다. 수식어가 피수식어 앞에 오며, 목적어가 동사나 술어 앞에 온다. 조사와 접미사가 발달하였다. 또한 명사를 나타내는 관사가 없으며, 관계절을 이끄는 관계대명사나 관계부사가 없다. 한국어나 일본어나 공히 경어법이 발달하였다.

　반면에 두 언어는 모음 체계가 다르다. 한국어를 표기하는 한글은 모음이 단모음, 이중모음 합하여 스물한 가지인 반면에 일본어는 기본적으로 다섯 가지이다. 또한 일본어는 ン과 받침으로 쓰이는 ッ을 제외하고는 모두 모음으로 끝나는 개음절어開音節語인 반면에 한글은 자음으로 끝나는 폐음절어閉音節語가 많다. 또한 일본어의 사음

에는 유기음有氣音, 무기음無氣音의 대립이 없다. 고유 일본어의 어휘에 한국어를 어원으로 하는 어휘가 많지 않다. 특히 일본어 구어에는 성性의 차이에 따른 문체와 종조사終助詞의 차이가 두드러진다.

일본어 동사의 활용

일본어는 동사, 형용사, 형용동사, 조동사가 용법에 따라 어미의 변화를 일으키는데 이를 활용이라 한다. 일본어의 활용은 동사의 활용이 대표적이므로 이를 중심으로 간단히 살펴보자. 어느 언어 체계이든 문법 체계가 형성되면 문법 규칙에서 어긋나는 예외적인 변형이 일어나는데, 일본어 동사의 활용에도 규칙 활용과 불규칙 활용이 있다. 다행히 일본어의 불규칙 활용은 カ(ka)행 변격 활용을 하는 '来る(kuru)'와 サ(sa)행 변격 활용을 하는 'する(suru)' 두 가지뿐이다. 나머지는 규칙 활용을 한다. 일본어 철자를 '오십음도五十音図'라고 하는데, あ(a)-か(ka)-さ(sa)-た(ta)-な(na)-は(ha)-ま(ma)-や(ya)-ら(ra)-わ(wa) 순으로 세로로 배열한 것을 행行, あ(a)-い(i)-う(u)-え(e)-お(o) 순으로 가로로 배열한 것을 단段이라 한다. 그리고 음가로 う(u)단을 기본형으로 삼는다.

동사의 규칙 활용은 형태가 변하지 않는 어간을 제외하고 어미의 변화 형태를 기준으로, 이른바 학교문법에서는, 일곱 가지로 나

눈다. 활용할 때 어미가 다섯 단의 유형을 모두 따르면 5단 활용 동사라 하고, う(u)를 기준으로 어미가 い(i)단의 유형을 따르면 상1단 활용 동사라 하고 え(e)단의 유형을 따르면 하1단 활용 동사라 한다. 불규칙 활용을 하는 두 동사를 제외한 모든 동사는 이 세 가지 유형으로 규칙적으로 활용하면서 체언이나 용언에 연결되고 문장을 맺기도 하고 가정이나 명령의 문장을 만들어내기도 한다.

일본어는 우리말과 마찬가지로 조사가 발달해서 명사와 다른 단어를 연결할 때 명사에 조사가 붙어서 문장 내에서 여러 자격을 갖게 한다. 이런 조사를 격조사라고 한다. 일본어의 주요 격으로는 주격主格, 대격對格, 여격與格, 속격屬格이 있다. 이를 각각 조사의 유형에 따라 ガ(ga)격, ヲ(o)격, ニ(ni)격, ノ(no)격이라고도 한다. 명사는 격조사가 붙어서 문장에서 여러 역할을 한다. 일본어 문장은 크게 형식에 따라 격 성분, 술어 성분, 부사 성분으로 나눌 수 있다. 격 성분은 명사+격조사의 형태를 띤다. 술어 성분은 문장에서 실제로 핵심이 되는 부분이다. 부사 성분은 특별한 형식이 없이 술어를 수식하고 술어의 양상을 상세하게 설명한다.

昨日, 太郎が花子と映画を見たらしい。
어제 타로오가 하나코와 영화를 본 듯하다.

昨日는 부사 성분, 격조사가 붙은 太郎, 花子, 映画는 격 성분, 見

たらしいは 술어 성분이다. 아무리 복잡한 문장이라도 크게 이런 성분으로 구성되어 있다.

東京に大雨が降った昨日, 私の家の隣に住んでいる太郎が私と同じ会社で働いている花子と今評判を呼んでいる映画を見たらしい。
도쿄에 큰비가 내렸던 어제, 옆집에 사는 타로오가 나와 같은 회사에서 근무하고 있는 하나코와 지금 호평을 얻고 있는 영화를 본 듯하다.

중요 성분인 昨日, 太郎, 花子, 映画 앞에 수식 성분이 여럿이지만 기본 구조는 똑같다. 그러나 술어 성분은 물론 단순한 형태도 있지만 여러 성분이 부가되어 복잡한 형태를 띨 경우, 격 성분이나 부사 성분과는 복잡함의 실상이 다르다.

태, 상, 시제, 서법

太郎が食べる。
타로오가 먹는다.

····▶ 太郎が食べ(＋させ＋られ＋てい＋た＋らしい＋よ)

食べる(taberu, 먹다)의 어간(食べ)에 이어지는 문법 카테고리는 네

영역으로 나뉜다. 태 – 상 – 시제 – 서법이다. 여기에 긍정, 부정을 나타내는 문법 범주가 들어가면 상과 시제 사이에 놓인다.

❶ 태

태란 '동사가 나타내는 사태의 주체를 누구에게 둘 것인가' 하는 문제와 관련한 범주이다. 곧 좁게는 능동태와 수동태로 나뉘며 넓게는 수동과 함께 사역使役, 가능可能, 자발自發, 수수授受 표현 등이 있다. 위 예문에서 'させ(sase)'는 사역, 'られ(rare)'는 수동의 태이다.

❷ 상

상은 '동사가 나타내는 운동이나 사건이 시작, 계속, 종결 등 시간의 국면에서 기준 시간과 어떻게 관련을 맺는지'를 나타내는 문법 범주이다. 상은 완성상과 계속상의 두 종류로 크게 나뉜다. 완성상은 동작이 끝난 것을 나타내고 계속상은 동작의 진행(계속)과 결과의 상태를 나타낸다. 예문의 'てい(る)'가 상에 해당하는데 여기서는 동작의 진행을 나타낸다.

❸ 시제

시제는 역시 '동사가 나타내는 운동(동작, 상태)과 시간의 관계'를 나타내는 문법 범주이지만 상과 달리 기준 시점(발화 시점)과 술어의 시간적 선후 관계를 나타낸다. 일본어에서는 '-る(ru)'와 '-た(ta)'로 기본형과 과거형이 구분된다. '-る'로 끝나는 기본형은, 동작이나 변화를 나타내는 동적 술어에서는 미래를, 정적 술어에서는 현재와 미래를 포괄한다. 위 예문에는 '-た'가 쓰였기 때문에 행위자의 동작이 발화 시점보다 과거의 일임을 알 수 있다.

❹ 서법

서법은 서술 내용에 대한 화자의 주관 또는 심적 태도를 나타내는 문법 범주이다. 추측, 단정, 가능성의 판단 등을 나타내는 형식이다. 일본어 문장은 객관적인 사태를 나타내는 명제와 화자의 주관적 태도를 나타내는 서법, 두 부분으로 구성된다. 일본어는 우리말보다 서법의 표현이 더 다양하고 복잡하다. 예문에서 'らしい(rashii)'가 서법을 나타낸다. 곧 화자의 심적 태도, 인식이나 판단을 나타내는 것이다. 예문의 끝에 나오는 'よ(yo)'는 종조사인데, 문법의 관점에 따라서 서법 카테고리에 넣기도 한다. 대중매체의 오락 프로그램에서 일본어를 흉내 낼 때 잘 쓰는 말 가운데 하나인 'なんだよ(nandayo, 뭐야)!'처럼 종조사는 보통 화자의 발화 태도를 나타낸다. 이 예문의 뉘앙스는 강한 추측을 암시한다.

일본어도 우리말과 비슷하게 주제(화제)를 앞에 제시하는 문장이 있는데 우리말 보조사 '-은/는'과 주격조사 '-이/가'가 각각 주제어와 주어를 지배하듯이 일본어에서는 '-は(wa)'와 '-が(ga)'가 이런 역할을 한다. 그리하여 일본어에서는 명사와 '-は'가 결합한 주제가 문장 구조를 형성하는 데 중요한 기능을 한다. 또한 주제는 문단 내에서 결속력이 높아서 여러 문장에 계속 이어지면서 주제가 지배하는 내용 전체를 통괄한다. '–が'가 지배하는 주어는 한 문장 내에서만 정해진 역할을 하지만 '–は'는 복수의 문장에 이어지면서 문장을 결속한다.

の라는 격조사의 마술

우리나라 사람이 우스개로 일본어를 흉내 낼 때 가장 많이 써먹는 음절이 –の(no)이다. 오래된 우스개가 있다. 일본 시계는 늘 몇 초 느리게 간다. 일본 시계는 '똑이노딱, 똑이노딱' 하고 울기 때문이란다. 1980년대, 이어령이 일본 문화를 분석한 책 『축소지향의 일본인』에서 소개하여 유명해진 일본 단가短歌가 있다.

동해의 작은 섬 물가 흰 모래에

나 눈물에 젖어서

게와 논다

東海の小島の磯の白砂に

われ泣きぬれて

蟹とたはむる

이시카와 타쿠보쿠石川啄木가 쓴 「모래 한 움큼〔一握の砂〕」이다.

이어령은 일본 문화가 축소를 지향하는 특성을 보인다고 날카롭고도 해박하고 해학적으로 분석하면서 축소를 지향하게 만드는 '의식의 문법'이 바로 이 の라는 격조사의 마술이라고 한다. 우리말로이 단가를 번역하면서 만약 の의 번역어 '-의'를 일일이 다 집어넣으면 이상하기 짝이 없는 말이 된다. '동해의 작은 섬의 물가의 흰 모래에'라고 하면 읽기도 빽빽하고 재미없다. 영어나 불어에서 of나 de를 남용한다면 역시 문장이 이상하다. 그런데 일본어로는 の를 체언에 이어 붙여서 써도 어색하지 않고 응축되고 응결되는 축소 지향의묘미가 생긴다.

이처럼 한 언어마다 문법적으로는 잘 설명할 수 없고, 번역해서는 맛을 살리기 어려운 독특한 언어 습관이 있다. 이런 점에 민감하게 반응하고 섬세하게 들여다보면 문장을 잘 읽고 잘 해석할 수 있게 된다.

일본어는 한국어와 계통이나 문법 체계가 비슷한 점도 많지만다른 점도 많다. 특히 술어 구문에서 술어 어간 뒤에 이어지는 여러문법 범주는 뉘앙스를 파악하는 데 세심한 주의를 기울이게끔 한다. 일본어를 이해하려면 일본 사람들의 특유한 어법도 신경을 써야 한다. 공손체, 경어체가 발달하였고, 유아어나 여성어의 어미가 다양하다.

어떤 언어든 외국어로서 쉬운 언어란 없다. 아주 일상적인 의사소통을 하는 상황이라면 굳이 외국어를 많이 배우지 않아도 가능하다. 그러나 한 나라의 문화를 깊이 이해하고 해당 문화의 정수를 담은 문학작품을 읽으려면 잠심潛心하여 오랜 시간 공부를 해야 한다. 쉽게 얻은 것은 쉽게 잃어버린다.

5장

/

독해와 번역

해석과 번역의 숙명

제우스와 티탄 신족인 아틀라스의 딸 마이아 사이에서 태어난 헤르메스Hermes는 전령의 신이다. 헤르메스는 사람의 꿈에 나타나서 신의 뜻을 전달한다. 제우스가 올림포스를 차지하고서 신들의 아버지가 된 뒤 헤르메스에게 전령의 임무를 맡기자 헤르메스는 이렇게 말한다. "아버지 제우스여! 저는 아버지의 뜻을 인간들에게 최선을 다해서 전달하겠습니다. 그러나 제가 아버지의 뜻을 완벽하게 전달한다고 자신할 수는 없습니다." 헤르메스는 신의 뜻을 전달하되 자기가 이해한 대로 전하겠다고 말한다. 발화자인 제우스 또는 신과 수용자인 인간들 사이에 헤르메스가 개입하는데, 헤르메스 역시 제우스의 말을 전달하기 전에 먼저 제우스의 말을 들어야 한다. 전령은 메시지의 최종 수용자에 앞서 맨 먼저 듣는 자이다. 전령 또한 자기의식이 있는 자여서 메시지를 자기 식으로 이해한다. 그러므로 발화자에서 전달자를 거쳐 수용자까지 메시지가 전파되는 경로에서 적어도 두 차례 이상 메시지의 변형이 일어난다. 발화자와 수용자가 메시지를 주고받는 과정에서 필연적으로 변형이 일어나는데 이 변형에 해석이 개입한다. 해석학을 영어로는 Hermeneutics라고 한다. 바로 헤르메스Hermes가 어원이다.

석가모니가 열반에 든 뒤 오랜 세월이 지나자 부처의 가르침을 모아서 정리할 필요가 생겼다. 마하가섭摩訶迦葉이 주도하여 제1차 불경 결집을 하였는데, 다문제일多聞第一인 아난阿難 존자가 "이와 같이 나는 들었다, 이와 같이 나에게 들렸다〔如是我聞〕"라고 말하면서 다섯 경을 암송하였다. 여시아문如是我聞이란 내가 내 마음대로 말하는 것이 아니라 부처님의 말씀을 듣고 그대로 전한다는 뜻이다. 그러나 아난이 녹음기처럼 말씀을 기억하였다가 그대로 구술하였다고 해도 아난이 들은 부처님의 말씀은 부처님의 말씀 그 자체가 아니라 아난이 들은 부처님의 말씀이다. 불교 교의의 차원에서야 아난이 탁월한 능력과 부처님의 가호加護로 말씀을 잘 듣고 외어서 잘 전승하였다고 할 수 있겠지만 언어의 측면에서는 부처님의 말씀과 아난의 구술을 100퍼센트 동일시할 수 없다. 아난의 '비의도적' 왜곡은 피할 수 없다. 이것은 해석학의 숙명이다.

해석은 오해를 면할 수 없다. 해석은 마치 헤르메스가 이정표의

신이기도 하듯이 경계의 영역에 속한다. 경계 수역에서 염수鹽水와 담수淡水가 섞이듯이 나의 선-이해先理解와 텍스트가 융합한다. 번역은 원본이 해석된 상황에서 한걸음 더 나아간다. 전달자의 역할이 추가되기 때문이다. 그러나 번역이든 해석이든 나의 선-이해가 전제되므로 숙명적으로 오해를 동반한다. 여기서 말하는 오해는 틀린 이해, 잘못된 이해가 아니다. 해석의 대상을 100퍼센트 그대로 거울처럼 반영하지 못하고 나의 선-이해라는 프리즘으로 투과하여 반영한다는 말이다.

번역은 translation을 한자어로 옮긴 말이지만, 엄밀히 말하면 번翻과 역譯으로 나뉜다. 번은 우리말을 다른 언어로 바꾸는 행위이고 역은 다른 언어를 우리말로 옮기는 일이다. 이를 합하여서 번역이라고 한다. 중국어로는 말로 하든 글로 하든 다른 언어와 자국어를 상호 교환하는 행위를 모두 번역이라 하지만 우리와 일본은 말로 하는 교환을 통역通譯, 글로 하는 교환을 번역이라 해서 구별한다.

이질적인 문화가 만날 때: 격의와 번안

인류의 문화사에서 자국 언어로 성서를 번역하는 일은 문화사적, 역사적 의미가 있을 뿐만 아니라 언어학 차원에서도 매우 중요한 의의를 갖는다. 우리나라에서도 보통사람이 사용하는 말로 성서를 번역함으로써 국어 발달에 획기적인 전기가 되었다. 성서가 우리 말로 번역되기까지는 수많은 중역重譯의 고개를 넘었다. 희랍어와 히 브리어로 된 신약성서, 구약성서가 라틴어로 번역되고, 다시 영어를 비롯한 유럽의 언어로 번역되고, 중국어와 일본어로 번역되고 나서 우리말로 번역되었다. 동양 세계에 성서의 유입은 중국 역사에서 불 경이 전래된 것과 같은 맥락과 의미가 있다.

불경은 빨리어와 산스크리트어로 된 텍스트가 여러 단계를 거쳐 서 한문으로 번역되었는데, 불경과 불교의 세계관을 표현하는 여러 용어는 처음에는 중국 문화에서 차용되었다. 중국 문화의 용어로 불 교의 교의教義를 표현하였던 것이다. 곧 중국이라는 그릇에 힌두이즘 에서 나온 불교를 담아냈던 것이다. 예컨대 불교의 반야般若 사상의 공空을 노장老莊의 용어인 무無로, 니르바나nirvana를 무위無爲로 옮기 는 식이다. 이런 방식을 격의格義라고 한다. 완전히 이질적인 문화가 만날 때에는 처음에는 이런 방법을 쓸 수밖에 없다.

성서의 번역에도 이런 흔적이 보인다. 신약성서에 예수가 기 적을 일으켜서 보리떡 다섯 개(덩이)와 물고기 두 마리로 수천 명을 먹이고도 남은 것이 여러 광주리가 되었다는 기록이 있다. 그리고 예수가 가르친 기도문에는 "오늘날 우리에게 일용할 양식을 주소 서" 하는 구절이 있다. 이 구절이 영역 성서에는 "Give us our daily bread"로 되어 있다. 그리고 보리떡 다섯 개는 "five barley loaves" 로 되어 있다. bread와 loaf가 정확하게 어떻게 다른지 모르겠지만 빵을 뜻하는 loaf를 떡으로 번역한 것은 우리 문화에서 빵이라는 개념이 없었기 때문일 터이다. 그러나 떡과 빵은 분명히 맥락이 다르다. 떡은 주식이 아니며 특별한 때에 먹는 음식이기 때문이다. 그런 점에서 주기도문에서 bread를 양식이라고 번역한 것은 빵과 밥의 등가적 맥락과 어울린다. 이 과정에서도 격의의 흔적을 볼 수 있다. 참고로 라틴어 성서에서는 주기도문에 나오는 양식, 오병이어五餅二魚 기적사화에 나오는 떡이 모두 panis로 되어 있다. 영어나 우리말 성서에서는 상황에 따라 달리 번역했다.

근대 초에 서양의 문화, 특히 문학작품을 소개할 때 번안飜案이 성행하였는데, 번안도 일종의 격의라 할 수 있다. 소파 방정환은 서양의 민담과 전래동화를 우리 정서에 맞게 바꾸어서 『사랑의 선물』이라는 번안 동화책을 조선의 어린이에게 선물하였다. 그뿐만 아니라 소년소설은 처음에는 대부분 번안의 형태로 소개되었다. 심지어 문호의 문학작품도 번안된 것이 적지 않았다. 육당 최남선이 위다(Ouida, 본명은 Maria Louise Ramé, De La Ramée)의 『플랜더스의 개』를 번안하여 펴낸 책 제호는 『불상한 동무』였다. 주인공 넬로는 호월이로 이름이 바뀌었다.

번역불가능성의 신화

번역에 관한 통념 가운데 하나가 '번역불가능성'의 신화이다. 대학 선배 한 사람이 다음과 같은 경험담을 들려주었다. 선배는 초등학교 2학년 딸을 데리고 프랑스에 장기간 유학을 하였다. 딸이 프랑스에서 초등교육을 마치고 중등과정에 진학하였을 때 선배가 딸에게 한국어를 가르치려고 김소월의 「산유화」를 번역하게 하였다. 딸은 '산유화'를 Les fleurs sauvages(야생화)라고 번역하였다. 선배는 딸에게 '산유화'와 '야생화'는 느낌이 다르니 잘못 번역한 것이 아니냐 하고 물었다. 딸은 선배에게 이렇게 대답하였다. "산유화를 그냥 산에 피어 있는 꽃이라고 번역하면 프랑스 사람들은 아무런 감흥을 가질 수 없어요. 야생화라고 해야 산에 홀로 핀 꽃의 이미지를 얻을 수 있어요."

사실, 우리는 조지훈의 시 「승무」의 "얇은 사紗 하이얀 고깔은 / 고이 접어서 나빌레라"와 같은 구절은 외국어로는 도저히 어감과 리듬과 맛을 살려가면서 번역할 수 없으리라고 기꺼이, 굳게 믿어 의심치 않는다. '하이얀'의 리듬과 '나빌레라'와 같은 감탄형 종결어미의 맛을 어떻게 살릴 수 있단 말인가! 그리하여 이런 주장을 나름대로 수긍하리라.

어떤 언어 체계이든지 한 언어 체계는 외부 세계에 대한 고유한 분석,

다른 랑그와는 다른 분석을 하고 있다. 따라서 각 민족의 세계상은 어느 정도는 그 민족의 언어라는 도구에 의해서 이미 결정되어 있다고 할 수 있다. 극단적으로 말하면, 서로 다른 랑그에는 똑같은 단어, 등가어 等價語가 없으며, 엄밀한 의미에서는 번역이 불가능하다.

—앙드레 베르제즈·드 니 위스망 지음, 남기영 옮김,
『지식과 이성』, 40쪽, 주) 25 참조.

일본의 짧은 시가에 하이쿠라는 장르가 있다. 일본적 선禪의 미를 살렸다고 세계적으로 극찬하는 유명한 하이쿠 하나를 들어보자.

古池や

蛙飛びこむ

水の音

이 하이쿠를 여러 사람이 저마다 다르게 번역하였는데, 대충 다음과 같이 옮길 수 있겠다.

낡은 못이여

개구리 뛰어드는

무심한 소리

원래 하이쿠는 5·7·5로 열일곱 음절의 개수를 지키게 되어 있다. 그래서 억지로 위와 같이 옮겨보았다. 사실 시의 번역은 노래라는 시의 본질을 외면할 수 없기 때문에 어렵기 그지없다. 맥락이 닿게 번역을 하려면 앞뒤 군더더기 말이 들어갈 수밖에 없고, 극도로 절제된 형식과 운韻, 율律을 살릴 수 없다. 한시든 영시든 운율을 살려야 하는 시를 우리말로 옮기면 어색한 산문이 되거나 시의 맛이 잘 살아나지 않는다. 그렇다고 억지로 글자 수나 한글 어미로 압운을 하면 어색하기만 하다.

한시를 우리 시의 맛에 어울리게 번역하려고 애쓴 예를 보자.

春雨細不滴
夜中微有聲
雪盡南溪漲
草芽多少生

가랑비 보슬보슬 듯지 않더니
밤이자 나직나직 소리 나누나
앞시내 넘실넘실 눈도 다녹아
풀싹도 파릇파릇 돋아 나렸다

—이병주, 『한국한시선』, 78–79쪽.

정몽주의 시를 이병주가 번역한 작품이다. 정몽주의 한시는 평측과 함께 聲, 生으로 압운을 하였는데 번역시는 우리말 시 맛이 물씬 나기는 하지만 억지로 글자 수를 맞춰서 음보율音步律, 음수율音數律을 따른 듯한 느낌이 든다.

번역이란 이처럼 불가능에 가까운 것인가? 특히 시가의 번역은? 번역에 식상하기까지 한 논쟁이 직역이냐 의역이냐 하는 타령인데, 이제는 맥락번역이라는 기법과 용어까지 등장하였다. 번역이 본질적으로 굴절의 과정을 거칠 수밖에 없다면 어떤 의미에서는 직역이니, 의역이니, 맥락역이니 하고 다툴 여지가 없을지도 모른다.

번역불가능성을 반박하는 주장은 모든 인간에게는 보편적 의사소통 구조가 있다는 이론에 근거한다. 사실 현생인류는 생물학적 인간으로서 호모 사피엔스 린네Homo sapiens Linne는 모두 같은 종에 속한다. 단일한, 또는 소수의 조상에서 갈라지고 퍼져서 수천, 수만 년 진화하고 적응하는 과정에서 민족과 혈통이 저마다 다양하게 변하였지만 생물학적으로는 보편성을 지니고 있다. 자연으로서 태어난 인류가 자연에 적응하여 일구어낸 모든 유형, 무형의 생활양식을 문화라고 한다면, 언어도 자연적으로 태어나면서 주어진 삶의 본능을 확장하여 만들어낸 문화양식이다.

문화는 보편성과 특수성이 있다. 희로애락과 생로병사의 실존적인 문제에 대한 감성은 보편적이지만 감성을 표현하는 양식이나 문제 상황에 대처하는 방식은 문화와 민족에 따라 다르다. 성리학에서는 이를 이일분수理一分殊의 논리로 설명한다. 보편성은 이일理一로, 특수성은 분수分殊로 말할 수 있다. 예컨대, 효도는 인류의 보편적 가치이지만 이를 표현하는 양식은 민족이나 사회 공동체마다 다르다. 보편과 특수는 서로 떼려야 뗄 수 없는 관계에 있다. 특수한 표현 양식은 보편적 가치를 담아내며, 보편적 가치는 특수한 양식으로 표현되는 것이다.

문학작품과 같은 텍스트 역시 보편적 관념을 담고 있다. 만일 문학작품에 보편적 가치가 담겨 있지 않다면 우리는 읽어도 도저히 이해할 수 없을 것이다. 우리가 서양의 고전문학 작품을 읽고 향유할 수 있는 까닭은 특수한 문화에서 나온 작품이 담고 있는 보편성을 읽어내기 때문이다. 그러므로 인지과학자들은 번역불가능성을 신화로 치부해버린다. 몇 마디나 몇 구절을 덧붙인다면 번역할 수 없는 말은 없다고 한다. 사실 당연한 말이다. 우리가 일상에서 외국어 공부를 할 때, 또는 고전문학을 감상할 때에 대역을 통해 이해하지 못하거나 부족한 부분은 설명과 해설을 덧붙여서 이해한다. 번역과 해설의 과정을 거치면 아무리 어려운 텍스트라도 웬만큼 이해한다. 텍스트와 나 사이에는 서로 만날 수 있는, 의사소통의 보편적 지평이 있기 때문이다. 그러나 몇 마디, 몇 구절을 덧붙여서 번역을 한다면 이는 번역이 아니라 해석이나 해설이다. '고이 접어서 나빌레라!'와 같은 구절에 앞뒤 몇 단어를 더하거나 구절을 덧붙여서 뜻을 전달하기로 한다면 이해는 되지만 문학작품으로서 무슨 의미가 있는가! 문학작품으로서 미학을 포기하기로 한다면 어떤 텍스트를 두고도 의사소통을 할 수 있을 것이다. 번역불가능성은 과연 앞으로도 신화로 남아 있을 것인가!

문법 체계가 다른 언어를 공부할 때 유용한 축자역

나는 외국어 학습 초기부터 출발이 더뎠고 머리가 아둔하여서 외국어의 언어적 특성을 잘 파악하지 못했기 때문에 단어와 단어를 일대일 대응하는 방법으로 공부를 하였고, 번역을 할 때도 지금껏 이런 방법을 따른다. 이런 방법을 쓰면 일단 단어 한 글자의 쓰임새와 의미까지도 놓치지 않기 때문에 일단 지은이의 생각을 빠뜨릴 염려는 없다. 또한 주로 일본어를 제외한 굴절어, 고립어 문장과 우리말의 용법과 쓰임새와 문형이 명료하게 눈에 들어오기 때문에 문장을 장악하기에 매우 용이하다. 문제는 그다음이다. 어떻게 문장을 구성하고 어떤 적절한 부사어와 조사를 선택할지 하는 문제가 남는다. 우리말은 조사의 쓰임이 매우 미묘하고 뉘앙스를 결정하기 때문에 어쩌면 번역의 품질은 조사의 쓰임에 달려 있다고 해도 과언이 아닐 것이다. 적절한 조사를 선택하는 일은 순전히 언어의 맥락을 따를 수밖에 없다. 다시 말해, 내 언어 감각을 믿어야 하는 것이다.

I - go - to - school

나 - 가다 - 에 - 학교

나는 학교에 간다.

I - go - to - the - school

나 - 가다 - 에 - 그 - 학교

나는 그 학교에 간다.

간단한 문장이니까 쉽게 눈에 들어오지만 복잡한 문장이든, 관계절로 연결되는 문장이든 이런 방법으로 외국어와 우리말을 낱낱이 대응시키면 외국어 학습은 물론 번역도 충실하게 할 수 있다. 적어도 내 경험으로는 그러하다.

축자역의 방식을 한문 번역에 적용하여 보자.

子曰, 學而時習之, 不亦說乎?

선생님/말하다. 배우다/그리고/때/익히다/그것/아니다/또(한)/기쁘다/?

有朋自遠方來, 不亦樂乎?

있다/벗/부터/멀다/곳(방향)/오다/아니다/또(한)/즐겁다/?

人不知而不慍, 不亦君子乎?

사람(남)/아니다/알다/그러나/아니다/성내다/아니다/또(한)/군자/?

⋯→ 선생님이 말씀하셨다. 배우고 때로 (그것을) 익히면 또한 기쁘지 아니한가? 벗이 먼 곳으로부터 찾아오면 또한 즐겁지 아니한가? 남이 알아주지 않아도 성내지 아니하면 또한 군자답지 아니한가?

이 예문은 우리말 조사나 부사, 시상에 따른 어미의 변화를 전혀 반영하지 않고 한자의 뜻을 축자적으로 옮긴 것이다. 먼저 축자역으로 하나하나 옮긴 다음 우리말의 어법과 문형에 맞게 조사를 적절히 따서 쓰고 문장의 맥락을 살려낸다. 이 과정을 되풀이하면 우리말과 해당 외국어의 언어적 차이를 저절로 습득하게 된다. 이런 방식은 우리말을 외국어로 옮길 때에도 바로 적용된다.

축자역을 좀 더 확장하면 언해본을 활용하는 방법도 있다. 사서삼경은 일찍부터 언해諺解가 나와서 오랜 세월 우리나라에서 통용되었다. 언해는 사서 원문을 매우 정교하게 우리말로 풀이한 것이다. 사서 원문과 언해본을 축자적으로 대조하면 우리말과 한문의 문형과 문법의 차이를 명료하게 알 수 있다. 옛날 서당에서 글을 배운 선비들이 따로 한문 문법을 본격적으로 익히지 않고 언해본으로 한문을 접했으면서도 고전 한문을 읽고 쓸 수 있었던 까닭은 바로 원문과 언해를 반복하여 읊조리는 가운데 저절로 문형의 차이를 감지하고 터득했기 때문이다. 원문과 언해를 성분별로 축자적으로 연결하면 뜻이 완전히 일치한다. 시간만 넉넉하다면 이 방식으로 수십 수백 번 읽는 것이 가장 좋을 것이다. 그러나 시간을 굳이 허비할 필요는 없으니 문법 체계를 발견해내는 것이 중요하다. 축자역은 성분별로 연결되기 때문에 문법 체계가 전혀 다른 두 언어를 대조하여 공부할 때 의외로 큰 도움이 된다.

한, 중, 일의 『논어』 번역

먼저, 『논어』의 가장 유명한 한 구절을 예로 들어서 한, 중, 일세 나라의 번역이 어떻게 다른지 살펴보자. 아래의 영역英譯은 참조삼아 들어두었다.

• 원문 •

子曰, 學而時習之, 不亦說乎? 有朋自遠方來, 不亦樂乎? 人不知而不慍, 不亦君子乎?

• 한국어 번역 •

선생님께서 말씀하셨다. 배우고 때로 그것을 익히면 또한 즐겁지 않은가? 벗이 있어서 먼 곳으로부터 찾아오면 또한 즐겁지 않은가? 남이 알아주지 않아도 성내지 않으면 또한 군자답지 않은가?

孔子說: "學了, 然後按一定的時間去實習它, 不也高興嗎? 有志同道合
的人從遠處來, 不也快樂嗎? 人家不了解我, 我却不怨恨, 不也是君子
嗎?"(양보쥔楊伯峻,『논어역주論語譯注』)

(공자가 말했다. "배우고 그러고 나서 일정한 시간에 따라 그것을 실습하면 역
시 기쁘지 않은가? 뜻이 같고 길이 합하는 사람이 있어서 먼 곳에서부터 오면
역시 즐겁지 않은가? 사람들이 나를 이해하지 못해도 내가 도리어 원한을 품지
않으면 역시 군자가 아닌가?")

孔子の言葉。学んでそのおりおりにあたためる、うれしいことではな
いか。友だちが遠い所からたずねて来る、楽しいことではないか。人
に知られなくとも気分をくさらせない、君子ではないか。(히라오카 다
케오平岡武夫,『논어』)

(공자의 말씀. 배우고 그때그때 익힌다, 기쁜 일이 아닌가? 친구가 먼 곳에서
찾아온다, 즐거운 일이 아닌가? 사람들에게 알려지지 않더라도 기분이 상하지
않는다, 군자가 아닌가?)

The Master said, "Is it not pleasant to learn with a constant
perseverance and application? Is it not delightful to have friends

coming from distant quarters? Is he not a man complete virtue, who feels no discomposure though men may take no note of him?"(제임스 레그James Legge, 『논어Confucian Analects』)

번역에서는 결국 한두 단어를 장악하는 것이 관건이다. 한두 단어나 어휘에서 번역의 신뢰도를 가늠할 수도 있다. 어느 정도 번역의 경험이 있거나 번역서를 낸 사람이라면 문장 전반에 걸쳐서 오역을 하거나 엉뚱하게 번역하지는 않는다. 그런 정도라면 아예 다른 길을 찾는 것이 나으리라. 같은 책의 다른 번역을 봤을 때 도무지 원문을 확인하지 않고서는 넘어갈 수 없는 부분이 있다면 오역일 가능성이 있는데, 이런 부분은 또 다른 번역서를 보아도 역시 명쾌하지 않다. 문학서라면 앞뒤 맥락으로 적당히 이해하고 넘어갈 수도 있지만, 또는 상상력을 발휘하여 빈틈을 메울 수도 있지만 용어와 개념의 엄밀성을 생명으로 하는 학술서적이라면 문제는 심각하다. 나는 텍스트의 한두 군데 어려운 구절을 알기 위해 적지 않은 돈을 들여서 번역서를 사기도 하였는데 내가 이해하지 못하는 대목은 어김없이 번역서에서도 헤맨 흔적이 보이는 경우가 많았다.

부록 1

/

공부는 이렇게

1. 외국어 실력은 모국어 실력이 판가름한다

외국어 문장을 자꾸 접해보면 그 언어만의 독특한 결합 구조나 문형, 사상을 표현하는 방법에 익숙해진다. 외국어 공부를 많이 하였거나 번역을 해본 사람은 한 목소리로 모국어 실력이 외국어 실력이라고 한다. 까닭은 단순하다면 단순하다. 외국어든 모국어든 모두 언어이다. 그리고 언어의 본질은 인간이 세계를 이해하고 파악하며 의사소통을 하는 수단이다. 따라서 외국어를 잘 구사하는 것도 실은 언어를 잘 구사하는 일일 뿐이다. 책을 많이 읽어서 어휘의 폭을 넓히고 생각을 많이 해서 의식의 세계를 넓혀놓으면 외국어로 된 글을 읽어도 바로바로 이해할 수 있다. 또한 우리말로 옮길 때에도 더 적확한 말을 찾아낼 수 있다. 누구나 타인과 소통하고 싶어 하지만 그런 뜻을 담아내는 그릇은 저마다 다르다. 그릇이 크면 더 많이 담을 수 있다. 번역은 모국어라는 그릇에 외국어 텍스트를 담아내는 일이다.

외국어를 공부하고 외국어를 많이 접할수록 모국어의 특징을 더 잘 이해하게 된다. 그뿐만 아니라 같은 사상을 어떻게 다른 방식으로 이해하고 표현하는지 알 수 있다. 언어란 어차피 흐르는 물이나 공기처럼 서로 섞일 수밖에 없다. 외국어를 접할 때 가끔 느끼는 바이지만, 어떤 사상을 표현할 때 외국어가 우리말보다 훨씬 더 적확하고 효과적이라는 생각이 들 때가 있다. 가끔 '순수하고 아름답고 건강한' 우리말 지킴이를 자처하면서 우리말을 병들게 하는 외래어 찌꺼기와 번역어투를 몰아내야 한다고 주장하는 사람을 만날 수 있다. 언어는 흐르는 것이며 유기적인 존재이기 때문에 이념적 운동으로 지배할 수 있는 것이 아니다. 아무리 순수하고 아름다운 고유어라도 쓰이지 않으면 사라지며, 외국에서 들어온 병든 말이라도 쓰는 사람이 많아서 의미의 세계를 획득하면 우리말로 자리 잡는 것이다. 우리말의 의미 세계를 넓혀가기만 한다면 외국어를 들여온다 해서 문제가 될 수는 없다. 우리말에서 외래 어휘를 빼버린다면 얼마나 많은 어휘가 남겠는가! 무슨 문제에 봉착하면 늘 본질을 직관하고 본질을 물어볼 일이다. 언어의 문제도 마찬가지이다. 외국어가 문제라면 언어의 본질을 직관하고 언어의 본질을 물어야 한다. 외국어도 의사소통을 위한 수단이라는 본질을 직관하고서 접근한다면 외국어를 터득할 수 있는 길이 생긴다.

2. 유형을 파악하면 공부가 쉬워진다

우리가 낯선 곳을 찾아갈 때 지도와 나침반을 보고서 위치를 파악하고 방향을 정하듯이 어떤 언어를 공부할 때는 맨 먼저 해당 언어의 유형을 알아야 한다. 물론 이 언어는 굴절어다, 교착어다, 또는 고립어다 하고 금방 알아낼 수 있겠지만 의외로 막상 외국어 공부를 할 때 이런 갈래를 염두에 두지 않는 듯하다. 우리말과 같은 교착어라면 어순이 우리말과 비슷해서 부담이 덜하겠지만, 굴절어나 고립어에 속하는 언어를 공부할 때 이런 언어적 특성을 이해하고 나면 훨씬 수월하게 언어 세계에 들어갈 수 있다.

굴절어라면 주요 품사가 성과 수와 격에 따라 굴절한다는 점을 염두에 두고 문장을 접하면 시제와 시상을 바로 파악하고 단어가 문장에서 어떤 성분으로 쓰였는지 쉽게 알 수 있다. 고립어라면 어순에 따라 성분이 정해지기 때문에 어휘가 연결되는 순서와 위치를 살펴봄으로써 단어의 성분과 역할을 쉽사리 알 수 있다. 그러고 나서 각 언어의 갈래에 따른 특성을 좀 더 깊이 이해해야 한다. 같은 굴절어라도 어떤 품사가 어떻게 굴절하는지, 격을 어디까지 인정하는지,

시제와 시상을 어떻게 분할하는지 같은 특성을 파악해야 한다. 영어의 가정법, 독일어나 불어의 조건법, 접속법 등은 화자의 주관성을 나타내는 중요한 문법인데 이런 문법 특성은 동사가 굴절되면서 결정된다. 동사의 굴절에 따른 시제의 변화와 시제가 구현하는 시상을 잘 포착해야 문장을 더 정확하게 이해할 수 있다.

3. 최소 2년, 멈추지 말고 꾸준히 하라

새는 나는 법을 배우는 순간부터 일생 날기를 멈추지 않는다. 언어를 배우는 것도 마찬가지이다. 언어도 몸에 익히는 것이다. 언어를 배우려면 멈추지 말고 꾸준히 배워야 한다. 자유로이 말을 하고 듣고 읽고 쓸 수 있을 때까지. 아기가 태어나 말을 배우는 과정을 생각해보라. 아기가 태어나서 제일 먼저 겪는 당혹감의 근원은 아마 스스로 먹을 것을 찾아야만 영양을 공급받을 수 있다는 사실이리라. 아기는 살기 위해 의사를 표현해야 한다. 처음에는 울음과 몸짓으로 의사를 표현하지만, 차츰 엄마의 말을 통해 말이 오가는 상황에 적응하고 말을 듣고 옹알이를 하고 짤막하고 불확실한 단어를 수백 번, 수천 번 흉내 내다가 또렷한 음절을 발음하고 단어를 말하고 차츰 문장을 구사하게 된다.

우리가 어떤 외국어를 배우려고 입문하는 순간 우리는 언어의 신생아가 된다. 신생아가 부정확하고 짧은 단어 몇 개만 옹알거린다 해서 비웃거나 무시하지 않는다. 외국인이 우리나라에 와서 우리말을 부정확하게 떠듬거릴 때 우리는 결코 그들을 비웃거나 무시하시

않는다. 우리가 외국어를 배울 때도 마찬가지이다. 짧은 단어 몇 개밖에 말하지 못한다고 해서 부끄러워할 필요는 없다. 신생아가 한 단어를 제대로 말하기 위해 수천 번 반복하듯이 한 언어를 배우려면 쉬운 단계부터 오랜 시간 반복해야 한다. 존경하는 선생님 한 분은 제자들에게 고전 한문을 가르칠 때 교재 한 권을 떼고 나면 반드시 입으로 소리를 내서 300독三百讀을 하라고 숙제를 내주신다고 한다. 그런데 정말로 300번을 읽는 학생이 있다고 한다. 300번을 읽으면 통째로 외지는 못한다 하더라도 한 구절이나 한 단어만 운을 떼면 나머지는 저절로 줄줄 나오게 되어 있다.

대부분 외국어 공부를 하는 사람들은 너무 구체적으로 목적을 세우고 빨리 성취를 하려고 한다. 몇 개월 만에 HSK(한어수평고시)나 JPT(일본어능력시험) 시험을 봐서 몇 급을 따고 몇 단계를 통과하겠다고 성급하게 군다. 한두 달 외국어를 배웠다고 금방 외국어를 할 수 있는 것은 아니다. 서두르면 도리어 이루지 못한다. 언어는 서두른다고 해서 능숙해지지 않는다. 추사秋史 김정희金正喜는 벼루 열 점, 붓 천 자루를 써서 없앴다고 한다. 추사체가 한 천재의 손에서 하루아침에 나온 것이 아니다. 절에서 탱화를 그리는 스님을 금어金魚라고 하는데, 탱화 그리는 법을 배울 때 초본을 두고 수천, 수만 번 따라 그린다고 한다. 오랜 시간 따라 그리다 보면 어느새 몸에 익어서 붓을 잡으면 마음먹은 대로 그릴 수 있다. 공자도『역易』을 공부하느라 대쪽〔竹簡〕을 엮은 가죽 끈이 세 번이나 끊어졌고〔韋編三絶〕, 늘 몸

가까이 두고 잘 때도 베고 자서 대쪽을 엮어 만든 책이 부서지기까지 했다고 한다. 공부는 평생 하는 것이다. 중국 속담에 이런 말이 있다. "삶도 늙을 때까지, 배움도 늙을 때까지〔活到老, 學到老〕(huó dào lǎo, xué dào lǎo)!" 고대 아테네의 정치가 솔론Solon이 한 말 "너무 늙었다고 해서 배울 수 없는 것은 아니다"에서 유래하여 중국의 속담처럼 되었다고 한다. 공부는 넓은 바닷물에서 물을 긷는 것과 같다. 자기 그릇만큼 담아 가는 것이다. 남과 견주지 말고 자기와 견주라. 가다가 중지하면 간 만큼 이익이다.

한 언어를 터득하기 위해서는 최소 2년은 공부를 꾸준히 해야 한다. 2년이라는 기한은 내 경험을 바탕으로 추정한 기간이다. 2년 정도 공부를 하니 사전을 찾아가면서 혼자 그런대로 책을 읽을 수 있고, 어느 정도 의사소통을 할 수 있었다. 문제가 생겨도 혼자 힘으로 해결 방법을 모색할 수 있었다. 더 걸릴 수도, 덜 걸릴 수도 있겠지만 이는 최소한의 기간이다. 어떤 기술이든지, 학업이든지 오랜 시간과 노력을 들여야 한다. 적어도 2년 정도 꾸준히 공부하면 그 언어의 특징과 언어의 세계에 대한 윤곽을 그릴 수 있다. 2년 동안 공부를 하다 보면 저절로 해당 언어로 된 문화에 젖어든다. 그리하여 영화를 보고, 음악을 듣고, 문학작품을 접하고, 그 나라 사람을 만나거나 여행을 할 수도 있다. 이런 문화적 체험과 접촉은 언어 학습에 자연스럽게 따르는 현상이면서 필수 요건이 된다.

4. 기계적 훈련의 힘을 믿으라

언어 공부는 콩나물 기르기와 같다. 콩나물을 기를 때 시루에 짚이나 천을 깔고 불린 콩을 넣고 날마다 한두 번 물을 준다. 물은 밑으로 다 빠지지만 콩나물은 쑥쑥 자란다. 외국어 공부를 할 때 우리는 단어를 외는 데 집착한다. 단어를 외지 못하면 자신감을 잃어버리고 단계를 밟아 올라가지 못한다. 그러므로 잊어버리는 것을 절대로 두려워해서는 안 된다. 콩나물시루에 부은 물이 밑으로 다 빠져나가더라도 물기가 남아서 콩나물이 자라듯이 우리가 배운 외국어 어휘와 문장은 배운 즉시 잊어버리더라도 외국어 실력은 모르는 사이에 점점 는다. 자전거 타기를 배우는 과정을 생각해보라. 처음에는 비틀비틀하고 넘어지기도 하지만 두려워하지 않고 자꾸 타다 보면 조금씩 균형을 잡고 제대로 타게 된다. 한번 자전거를 탈 줄 알게 되면 도중에 한참 타지 않다가 다시 타더라도 아무런 문제 없이 잘 탈 수 있다.

언어도 마찬가지이다. 한번 배운 언어는 오랫동안 쓰지 않으면 다 잊어버린 것 같지만 막상 언어 상황이 닥치면 잊었던 언어 감각이 금방 다시 살아난다. 언어는 맥락과 상황으로 익히는 것이기 때문이다. 다만 하루라도 공부를 놓아서는 안 된다는 것을 명심해야 한다. 건성으로라도 교재를 읽어보고 넘어가는 습관을 들여야 한다. 읽지 않더라도 손으로 책장을 넘겨보기라도 해야 한다. 기계적 훈련이 숙련으로 이끈다. 틈만 나면 읽고 쓰고 꾸준히 연습을 하여 차곡차곡 공부가 쌓이면 하루아침에 환하게 통하여 깨치게 된다. 하나하나 외운 단어가 서로 연결이 되지 않고 뜻을 도무지 이해할 수 없던 문장이 어느 순간 유기적으로 연결되어 서로 통하게 된다. 뿌리 깊은 나무는 가지를 많이 뻗는다.

어떤 텍스트라도 쉬운 언어와 어려운 언어가 뒤섞여 나온다. 우리가 일상에서 말을 할 때, 심지어 강의를 하거나 학술 토론을 할 때도 쉬운 문장과 어렵고 전문적인 용어가 뒤섞여 나온다. 어떤 교재든 쉬운 문장부터 어려운 문장에 이르기까지 단계적으로 구성되어 있으며, 수준이 높은 문장이라도 쉬운 문장과 맥락으로 이어져 있기 때문에 처음 단계부터 기본 문장을 외고 익혀두어야 한다. 어려운 문장이라고 해도 실은 쉬운 문장이 여러 문법적 기능에 따라 얽히고 설켜 있을 뿐이다.

외운다 해서 반드시 언제라도 생각나도록 외우고 있어야 한다는 말은 아니다. 그저 여러 차례 반복해서 읽고 쓴다고 생각하면 된다. 일본어를 공부할 때는 강사가 그냥 텍스트를 읽고 가르쳐주고 설명해주는 방식으로 진행했는데, 나는 당일 수업이 끝나면 본문

내용을 무조건 열 번씩만 쓰고 넘어갔다. つくえのうえにほんがいます。/ つくえのうえにほんがいます。/ つくえのうえにほんがいます。하는 식으로. 내용이 암기가 되든 되지 않든. 머리가 나쁘니 외우지는 못하더라도 꾸준히 공부하고 차곡차곡 쌓아나간다는 심정으로 말이다. 중국어 공부를 할 때에는 강사가 매일 시험을 보았기 때문에 어쩔 수 없이 작은 쪽지에 본문을 써서 지하철을 타고 오갈 때 외웠다. 외우는 방식이든 쓰는 방식이든 꾸준히 할 일이다. 우리 의식에서는 잊어버리더라도 무의식에는 남아 있다. 그리고 손이 기억하고 눈과 귀가 기억한다. 그래서 때가 되면 신기하게도 의식의 표층에 떠오른다.

기왕이면 단어를 외우지 말고 문장을 외워라. 한문은 좋은 문장, 시구가 많기 때문에 많이 외울수록 좋다. 그리고 나중에 써먹을 기회도 아주 많다. 중국 여행을 하거나 중국 사람과 교류를 할 때 시문을 외울 수 있으면 얼마나 유리한지 직접 겪어보지 않으면 아무리 말을 해도 모른다. 다다익선多多益善이다.

우리가 외국어를 공부하는 것은 외국어 단어 자체를 익히는 일이 아니라 그 단어로 이루어진 말을 배우는 것이다. 단어는 문장의 틀 안에서 얼마든지 갈아 끼워서 쓸 수 있다. 단어는 문장을 이루는 기초 자료일 뿐 독립된 의미를 갖는 완결된 언어는 아니다. 단어는 유사한 어휘로 바꿔 넣을 수 있다. 그리고 단어는 필요하면 사전을 찾거나 물어보면 된다. 물론 단어를 많이 알고 어휘를 늘려야 하지만 단어 습득 자체를 목표로 삼을 필요는 없다. 외국어 공부를 할 때 외울 건 단어가 아니라 문장이다.

5. 외국어 학습에도 베껴 쓰기가 통한다

어릴 때에는 주위에 유독 위인전기가 많았다. 한 사람의 전기 서적 또는 몇 사람의 생애를 함께 수록한 책이 있었고, 한 사람당 몇 쪽을 할애해 수십 명의 이야기를 한 권에 수록한 서적도 많았다. 또는 위인들의 일화만 모은 책도 있었다. 음악의 아버지라고 일컬어지는 요한 제바스티안 바흐에게 이런 일화가 전한다. 바흐는 어렸을 때 아버지를 잃고 형의 보살핌을 받으며 성장하였다. 음악가였던 형에게서 오르간을 배우고 계속 음악 공부를 하였는데, 형이 가지고 있던 악보를 베끼면서 거의 독학으로 작곡 공부를 하였다. 당시에는 악보가 귀해서 형은 함부로 악보를 보지 못하게 하였다. 형이 아끼면서 바흐에게 보여주지 않은 악보를 형이 잠든 뒤에 몰래 꺼내서 베꼈다. 어느 날 밤에도 달빛에 의지하여 바흐는 형의 악보를 훔쳐내서 정신없이 베끼고 있었다. 꼬리가 길면 밟힌다고 바흐도 형에게 발각되고 말았다. 형은 바흐의 정성과 노력에 감동하여 악보를 내주면서 마음껏 베끼도록 하였다.

베끼기는 별거 아니라고 생각하기 십상이지만 무언가를 배울 때

실은 맨 먼저 하는 일이다. 어린 아기가 말을 배울 때도 어른의 말을 흉내 내면서 배운다. 기술이든 학업이든 모방을 출발점으로 삼을 수밖에 없다. 이전에는 만화가가 되려면 유명 만화가를 찾아가서 연필을 깎고 지우개를 털고 청소를 하고 밑그림에 색칠을 하면서 스승의 그림을 부지런히 베끼고 모방하다가 자기 그림의 틀을 이루어서 독립하였다. 옛날에는 모든 기술을 이처럼 도제로 들어가서 익혔다. 좋은 글, 좋은 글씨, 좋은 그림을 부지런히 베끼면 어느 날 자기 글, 자기 글씨, 자기 그림이 나온다. 자꾸만 베끼다 보면 텍스트의 내적 구조, 내용의 배치, 세부 묘사를 차츰 익히게 되고 전체의 얼개를 구성하는 방식을 습득하게 된다. 좋은 글은, 특히 한문은 베껴 쓰는 공부가 아주 유익하다.

프랑스에 유학하고 온 친구에게서 들은 말인데, 프랑스에서는 고등학교 때까지 받아쓰기를 한단다. 좋은 문학작품을 선택해서 교사가 또박또박 문장부호까지 불러주면 학생들은 꼼꼼하게 받아쓰기를 한다고 한다. 언뜻 생각하면 무슨 시간낭비냐고 하겠지만 몸에 익히는 것만큼 요긴하고 확실한 방법도 없다. 몸으로 익히는 것을 체득體得이라고 한다. 우리는 무엇을 배우고 익히더라도 그것을 체득해야 한다.

6. 교차 학습으로 두 언어를 동시에 잡자

이 방법은 굳이 말하지 않더라도 외국어를 하나 이상 공부하는 사람이라면 이미 쓰고 있으리라. 우선 먼저 공부하기로 한 외국어를 반년에서 1년 공부를 하여 어느 정도 기초를 다진 다음 다른 외국어를 공부할 때 미리 배운 외국어를 응용하는 방식이다. 내 경험을 예로 든다면 다음과 같다. 우선 일본어를 6개월 정도 공부한 뒤 중국어를 공부하였는데, 중국어를 공부할 때 중국어-일본어 사전을 활용하였다. 중국어 단어를 일본어로 찾아보는 것이다. 중국어 고급 문장을 공부할 때에는 일본어로 된 번역서를 대조하여 참조하는 식이다. 반대로 해도 괜찮다. 다만 나는 일본어 공부를 먼저 시작했기 때문에 중국어 학습에 일본어를 참조하였던 것이다. 그리고 일본에서 나온 사전은 매우 품질이 좋기 때문에 다른 외국어 학습에 아주 유용하다. 유럽의 언어를 공부할 때에도 마찬가지이다. 불어와 이탈리아어는 서로 친연성이 크기 때문에 상호 교차 학습에 매우 효과적이다. 외국어 공부를 위해 어떤 문학작품을 읽을 때도 본인이 자신 있는 외국어로 번역된 작품을 함께 보는 것도 좋다.

7. 끝나기 5분 전이라도 출석을 하라

내가 외국어 공부를 지속해나간 유일한 비결은 결석을 하지 않는 것이었다. 박사과정에 입학하여 일본어와 중국어를 공부할 때였다. 한번은 대만에 유학을 간 선배가 귀국하여 술자리를 마련했다. 그때만 해도 젊음을 믿고 술을 마시던 때라 선배가 가지고 온 귀한 배갈을 보니 환장을 해서 서로 잔을 빼앗아가며 퍼마셨다. 거의 새벽까지 술을 퍼마시고 만취하여 집에 돌아가 곯아떨어졌다 일어났더니 새벽반 수업이 이미 시작된 시각이었다. 그래도 부랴부랴 세수를 하고 이를 닦고 학원으로 달려갔다. 강의실로 들어가니 끝나기 5분 전이었다. 이런 일이 두어 차례 있었지만 아무튼 계획한 2년 동안은 한 번도 결석은 하지 않았다. 한 번이라도 결석을 하면 금방 타성에 젖고 쉽게 자기를 용서하게 된다. 당시 을지로 지하철역 주위에는 몇몇 대기업의 본사가 있었고, 주위에 이들을 대상으로 한 외국어 학원이 많았다. 외국어 학원은 보통 석 달 단위로 학습이 이루어졌는데 새벽반에 들어가 보면 젊은 여자 수강생이 많았다. 대부분 신입사원이다. 같이 수강을 해서 내가 과정을 이수하고 진급하는 동안 이들은 중간 중간에 강의를 빼먹고는 다시 처음부터 기초과정을 수강하곤 했다. 나는 이들을 보면서, 물론 사정이야 있겠지만, 아무튼 결석을 해서는 절대로 안 된다는 교훈을 터득하였다. 끝나는 시간 5분을 남겨놓고 강의실에 들어가서 강사의 얼굴만 보고 나오더라도 결석을 한 적은 없다. 결석을 하지 않음으로써 다시는 나태하지 않겠다는 결심을 굳히게 되었다.

8. 낙제만 아니면 다음 단계로 올라가라

초등학교에서 학기가 끝나면 학업성취도를 평가해서 성적표에 수秀, 우優, 미美, 양良, 가可로 등급을 매겼다. 공부를 잘하건 못하건 방학 때마다 성적표에 수를 몇 개 받았는지가 우리에게는 초미의 관심사였다. 수를 많이 받은 동무들은 의기양양했고, 성적표를 양이나 가로 도배한 동무들은 풀이 죽거나 아예 성적표를 거들떠보지도 않았다. 그러나 성적을 매기는 용어는 글자 그대로는 저마다 좋은 뜻을 갖고 있다. 수는 남들보다 특히 빼어나다, 우는 넉넉하고 훌륭하다, 미는 성취한 정도가 아름답다, 양은 그런대로 좋다, 가는 그만하면 진급해도 된다는 뜻이다. 그러니까 성적을 미만 받아도 아름다운 성취를 이룬 것이며, 우를 받으면 훌륭한 성적을 거두었다는 말이다. 그리고 남들이 모두 싫어하는 양도 나쁘지 않고 가는 습득해야 할 학업을 충분히 성취했다는 말이다. 열에서 여섯만 성취해도 배워야 할 것을 충분히 배웠다는 말이다. 물론 가도 받지 못하면 낙제를 해서 다시 과정을 이수해야 한다. 그러니까 우리가 외국어를 배울 때도 한 단계를 배우고 나서 측정을 하여 열에 여섯 정도만 성취했음을 확인하면 위 단계로 올라갈 수 있다는 말이다.

단계를 마치면 과정을 다 익히지 못했어도 위 단계로 올라가야 한다. 그러지 않으면 쉽게 낙심하고 맥이 빠진다. 외국어 학습도 성취한 만큼 계속 동기부여를 해야만 지속할 수 있다.

기초 과정을 거치면 중급 과정, 중급 과정을 이수하면 무조건 고급 과정으로 올라가야 한다. 그리고 필요에 따라 시사, 독해, 작문 과정을 거치고, 회화가 필요하면 회화를 익히고, 자격시험을 보려면 시험대비반에 등록하고, 궁극적으로 소설읽기와 같은 최고급 과정까지 꾸준히 이수하는 것이 좋다. 굳이 학원에 등록하지 않더라도 자기가 공부하려는 목적에 따라 목표를 세워 꾸준히 공부를 해나가야 한다.

9. 사전을 내 몸같이 여기라

외국어 공부를 할 때 잊어서는 안 될 또 한 가지 요령은 사전을 찾고 또 찾으라는 것이다. 사전을 찾는 일은 정말 귀찮기 짝이 없고 따분하고 짜증이 난다. 그러나 사전을 찾는 일이야말로 외국어라는 미지의 땅을 찾아가는 지도와 나침반을 보는 것이다. 모르는 단어가 나올 때마다 사전을 찾아서 확인하는 데 걸린 물리적인 시간과 일일이 사전을 찾는 행위는 나의 무의식에 그 언어를 각인시킨다. 한번이라도 눈으로 보아둔 것은 안목과 식견으로 쌓인다. 의식에 저장되어 있지는 않다 하더라도 언제 어디선가 본 듯해서 눈길을 잡아 끈다. 내가 쏟은 정력과 시간의 양만큼 언어는 내 몸에 새겨지는 것이다. 내 삶의 시간을 수놓는 것이다.

선가禪家에서는 의단疑團(마음속에 늘 풀리지 않고 있는 의심)을 크게 일으키라고 한다. 크게 의심을 하면 크게 깨치고, 작게 의심을 하면 작게 깨친다고 한다. 외국어 공부도 그러하다. 처음 배우는 단계에서는 조금이라도 궁금하면 귀찮더라도 바로 사전을 찾아야 한다. 모르는 단어나 문장이 나오면 대충 건성으로 넘어가지 말고 반드시 사전을 찾아서 확인해야 한다. 사전을 찾아도 뜻을 확신할 수 없을 때는 나보다 눈이 밝은 사람에게 물어서 확인을 해야 한다.

『주자평전』을 번역할 때 일이다. 원문에 주희가 태어났을 때 오른쪽 뺨에 黑痣(hēizhì)가 북두칠성처럼 일곱 개 나 있었다고 하는 내용이 있었다. 黑痣를 사전에서 찾아보니 사마귀라는 뜻도 있고 검은 반점이라는 뜻도 있다. 주희의 초상화를 보면 역시 검은 점 일곱 개가 무슨 상징처럼 그려져 있다. 그런데 초상화를 보아서는 단순히 점인지 사마귀인지 알 수 없다. 색소침착으로 생긴 검은 점으로 여겨지지만 속단할 수 없었다. 만에 하나 사마귀는 아닐까, 전혀 사마귀일 가능성은 없는가 하고 의심을 해보아야 했던 것이다. 그리하여 지은이에게 물어보았더니 역시 사마귀는 아닌 듯하다고 하였다.

동양학 문헌을 접하다 보면 역사 용어의 의미가 고금古今에 서로 달라서 당혹감을 느낄 때가 자주 있다. 조선 시대 역사 문헌을 접하다 보면 방송放送이라는 말이 나오는데, 이 말은 죄수를 놓아 보낸다는 뜻이다. 초급 중국어를 배운 뒤 중급으로 올라가서 생활 중국어를 배울 때 『신선광파극新選廣播劇』(xīnxuǎn guǎngbō jù)이라는 교재를 사용했다. 광파廣播는 중국어로 방송broadcasting이라는 말이다. 우리말 '방송'은 일본어 번역을 따다 쓴 말이다.

10. 직접 번역하는 습관 들이기

공부를 할 때 특히 중요한 사항은 머리로 이해하고만 넘어가서는 절대 안 된다는 점이다. 배운 내용을 한 번이라도 내 입으로 소리 내 읽어보고 내 귀로 들어보고 내 손으로 직접 써보아야 한다. 우리는 배운 것을 내 몸으로 익혀서 내 것으로 만들고 필요할 때 써먹으려고 공부를 한다. 그러므로 반드시 내 몸으로 재현해보아야 한다. 특히 외국어 공부를 할 때에는 반드시 본문 내용을 읽고 번역을 해보아야 한다. 머리로 이해한 것을 우리말로 실제로 옮겨보면 둘 사이에 얼마나 큰 간격이 있는가를 알 수 있다. 처음에는 텍스트를 가능한 한 축자적으로 번역하고, 이를 다시 우리말답게 고쳐서 번역해본다. 처음 배우는 쉬운 문장부터 이렇게 번역을 하는 습관을 기르면 한두 해 지난 뒤 공부의 수준이 높아졌을 때 저절로 번역을 잘할 수 있다. 이런 과정을 밟는 것은 외국어와 우리말의 차이를 아는 데도 좋을 뿐만 아니라 한 언어가 다른 언어로 번역될 때 어떤 과정을 거치는지를 알 수 있다. 나아가 언어에 관한 해석학적 통찰도 얻을 수 있다. 텍스트와 나의 해석이 어떤 관련을 맺는지 알 수 있는 것이다. 아무리 쉬운 문장이라도 막상 우리말로 옮기려고 하면 내 언어가 얼마나 졸렬한지, 내 표현 역량이 얼마나 부족한지 바로 깨닫게 된다. 배운 내용은 무조건 우리말로 옮겨본다. 때로는 기계적 학습이 놀라운 결과를 가져온다. 번역하는 과정을 거치면 반대급부로 우리말 실력도 쑥쑥 늘게 된다.

부록 2

/

한문, 중국어, 일본어 번역의 실제

한문, 중국어, 일본어 텍스트를 구체적으로 읽고 음미해보자.
가능한 한 직역투로, 축자 번역하기로 한다.

1. 『맹자』

孟子曰, 人皆有不忍人之心. 先王有不忍人之心, 斯有不忍人之政
矣. 以不忍人之心, 行不忍人之政, 治天下可運之掌上. 所以謂人皆
有不忍人之心者, 今人乍見孺子將入於井, 皆有怵惕惻隱之心. 非所
以內交於孺子之父母也, 非所以要譽於鄕黨朋友也, 非惡其聲而然
也. 由是觀之, 無惻隱之心, 非人也. 無羞惡之心, 非人也. 無辭讓之
心, 非人也. 無是非之心, 非人也. 惻隱之心, 仁之端也. 羞惡之心,
義之端也. 辭讓之心, 禮之端也. 是非之心, 知(智)之端也. 人之有是
四端也, 猶其有四體也. 有是四端而自謂不能者, 自賊者也. 謂其君
不能者, 賊其君者也. 凡有四端於我者, 知皆擴而充之矣, 若火之始
然, 泉之始達. 苟能充之, 足以保四海, 苟不充之, 不足以事父母.

—『孟子』「公孫丑·上」

맹자가 말하였다. "사람은 모두 차마 하지 못하는(남의 안타까운 상황을
참지 못하는) 마음을 지니고 있다. 선왕은 차마 하지 못하는 마음을 지
녀서 이에 차마 하지 못하는 정치를 하셨다. 차마 하지 못하는 마음으

로 차마 하지 못하는 정치를 행하면 천하는 손바닥에 두고 움직이듯이 다스릴 수 있다. 사람이 모두 차마 하지 못하는 마음을 지니고 있다고 말하는 까닭은 이러하다. 지금 사람이 문득 어린아이가 막 우물에 들어가려는 것을 본다면 모두 깜짝 놀라 측은한 마음이 생기는데 이는 어린아이의 부모와 교제를 맺기 위함도 아니요, 지역사회 벗들의 기림을 받으려는 것도 아니요, 모질다는 평판을 싫어해서 그러한 것도 아니다. 이로 말미암아 보건대, 측은한 마음이 없으면 사람이 아니요, 부끄러워하고 미워하는 마음이 없으면 사람이 아니요, 사양하는 마음이 없으면 사람이 아니요, 옳고 그름을 가리는 마음이 없으면 사람이 아니다. 측은한 마음은 인의 단초이며, 부끄러워하고 미워하는 마음은 의의 단초이며, 사양하는 마음은 예의 단초이며, 옳고 그름을 가리는 마음은 지의 단초이다. 사람이 이 사단을 지닌 것은 마치 사지를 지닌 것과 같다. 이 사단을 지니고서도 스스로 (사단을 실천) 할 수 없다고 하는 자는 자기를 해치는 자이며, 그 임금이 할 수 없다고 하는 자는 임금을 해치는 자이다. 나에게 있는 사단을 모두 넓혀서 채울 줄 안다면 마치 불이 처음 붙는 것 같고 샘이 처음 솟아나는 것 같으니 채우면 온 세상을 충분히 보존할 수 있고 채우지 않으면 부모를 섬기기에도 부족하다.

••••▶ 人皆有不忍人之心의 有는 −이(가) 있다는 서술어가 아니라 지니고 있다는 타동사로서 不忍人之心을 목적어로 삼는다.

有不忍人之心, 斯有……의 斯는 앞의 有가 이끄는 구를 조건으로 삼아서 '−가 있으면 이에 '-하다'는 구문을 이룬다. 이 구절의 끝 矣는 완료상을 나타내기도 하고 화자의 주관적인 판단을 나타내기도 한다.

以 A + 동사 B의 구문은 매우 흔하게 나오는데 'A로써 B를 어떻게 한다'는 뜻을 이룬다. 以의 원래 의미는 用과 같으니, A를 목적어로 삼는다. A를 써서 어떻게 한다는 뜻이다.

治天下는 '천하를 다스리다'라는 술어＋목적어 구로서 앞에 제시된 화제이며, 可運之掌上에서 지시대명사 之를 통해 다시 천하를 지시하였다.

所以는 원래 所＋동사＋以＋之가 축약된 형태로 보이는데, 지시대명사 之가 가리키는 대상을 사용해서 동사의 어떤 행위를 하는 바를 뜻한다. 고전 한문 초기부터 所以의 형태로 숙어처럼 쓰였다. 나중에는 뜻이 추가되어서 -하는 까닭, -하는 수단이라는 의미도 띠게 되었고, 현대 중국어에서는 인과관계 문장에서 결과나 결론을 나타내는 접속사의 역할을 한다. 한문 문장에서는 여러 절이 결합하거나 이어질 때 하위 절의 주어가 생략되는 예가 많다.

今人 이하 문장의 주어는 人이지만 非所以內交於孺子之父母也 이하의 문장 주어는 人이 아니다. 측은지심을 일으키는 까닭을 나타내는 주어가 숨어 있다. 이 구절의 也는 문장의 마지막을 나타내는 어기사이다.

無惻隱之心, 非人也의 구문은 앞의 구가 조건을 이룬다. 조건을 표시하는 어기사가 없이 맥락에 따라 부정어 둘을 써서 조건과 결과를 나타내기도 한다.

人之有是四端也 이하 구문은 也로 각 절의 문말文末을 맞추었는데, 뒤의 두 절은 -者, -者也의 구조이다. 이는 정의를 내리거나 주어를 객관적으로 서술할 때 흔히 쓰는 구문이다. 뒤의 -者也의 者는 생략되기도 한다.

2. 주돈이, 「애련설」

다음의 짤막한 글은 주돈이周敦頤의 「애련설愛蓮說」이다. 주돈이
는 북송 성리학의 선구자로서 조선 시대 학자들에게도 많은 영향을
끼쳤다. 이 글에는 주돈이의 고결한 인품과 깨끗한 심성이 잘 드러
난다. 황정견이라는 시인은 주돈이를 일컬어서 '비 갠 뒤 맑은 바람
에 씻긴 깨끗한 달〔光風霽月〕'과 같다고 하였다. 우리나라 유수한 원
림이나 산천의 정자 이름으로 광풍, 제월이 많이 쓰이는데 황정견의
이 말에서 유래하였다.

* * *

水陸草木之花, 可愛者甚蕃. 晉陶淵明獨愛菊, 自李唐來, 世人甚愛
牡丹, 予獨愛蓮之出淤泥而不染, 濯淸漣而不妖, 中通外直, 不蔓不
枝, 香遠益淸, 亭亭淨植, 可遠觀而不可褻翫焉. 予謂菊, 花之隱逸
者也, 牡丹, 花之富貴者也, 蓮, 花之君子者也. 噫! 菊之愛, 陶後鮮
有聞, 蓮之愛, 同予者何人? 牡丹之愛, 宜乎衆矣.

—周敦頤, 「愛蓮說」

물과 뭍의 풀과 나무의 꽃 가운데에는 사랑할 만한 것이 매우 많다. 진의 도연명은 홀로 국화를 사랑했고, 이씨의 당唐 이래로 세상 사람들은 모란을 매우 사랑하는데 나는 홀로 연꽃이 더러운 진흙에서 나왔으되 더럽혀지지 않고 맑은 물에 씻겨도 요사하지 않으며, 줄기 속은 통하고 겉은 곧으며, 덩굴도 뻗지 않고 가지도 치지 않으며, 향기는 멀리 퍼질수록 더욱 맑고, 꼿꼿이 정결하게 서 있으니 멀리서 볼 수는 있으나 무람없이 가지고 놀 수는 없음을 사랑한다.

나는 생각건대, 국화는 꽃 가운데 은일한 꽃이요, 모란은 꽃 가운데 부귀한 꽃이요, 연꽃은 꽃 가운데 군자인 꽃이다. 아! 국화를 사랑함은 도연명 이후 들은 바가 드물고, 연꽃을 사랑함에 나와 같이 할 자 누구인가? 모란을 사랑하는 이는 의당 많으리라.

•••▶ 水陸草木之花는 주제를 이루는 구이다.

晉陶淵明獨愛菊은 부사어(관형어)＋주어＋부사＋동사(술어)＋명사 목적어 구조다. (주어)＋동사/형용사(술어)＋목적어가 한문의 가장 기본이 되는 어순이다.

予獨愛蓮 이하의 문장은 연꽃의 성정을 묘사하면서, 앞의 두 절은 而로 대조적인 관념을 병렬시키는데, 앞은 동사＋목적어, 뒤는 부정사＋형용사로 되어 있다. 다음 두 구는 역시 앞뒤가 대조되며, 나머지 두 구는 앞의 두 글자가 뒤 글자의 의미를 부사적으로 수식한다. 마지막 판단을 나타내는 구절은 접속사 而를 사이에 두고 서로 대조되는 의미를 전달한다.

경복궁에 있는 향원지香遠池와 향원정香遠亭의 이름은 바로 주돈이의 이 글에서 따왔다.

隱逸者, 富貴者, 君子者는 각각 은일한 자 또는 은일인 자, 부귀한 자, 군자다운 자 또는 군자인 자라는 뜻이다. 앞의 은일, 부귀, 군자는 관형어로 쓰였으며, 이 구는 주격보어 역할을 한다.

중국 사람들은 모란(牡丹)을 부귀화라고 하여 매우 좋아한다. 모란꽃 그림은 부귀를 상징하기에 집에도 걸어놓고 선물로도 많이 활용한다. 동양의 인물화에도 도상학적 상징이 있다. 늙수그레한 사람이 국화꽃을 들고 있으면 그 사람은 도연명이다. 도연명의 연작시 가운데 이런 구절이 있다. "동쪽 울타리 밑에서 국화꽃 꺾어 들고 멀거니 남산을 보네(採菊東籬下, 悠然見南山)." 화제 제시와 문장 구성상 연꽃을 마지막으로 들어야 할 터인데, 모란을 마지막에 둔 까닭은 무엇일까? 교묘한 의도가 엿보인다. 도연명과 국화, 주돈이와 연꽃은 이미지가 연결된다. 두 사람의 정신적 지향을 알 수 있다. 그런데 모란은 부귀를 나타내며, 모란을 사랑하는 사람은 많다. 따라서 국화와 연꽃을 앞에 두고 모란을 뒤에 둠으로써 두 사람의 고결함과 부귀공명을 지향하는 현실을 은근히 대조하여 빗대었다.

3. 소식, 「적벽부」

다음은 소식蘇軾의 「적벽부赤壁賦」이다. 글줄이나 읽은 조선 시대 인물이라면 누구나 암송할 수 있을 정도로 유명한 글이다. 현란한 표현과 치밀한 수사법이 자연스럽기 그지없어서 억지로 지어낸 느낌이 전혀 들지 않는다. 우리에게도 잘 알려진 성어가 이 글에 많이 나온다.

* * *

❶

壬戌之秋, 七月既望, 蘇子與客泛舟, 遊於赤壁之下. 淸風徐來, 水波不興. 擧酒屬客, 誦「明月」之詩, 歌「窈窕」之章. 少焉, 月出於東山之上, 徘徊於斗牛之間. 白露橫江, 水光接天. 縱一葦之所如, 凌萬頃之茫然. 浩浩乎如馮虛御風, 而不知其所止. 飄飄乎如遺世獨立, 羽化而登仙.

임술년(1082) 가을 7월 열엿새 날 소자가 손님과 함께 배를 띄워서 적벽 아래에서 노닐었다. 맑은 바람은 서서히 불어오고 물결은 일지 않았다. 술잔을 들어 손님에게 권하며 「명월明月」 시편을 읊조리고 「요조窈窕」 악장을 노래하였다. 이윽고 달이 동산 위로 올라 북두성과 견우성 사이를 배회하였다. 흰 이슬은 강에 비끼고 물빛은 하늘에 이어졌다. 조각배가 떠가는 대로 맡겨두고 아득한 만경창파를 건넜다. 강은 드넓고도 드넓어서 (강 위의 우리는) 마치 허공을 의지하고 바람을 타는 듯 머물 곳을 알지 못하겠고, 가볍고도 가볍게 떠서 (우리 몸은) 세상을 벗어나 홀로 날개가 돋아나 신선이 된 듯하였다.

····▶ 청풍서래淸風徐來, 수파불흥水波不興, 백로횡강白露橫江, 수광접천水光接天, 유세독립遺世獨立, 우화등선羽化登仙 같은 문구는 그대로 성어가 되었고, 역대의 여러 문장에서 인용하였다.

'明月'과 '窈窕'는 『시경』 「진풍陳風·월출月出」에 나오는 시편 구절이다. 첫 장만 인용하면 다음과 같다. "달이 훤하게 떴네, 고운님 어여뻐라. 맺힌 근심 풀어낼까, 내 마음 안타까워라〔月出皎兮, 佼人僚兮, 舒窈糾兮, 勞心悄兮〕!" 주희는 이 시를 남녀상열의 노래라고 하였다.

窈窕는 규방에서 곱게 자란 처녀의 자태를 형용한 말인데, 아름다운 여자의 모습을 일컫는 표현으로 흔히 쓰인다.

❷

於是飮酒樂甚, 扣舷而歌之. 歌曰, "桂棹兮蘭槳, 擊空明兮溯流光.

渺渺兮予懷, 望美人兮天一方." 客有吹洞簫者, 倚歌而和之. 其聲嗚
嗚然, 如怨如慕, 如泣如訴, 餘音裊裊, 不絶如縷, 舞幽壑之潛蛟, 泣
孤舟之嫠婦.

이때 술을 마시고 한껏 즐거워서 뱃전을 두드리며 노래하였다. 노래하
기를, "계수나무 노, 난목 상앗대로 물에 뜬 달그림자를 치고 흐르는 물
빛을 가로지르네. 아득하다 내 마음이여, 고운님 그리워하네, 저 하늘
끝!"하였다. 손님 가운데 통소를 부는 이가 있어서 노래에 맞춰 불렀
다. 그 소리는 애절하고 애절하였는데 원망하는 듯 사모하는 듯, 흐느
끼는 듯 하소연하는 듯하였다. 여음은 가늘고 길게 실타래처럼 끊이지
않고 이어져서 깊은 골짜기에 엎드린 교룡은 춤을 추게 하고, 외로운
배의 과부를 흐느끼게 하는 듯하였다.

❸

蘇子愀然. 正襟危坐, 而問客曰. "何爲其然也?" 客曰, "'月明星稀,
烏鵲南飛.' 此非曹孟德之詩乎? 西望夏口, 東望武昌, 山川相繆, 鬱
乎蒼蒼, 此非孟德之困於周郎者乎? 方其破荊州, 下江陵, 順流而東
也, 舳艫千里, 旌旗蔽空, 釃酒臨江, <u>橫槊賦詩</u>, 固一世之雄也, 而今
安在哉? 況吾與子漁樵於江渚之上, 侶魚蝦而友麋鹿, 駕<u>一葉之扁
舟</u>, 擧匏樽以相屬. 寄蜉蝣於天地, 渺滄海之一粟. 哀吾生之須臾,
羨長江之無窮. 挾飛仙以遨遊, 抱明月而長終. 知不可乎驟得, 托遺

響於悲風."

소자는 초연히 옷깃을 바로잡고 반듯하게 앉아서 손님에게 물었다. "퉁
소 소리가 어째서 그러하오?" 손님이 말했다. "'달은 밝고 별은 성긴데
까막까치 남쪽으로 날아가네'라고 한 것은 조맹덕(『삼국지』의 인물 조조)
의 시가 아닙니까? 서쪽으로 하구를 바라보고 동쪽으로 무창을 바라봄
에 산과 강은 서로 얽히고 초목이 울울창창하니 이는 맹덕이 주랑(주유
周瑜)에게 곤경을 겪은 곳이 아닙니까? 바야흐로 형주를 격파하고 강릉
을 점령하고 흐름을 타고 동쪽으로 향함에 크고 작은 전선이 천리에 잇
고 온갖 깃발이 허공을 가렸는데 술을 따라 들고서 장강을 향하여 창을
빗겨 들고 시를 읊을 때는 참으로 일세의 영웅이었으나 지금은 어디에
있단 말이오? 하물며 나와 그대는 강과 모래톱에서 낚시하고 나무하
며, 물고기, 새우와 짝하고 사슴, 고라니와 벗하며, 일엽편주를 타고 호
리병 술잔을 들고 서로 술을 권합니다. 천지에 붙어 사는 하루살이요,
창해의 좁쌀 한 알이라. 우리 삶이 잠깐임을 슬퍼하며 장강이 무궁함을
부러워합니다. 나는 신선을 끼고 흥겹게 노닐며 밝은 달을 안고서 길이
늙어가려 하나 대뜸 얻을 수 없음을 알아 가을바람에 여운을 맡기는 것
입니다."

····▶ 횡삭부시橫槊賦試, 부유천지蜉蝣天地, 창해일속滄海一粟, 일엽편주一葉扁舟
이런 성어도 사람들의 입에 널리 오르내렸다. 시적 낭만과 상상력이 분방하다.

④

蘇子曰, "客亦知夫水與月乎? <u>逝者如斯</u>, 而未嘗往也. 盈虛者如彼,
而卒莫消長也. 蓋將自其變者而觀之, 則天地曾不能以一瞬, 自其不
變者而觀之, 則物與我皆無盡也, 而又何羨乎! 且夫天地之間, 物各
有主, 苟非吾之所有, 雖一毫而莫取. 惟江上之淸風, 與山間之明月,
<u>耳得之而爲聲</u>, <u>目遇之而成色</u>, 取之無禁, 用之不竭, 是造物者之無
盡藏也, 而吾與子之所共食."

소자가 말했다. "손님께서도 물과 달을 아시는지요? <u>흘러가는 것은 이</u>
<u>물과 같으나</u> 아주 가버린 적은 없습니다. 차고 기우는 것은 저 달과 같
으나 끝내 줄어들고 늘어나지 않습니다. 대체로 변화의 측면에서 보면
천지는 일찍이 한순간도 그대로일 수 없고, 불변의 측면에서 보면 사물
과 나는 모두 다함이 없는 것이니 또 무엇을 부러워하겠습니까! 또한
저 천지 사이에 물건은 저마다 주인이 있어서 내 소유가 아니라면 털끝
하나라도 가질 수 없으나 오직 강 위의 맑은 바람과 산간의 밝은 달은
<u>귀로 들으면 소리가 되고</u> <u>눈으로 보면 빛깔이 되니</u> 가져도 금하는 이
없고 써도 마르지 않습니다. 이는 조물주의 무진장한 물건이요 나와 그
대가 함께 누리는 것입니다."

•••▶ 逝者如斯는 원래 『논어』 「자한子罕」에 나오는 구절이다. "선생님께서 냇가에
서 말씀하셨다. '흘러가는 것이 저와 같아서, 밤낮으로 그치지 않는구나(子在川

上曰, 逝者如斯夫, 不舍晝夜).'"천지자연의 이치가 끝없이 흐름을 체득한 공자의 달관한 경지를 나타내는 아주 유명한 문장이다. '끝없이, 줄곧'이라는 뜻으로 흔히 쓰는 주구장창은 주야장천晝夜長川이 변한 것으로 보이는데, 주야장천은 공자의 이 말에서 유래하였다. 물은 만물류전萬物流轉의 이치를 가장 잘 체현하는 객관적 상관물이다.

맹자는 공자의 이 술회를 다음과 같이 해석한다. 맹자의 제자 서자徐子(徐辟)가 맹자에게 물었다. "중니仲尼(공자)는 자주 물을 일컬어서, '물이로다, 물이로다!' 하였는데 물에서 무엇을 취하였습니까?" 맹자가 대답하였다. "원천에서 나온 물은 졸졸 흘러서 밤낮 그치지 않는다. 웅덩이를 채운 뒤 흘러 나아가서 사해에 들어간다. 근본이 있는 것은 이와 같다. 공자는 이런 점을 취했을 뿐이다. 근본이 없다면 7, 8월 사이에 비가 집중하여 봇도랑을 다 채워도 금방 말라버린다. 그러므로 소문이 실정을 지나침을 군자는 부끄러워한다."『맹자孟子』「이루離婁·하下」에 나오는 대화이다. 맹자가 '공자의 물 예찬'에서 읽어낸 것은 샘이 깊은 물은 밤낮 끊임없이 흐르듯이, 군자는 근본에 힘쓰고, 명실상부해야 하며, 영원히 고갈되지 않는 도덕적 품성과 인격을 쌓아 밤낮 쉬지 않고 자기를 닦아나가야 한다〔自彊不息〕는 교훈이다.

耳得之而爲聲, 目遇之而成色은 원문 그대로 옮겨보면 다음과 같다. "귀가 그것을 얻어서 소리를 삼고, 눈이 그것을 만나서 색깔을 이룬다." 이런 문장구성법이 고전 한문의 특색이다.

❺

客喜而笑, 洗盞更酌, 肴核既盡, 杯盤狼藉. 相與枕藉乎舟中, 不知
東方之既白.

손님이 기뻐서 웃으며 잔을 씻어서 다시 술을 따르니 고기와 과일은 다
없어지고 술잔과 접시는 어지러이 뒹굴었다. 서로 의지하여 배 안에 누
워서 동쪽이 훤해지는 것도 몰랐다.

4. 이황이 기대승에게 보낸 편지

조선 시대 학자의 편지글을 한 편 읽어보기로 하자. 편지글은 매우 개인적이고 주관적인 사상을 담은 글이기 때문에 편지를 주고받는 당사자와 주변인들 외에는 잘 알 수 없는 내막이 있을 수 있다. 또한 서로 정중하고 은근한 정을 최대한 완곡하고 은유로 표현하기 때문에 행간을 잘 읽어야 하며, 고사故事와 당시 시대 상황, 인물의 주변 사정을 잘 알아야 한다. 그뿐만 아니라 글쓴이의 독특한 문체와 문장의 품격을 파악해야 한다. 이에 더하여 인문학적 조예와 상상력이 필요하다. 조선 시대에는 특히 학자들 사이의 편지는 학술 토론을 겸한 글이기 때문에 한번 오고가면 바로 공개되고 전사傳寫되어 학술 논쟁과 정치적 여론 형성의 화두가 되기도 한다. 조선 시대 학자들이 주고받은 서간문 가운데 가장 대표적인 이황李滉과 기대승奇大升의 편지글을 살펴보자.

* * *

❶

明彦拜復, 奇佐郎宅

金而精來, 得書未報, 近見子之還, 又枉手札, 兼而精在此, 頻頻得
信, 具審比來, 諸況淸茂, 感佩之餘, 欣慶無比. 判尹公<u>遽至於此</u>, 此
則有關時運, 嘆惜曷喩.

명언에게 절하고 답합니다. 기 좌랑 댁

김이정金而精(김취려金就礪)이 오는 편에 편지를 받고 회답을 하지 못하
였는데, 근래 자식이 돌아오는 편에 또 서찰을 내려주셨으며, 겸하여
김이정이 이곳에 있어서 자주 소식을 들었는데, 근래 여러 형편이 좋으
심을 알고는 감격한 나머지 기쁘고 경사스러운 마음 견줄 데 없었습니
다. 판윤공判尹公이 갑자기 <u>이렇게 되셨는데</u>, 이는 시운時運과 관계가
있으니 한스럽고 애석함을 어찌 말로 다할 수 있겠습니까!

⋯▶ 판윤공은 기대승의 종형 기대항奇大恒이다. '이렇게 되었다〔遽至於此〕'라는
말은 기대항의 죽음을 가리킨다. 죽음을 직접 말하기를 꺼려서 은유적으로 에둘
러 표현하였다. 이런 말투는 고전에는 아주 자연스럽다. 죽음에 관한 간접적, 고
전적 표현들을 참조해야 한다. 천붕天崩이니 졸卒이니 불록不祿이니 하는 용어
는 모두 신분이나 대상에 따라 죽음을 달리 가리키는 말이다. 기대항은 『명종실
록明宗實錄』에 의하면 명종 19년(1564) 7월 13일에 죽었다.

❷

不知左右素計, 其能遂否? 遂則想不久滯, 何時下南耶? 如願之懷,
固甚快適. 第恐期限忽過, 依舊牽掣, 如魚中鉤, 維谷之患, 正在此
際耳. 然固當取合於目前爻像, 他何能預計耶!

공은 평소의 계획을 이룰 수 있을는지 모르겠습니다. 이룬다면 오래 지
체하지 않으시리라 생각하는데, 언제쯤 남쪽으로 내려가십니까? 소원
대로 된 마음이 실로 매우 쾌적하겠습니다. 다만 두렵기는 기한이 홀연
히 지났는데도 여전히 얽매여서 마치 낚시에 걸린 고기 꼴이 된다면 진
퇴유곡의 근심이 바로 이즈음에 있을 뿐입니다. 그러나 참으로 마땅히
목전의 형세에 맞춰야지 다른 것이야 어찌 미리 계획할 수 있겠습니까!

•••▶ 左右는 상대방을 직접 일컫지 않고 그가 부리는 사람을 일컬어서 간접적으
로 높이는 호칭이다. 때로는 김 봉화金奉化(봉화현감 김 아무개의 경우), 이 안
동李安東(안동부사 이 아무개의 경우)처럼 관직으로 대신 부르기도 하고, 거주
하는 공간이나 마을 이름으로 대신 부르기도 한다. 옛사람의 이와 같은 호칭 문
화를 잘 모르면 오해하기 딱 알맞다.

형편, 형세로 옮긴 爻像은, 원문에는 이렇게 되어 있지만, 爻象이 옳은 듯하다.
爻는 『주역』의 한 괘卦를 구성하는 여섯 효이며, 象은 64괘와 여섯 효가 상징하
는 사물과 형상, 이미지를 가리키는 말이다. 효와 상은 사물과 형세의 변화 양상
을 예측하여서 길흉을 예시한다. 그래서 효상은 『주역』으로 친 점의 길흉을 가리

키는가 하면 형편, 형세, 형적形迹을 뜻하는 말로도 쓰인다.

❸

滉病與老謀, 諸證交侵, 雪冱寒谷, 極費調救, 歲且不登, 窘窒尤甚. 惟幸塵編蠹簡, 聖賢遺馥, 不啻如蘭臭之襲人. 常愛韓公贈人詩, 於何玩其光, 以至歲向晚, 三復其言, 眞可謂先獲我心, 亦足以忘憂惱耳. 公如得歸, 想所得於此, 非淺陋所及, 切祈時因便風, 寄示一二.

저는 늙어감과 함께 여러 병증이 번갈아 침범하여 눈 쌓이고 차가운 골짜기에서 조섭하느라 극히 애를 쓰고 있는데, 농사마저 흉년이 들어서 군색함이 더욱 심합니다. 오직 다행하기는 먼지 묻고 좀이 슨 책에 실려 있는 성현이 남긴 향기가 마치 난초 향기가 사람에게 스며드는 것보다 더 하다는 점입니다. 한공韓公(한유韓愈)이 어떤 사람에게 준 시 가운데 "어디에서 그런 빛나는 사람을 바라보며, 늙어갈 수 있을까" 하는 구절을 늘 애송하는데, 이 시구를 반복하여 읊조리다 보면 참으로 나보다 먼저 내 마음을 이해했다고 하겠으니 또한 근심과 번뇌를 잊기에 족합니다. 공이 만일 돌아가게 된다면 이로부터 터득한 바는 제가 미칠 바가 아닐 것으로 생각합니다. 때때로 인편에 편지를 부쳐서 한두 가지 가르쳐주시기를 간절히 바랍니다.

••••▶ 편지를 쓸 때 자기 이름을 쓰는 것은 상대방을 높이기 위함이다. 상대방은 2인

칭 존칭어를 쓴다. 퇴계 이황은 매화를 매우 좋아하였다고 하지만 난초가 풍기는 이미지도 매우 좋아하였다. 자기 수양을 위한 학문을 깊이 한 사람을 심산무림深山茂林 속에 피어 있는 난초가 종일 향기를 내뿜으면서도 스스로는 향기를 내뿜는다는 사실을 모르고 있는 것에 견주었다. 인용한 한유의 시는 「증별원십팔협률贈別元十八協律」에 나오는 구절이다. 일부를 인용하면 다음과 같다.

> 그대여, 무엇을 하려나[子兮何爲者]?
> 관에 장식을 주렁주렁 달게나[冠佩立憲憲]
> 누구를 따라 배우려나[何氏之從學]?
> 난초는 향내 가득하다네[蘭蕙已滿畹]
> 어찌 세월을 즐기려나[於何玩其光]?
> 세월 따라 늙어가게[以至歲向晚]

三復其言은 『논어』 「선진先進」에 나오는 구절에서 유래한 말이다. 공자의 제자 남용南容이 "흰 옥[白圭]의 흠은 갈아낼 수 있으나 이 말[言]의 흠은 갈아낼 수 없다"는 『시경』의 구절을 세 차례 반복해서 읽자 공자가 형의 딸을 그에게 시집보냈다고 한다. 이 말에서 유래하여 여러 차례 반복하는 것을 삼복三復, 삼복백규三復白圭라 한다.

不知光距樂安, 遠近如何, 其守金富仁, 吾鄕人. 時有人往來, 可付

書也. 不然, 而精還都後, 可附便至都, 令其轉致, 無不達也. 至懇至懇. 而精誤來久留, 不易得也. 但素來不甚讀書, 看義理, 多未浹洽耳. 歲將改矣. 惟幾德義神相, 闇章多勝. 不宣, 謹拜.

광주光州에서 낙안樂安까지 거리가 얼마나 되는지 모르겠으나 수령 김부인金富仁이 우리 고을 사람입니다. 때때로 왕래하는 인편이 있을 테니 편지를 부칠 수 있습니다. 그렇지 못하면 김이정이 서울로 돌아간 뒤 인편에 편지를 부쳐서 김이정에게 전하고, 김이정으로 하여금 받아서 전하게 하면 전달되지 않을 리 없습니다. 간절히 바라고 바랍니다. 김이정이 나에게 와서 오래 머물러 있는데 쉽게 얻을 수 있는 사람이 아닙니다. 다만 그다지 글을 많이 읽지 않아서 의리義理를 봄에 미흡함이 많을 뿐입니다. 해가 곧 바뀌려고 합니다. 덕의德義의 신상神相이 암장闇章하며 좋은 일이 많기를 바라면서 이만 줄입니다. 삼가 절합니다.

••••▶ 김부인金富仁은 이황의 문인이다.

德義는 도덕과 의리를 가리키니 도덕과 의리를 지닌 사람이라는 뜻으로서 상대방을 높이는 말이다.

神相은 상대방의 겉으로 드러나 보이는 모습을 가리킨다.

闇章은 『중용』의 "군자의 도는 얼핏 보면 잘 드러나지 않아서 어렴풋하나 날로 훤하게 드러난다"는 구절에서 유래하였다. 군자는 도덕이 깊고 원대해서 처음에는 잘 보이지 않기 때문에 분명하지 않지만 속에 도덕이 있어서 날로 그 빛이 드러난다는 뜻이다.

이처럼 편지는 자기와 관련해서는 한껏 낮추고 겸손하며, 상대방에 관해서는 드높이고 예를 갖춰서 정중하게 표현한다. 이런 서신 문화를 이해해야 옛 편지글을 볼 수 있다.

❺

甲子十二月卄七日, 滉.

갑자년(1564, 명종 19년) 12월 27일 황滉.

❻

迷兒到都, 屢蒙存問, 至送于門外, 感悚無已.

제 아이가 서울에 갔을 적에 여러 차례 문안해주셨고 문밖까지 전송하셨다니 감격하고 송구하기 그지없습니다.

····▶ 迷兒란 자기 자식을 남에게 낮추어 이르는 말인데, 비슷하게 쓰이는 말이 많다. 미련한 자식이라는 뜻으로 미식迷息·돈아豚兒·돈돈豚·가돈家豚·돈견豚犬·돈식豚息·치아癡兒라고도 한다.

5. 기대승이 이황에게 보낸 편지

❶

先生前上狀

謹伏問體候何如? 伏惟履新益懋, 下情欣慶之至. 大升猥蒙厚賜, 艱保殘喘. 但自臘月之初, 觸寒成病, 久不克調, 因致元氣銷弱, 災疹多端, 旋止旋作, 迄今近二朔, 尙難出入, 深悶深悶.

선생께 글을 올립니다

삼가 여쭙니다. 체후 어떠하신지요? 새해에도 더욱 건강하시면 제 마음이 매우 기쁘고 경사스럽겠습니다. 저는 외람되이 후한 은혜를 입어서 어렵게 잔명殘命을 보존하고 있습니다. 그러나 섣달 초순에 감기가 들어서 병이 되었는데 오랫동안 조리하지 않았더니 원기가 쇠약해져서 여러 가지 재진災疹(재액과 질병)이 그쳤다 일어났다 하면서 지금까지 근 두 달 동안 출입조차 어려우니 매우 걱정입니다.

···▶ 상대방의 안부를 묻고 자기 형편을 사실대로 소상하게 알리는 일반적인 편

지의 서두이다.

❷

頃因金君所傳, 伏奉手札, 謹審開諭, 忻慰浣沃, 無以仰喩. 第以疾病支離之餘, 又苦世途陷溺之深, 展轉難脫, 心緒惘惘. 縱復枉沐提誨, 誠恐未有以報答成就之恩, 慙悚尤極.

얼마 전에 김 군金君(김취려)이 전해주는 수찰을 받고 삼가 깨우쳐주신 말씀을 살피고는 기쁘고 위안이 되며 개운함을 무어라 아뢸 수 없습니다. 다만 병으로 오래 고생한 끝에 또 세속에 깊이 빠져서 점점 벗어나기 어려우니 심회가 몹시 어수선합니다. 가령 선생님께서 다시 이끌어 가르쳐주신다 하더라도 진실로 성취시켜주시려는 은혜에 보답할 수 없을까 봐 부끄럽고 송구한 마음 더욱 지극합니다.

⋯▶ 옛날에는 인편을 통해 편지를 주고받았으므로 전달하는 과정이나 경로에 따라 곡절이 많았다. 누가 누구를 통해 누구에게 전달했는지, 어떤 경로로 전달했는지 같은 주변 형편을 놓쳐서는 안 된다.

❸

且中作事不工, 素計落空, 兩期退休, 旣不可覬. 切擬緣此久病, 便欲解官歸去, 而非特形迹太露. 後來難於收殺, 目前私計, 亦多不便,

如魚中鉤, 正在牽掣之中, 不免更爲强顏逐祿之計. 回念平生, 嘆咤
不能已.

또한 일처리가 매끄럽지 못하여서 평소 계획이 허사가 되었고, 벼슬에
서 물러날 기회가 두 차례 있었으나 이제는 바랄 수 없게 되었습니다.
오래 앓고 있는 병을 구실로 삼아 벼슬을 내놓고 돌아갈까도 생각했으
나 자취가 너무 드러나서 뒷일을 매듭짓기 어려울 뿐만 아니라 목전의
사사로운 계획에도 불편한 점이 많으니 마치 낚시에 걸린 고기처럼 얽
매여 있으면서 다시 뻔뻔스레 녹이나 타먹을 계획으로 삼음을 면하지
못합니다. 평소 돌이켜 생각건대 탄식을 그만둘 수 없습니다.

····▶ '非特-(而)亦-'/'非徒-(而)亦-'과 같은 구문은 '다만 -일 뿐만 아니라 -도', 영
어의 'not only- but also-' 구문과 같다. 사이에 여러 부사구나 수식구가 올 수
도 있다. 기대승은 1562년(명종 17년) 36세 때 하반기에 휴가를 얻어 귀향하
였고 복직하였다가 이듬해 8월에 논박을 받고 다시 귀향하였다. 9월에 예문관
봉교에 제수되고 10월에 조정으로 돌아왔다. 두 차례 물러났다고 했는데, 이 일
을 가리키는 것으로 보인다.

❹

大抵吾人學力未至, 俗緣尙繞, 雖欲勉追古人之迹, 而終不能近, 譬
如挽弓到臨滿時, 分外難開. 亦無怪乎隨俗脂韋, 不能灑然於去留之

間也.

대체로 제 학력은 지극하지 못하고 세속의 인연은 오히려 얽혀 있어서 비록 힘써 옛사람의 자취를 따르고자 해도 끝내 가까이 갈 수 없으니, 비유하자면, 활시위를 당겨서 끝까지 벌어졌을 때에는 더 이상 당기기 어려운 것과 같습니다. 세속을 따라 유약하게 행동하면서 벼슬자리에 머무를지 여부를 시원스럽게 결단하지 못하는 것은 괴이할 바 없습니다.

••••▶ 기대승이 이 편지를 쓴 때는 38세였으니 한창 포부를 키우며 조정에 나아가서 적극적으로 일을 할 수 있는 경험과 식견이 있을 때였다. 31세에 주자의 문집을 발췌하여 초록할 정도로 공부를 깊이 해서 주자학에 정통하였고, 퇴계 이황과 사단칠정의 철학 논쟁을 벌이며 학문을 더욱 숙성하던 시기였다. 그러나 정치적 관계에 따라 견제를 받기도 하고 병으로 고생하면서 뜻을 펼치지 못하는 현실에 울울한 심정에 빠져들기도 하였다. 이 편지에는 이황에게 출처진퇴出處進退에 관해 조언을 구하며 깊은 신뢰와 존경을 보이는 그의 심경이 잘 드러나 있다.

❺

緬想閑居味道之勝, 歲暮翫光之樂, 不覺魂爽之飛越, 而拜晤靡途, 寸恨難裁, 矯首悵望, 奈何奈何! 且常欲頻修短札, 仰問起居, 幷質所疑, 以溫舊業, 而身旣冗擾, 便亦難的, 未之能遂, 徒增介介, 亦以

纔入仕路, 卽被指目, 踈繆之懷, 恒切惕厲, 不敢更爲紛紛, 累及尊
嚴, 伏乞矜恕如何.

한가로이 지내며 도를 음미하시는 좋은 일과 세모의 시간을 완상하시
는 즐거움을 멀리서 생각하니 저도 모르게 정신이 상쾌해집니다만 뵐
길이 없어 한탄하는 마음 억제하기 어려우니 고개 들어 허전한 마음으
로 바라본들 어찌하겠습니까! 또한 늘 짧은 편지나마 자주 올려서 기거
를 여쭙고 아울러 의심스러운 것도 질정하여서 이전의 학업을 익히고
자 하였으나, 몸이 이미 쓸데없이 어지럽고 인편도 만나기 어려워서 뜻
을 이루지 못하였으니 간절한 마음만 더할 뿐입니다. 또한 벼슬길에 들
어서자마자 남들의 지목을 받았기 때문에 거칠고 잘못된 제 생각에 항
상 조심스러운 마음이 절실하여서 감히 다시 어지럽게 편지를 해서 선
생께 누가 미치게 하지 않으려는 것입니다. 바라건대 가련하게 여겨서
용서하심이 어떻겠습니까.

••▶ 이황과 기대승이 편지를 주고받으며 학술 논쟁을 하고 서로 흉금을 터놓고
우의를 나눈 일은 조선 학자들 사이에 삽시간에 화제가 되고 모범이 되기도 하였
지만 한편으로 허명虛名을 추구한다고 곡해를 받기도 하였다. 남명南冥 조식曺
植도 두 사람의 학술 논쟁을 관념의 유희라고 비판하였다. 기대승의 편지 속에는
이황을 배려하는 마음이 짙게 배어 있다.

❻

囊時垂諭, 以居要地爲衆所趨爲戒, 至今不敢忘于心, 而當此之際, 已覺躬自蹈之, 不知何以善其後. 惶愧亦深. 伏惟鑑察.

접때 깨우쳐주신 말씀 가운데, 요직에 있어 남들이 붙좇는 대상이 됨을 경계하라는 말씀은 아직까지 감히 마음에 잊지 않고 있습니다. 그러나 이즈음에 이미 스스로 그 길을 밟고 있음을 깨달으니 뒷일을 어떻게 잘 대처해야 할지 모르겠습니다. 두렵고 한탄하는 마음 또한 깊습니다. 살펴주시기 바랍니다.

••••▶ 이때 이황은 65세였다. 퇴계연보退溪年譜에 의하면 1563년(명종 18년) 4월에 기대승과 출처出處의 의리에 관해 편지를 주고받으며 논했다. '접때 깨우쳐주었다'는 말은 이때 주고받은 편지와 관련된 것으로 보인다.

❼

臘藥各種, 伏呈案下, 幸乞留與鄕村救急之用, 何如? 金君遠依門墻, 誠不易得, 不幸忽値凶變, 切怛曷勝? 聞其窮約太甚, 無以營葬, 亦極可念. 幷伏惟照亮. 謹再拜上狀.

납약 몇 종을 안하에 올리니 받아두셨다가 향촌 사람들과 함께 급할 때 쓰시는 것이 어떻겠습니까? 김 군이 멀리 문하에 가서 의지하고 있는

데, 실로 얻기 쉽지 않은 사람이 불행히도 갑자기 흉변을 만났으니 근심과 슬픔을 어찌 이길 수 있겠습니까? 듣건대 그는 너무 궁핍하여서 장사 지낼 수도 없다 하니 역시 지극히 염려가 됩니다. 아울러 잘 살펴서 헤아리시기 바랍니다. 삼가 두 번 절하고 글을 올립니다.

•••▶ 臘藥이란 섣달 납일臘日(민간이나 조정에서 조상이나 종묘 또는 사직에 제사 지내던 날. 동지 뒤 셋째 미일未日)에 제조한 약을 말한다. 뇌졸중, 경련, 정신장애에 쓰는 청심환, 열을 다스리고 아이들 경풍驚風에 쓰는 안신환安神丸, 정신을 상쾌하게 하고 위장을 편하게 하며 곽란을 다스리는 소합환蘇合丸 등이 있다. 기로소耆老所(60세를 기, 70세를 노라고 한다. 원로 문신의 우대와 친목을 위해 설치한 관서)에서도 환약을 만들어서 기신耆臣(기로소에 들어간 원로 신하)들에게 나누어주었고, 각 관청에서도 많이 만들어서 서로 주고받았다고 한다. 향촌의 지역사회에서 지식인 선비는 기초 의료인 역할도 하였다.

❽

嘉靖, 乙丑, 正月二十三日, 後學大升, 拜上.

가정 을축년(1565, 명종 20년) 1월 23일 후학 대승이 절하고 올립니다.

⑨

近患右臂攣痛, 艱於執筆, 作字不謹. 悚息悚息.

근래 오른쪽 팔에 통증이 있어 붓을 잡기 어려우므로 글씨를 쓰는 데
삼가지 못하였으니 송구합니다.

···▶ 자기 근황을 상대방에게 가능한 한 소상하게 알린다. 이것도 상대방을 배려

하는 일이다. 나쁜 일이라 해서 숨기지 않고 정직하게 알림으로써 상대방과 신뢰

를 두터이 하는 것이다.

6. 김용, 『소오강호』

다음으로 중국어를 번역한 예를 살펴보기로 하자. 한물갔던 무협소설의 붐을 새로 일으킨 김용金庸의 소설 『소오강호笑傲江湖』14 「논배論杯」에 다음과 같은 대목이 나온다. 주인공 영호충令狐冲은 체내에 주입된 진기眞氣 여러 가닥이 마구 뒤엉켜서 기맥氣脈을 교란시켜서 언제 죽을지 모르는 상태가 되어버린다. 한편, 마교魔敎인 일월신교日月神敎 교주의 딸 임영영이 영호충을 짝사랑한다는 사실이 알려지자 사파邪派에 속하는 강호의 여러 호걸들이 임영영에게 잘 보이려고 영호충의 병을 낫게 할 여러 방안을 강구한다. 조천추祖千秋라는 호걸이 여러 진귀한 약술을 구해 와서 영호충에게 교묘한 방법으로 권한다. 이 대목을 원문과 번역문을 대조하여 중국어의 맛과 한국어로 옮겼을 때 느낌이 어떻게 달라지는지 알아보자. 가능한 한 축자하여 옮기려고 한다.

* * *

只聽得岸上也有人大聲讚道: "好酒, 好酒!"

令狐冲擧目往聲音來處望去, 只見柳樹下有個衣衫襤褸的落魄書生, 右手
搖着一柄破扇, 仰頭用力嗅着從船上飄去的酒香, 說道: "果然是好酒!"

단지 강기슭에서 어떤 사람이 큰소리로 찬탄하는 말이 들렸다. "좋은
술이로다, 좋은 술!"

영호충은 눈을 들어서 소리가 들리는 곳을 바라보았는데, 다만 버드나
무 아래에서 의복이 남루한 낙백서생이 오른손으로 너덜너덜한 부채
한 자루로 부채질하면서 머리를 들어서 배에서 풍겨오는 술 향내를 애
써 맡으면서 말했다. "과연 좋은 술이로다!"

····▶ 落魄은 넋이 떨어졌다는 뜻으로서 뜻을 얻지 못해 실의에 빠진 모습을 형용
한 말이다. 여러 차례 과거에 낙방하였거나 뜻을 펼치지 못하여 실의에 빠지거
나 몰락한 사람의 모습을 가리킨다. 이 말의 출전은 『사기』「역생육가열전酈生陸
賈列傳」이다. "역이기酈食其는 진류 고양 사람이다. 소년 시절에 술 마시기를 아
주 좋아해서 늘 술집에서 뒹굴며 스스로 고양의 술꾼이라고 일컬었다. 글 읽기를
좋아했지만 집이 가난하고 영락하였어도 의식주를 해결할 만한 일거리가 없어서
고을의 문지기를 하였다. 그러나 고을의 현자나 호걸이 감히 그를 부리지 못하
였으며 고을에서 모두 미치광이라고 불렀다〔酈食其, 陳留高陽人. 少年時就嗜好飮
酒, 常混迹於酒肆中, 自稱爲高陽酒徒. 好讀書, 家貧落魄, 無以爲衣食業, 爲里監門

吏. 然縣中賢豪不敢役, 縣中皆謂之狂生).”

❷

令狐冲笑道:“這位兄台, 你並沒品嘗, 怎知此酒美惡?”那書生道:“你一

聞酒氣, 便該知道這是藏了六十二年的三鍋頭汾酒, 豈有不好之理?”

영호충이 웃으면서 말했다. “노형老兄, 당신은 맛을 보지도 못했으면서
어찌 이 술이 좋은지 나쁜지 안단 말이오?” 그 서생이 말했다. “당신이
술 냄새를 맡기만 하면 이는 바로 62년 저장된 삼과두三鍋頭 분주汾酒임
을 당연히 알 텐데, 어찌 나쁠 리가 있겠소?”

····▶ 중국어에는 지시사, 양사가 발달했다. 지시사는 상대방을 가리킬 때에 경어
로도 쓰이는데, 우리말로는 번역하기 애매하다. 여기서도 ‘這位’는 굳이 옮기자
면 ‘이분’으로 쓸 수 있으나 우리말에서는 아무런 의미가 없다.

노형老兄으로 옮긴 원어 兄台의 台는 상대방을 부르거나 상대방의 일과 관련하
여 일컬을 때 덧붙이는 경어이다. 앞뒤에 붙일 수 있다. 편지를 보아달라고 청할
때는 台鑒, 台覽과 같이 쓴다.

三鍋頭는 세 차례 증류했다는 뜻이다.

이 대화는 상당히 격식을 갖추었다.

豈有不好之理 같은 표현은 문어체이다.

❸

令狐冲自得綠竹翁悉心指點, 於酒道上的學問已着實不凡, 早知這是六十

年左右的三鍋頭汾酒, 但要辨出不多不少恰好是六十二年, 卻所難能, 料

想這書生多半是誇張其辭, 笑道: "兄台若是不嫌, 便請過來喝幾杯如何?"

영호충은 녹죽옹이 성심성의껏 가르쳐준 내용을 스스로 터득하여 주도
의 배움이 이미 착실하고 비범하여 일찌감치 이 술이 60년쯤 된 삼과두
분주임을 알았으나 다만 더도 덜도 말고 딱 62년 되었음을 판별해내기
란 역시 어려운 일이었기에 이 서생이 반쯤은 과장해서 말을 했으리라
추측하고서 웃으면서 말했다. "형씨, 만약 싫지 않다면 건너와서 몇 잔
마시는 것이 어떻겠소?"

····▶ 卻所難能은 축자역을 하면 '오히려/도리어 능하기 어려운 바'인데, 이렇게
옮기면 어색하다. 또한 접속사가 없어서 이어지는 구와 인과관계로 연결되는지,
시간상의 선후로 연결되는지 알 수 없다. '어려운 일이었기에'로 옮긴 것은 뒤에
추측하다, 예상하다를 뜻하는 料想이 있기 때문이다.
마지막에 의사를 묻는 如何도 매우 격식을 차린 말이다.

❹

那書生搖頭幌腦的道: "你我素不相識, 萍水相逢, 一聞酒香, 已是干擾, 如

何再敢叨兄美酒, 那是萬萬不可, 萬萬不可。" 令狐冲笑道: "四海之內, 皆

兄弟也。聞兄之言, 只是酒國前輩, 在下正要請敎, 便請下舟, 不必客氣。"

그 서생은 머리를 흔들며 말했다. "그대와 나는 평소 서로 알지 못하다가 우연히 알게 된 사이로서 술 향기를 맡은 것만으로도 이미 소란을 피웠는데 어찌 다시 감히 형의 좋은 술을 탐내다니 그것은 안 됩니다. 절대로 안 됩니다." 영호충이 웃으면서 말했다. "사해 안이 모두 형제입니다. 형의 말을 들으니 술 나라의 선배임을 알겠습니다. 제가 막 가르침을 청하려는 참입니다. 그러니 청컨대 배로 내려오십시오. 사양하실 필요 없습니다."

••◗ 평소 서로 알지 못하던 사이[素不相識]라는 말에는 고사故事(이야기)가 있다. 삼국시대 오나라 육손陸遜의 아우 육모는 성정이 호방하고 시원시원하였으며 마음씨가 선량하였다. 같은 군의 서후徐厚 역시 사람됨이 분명하고 곧았는데, 평소 알고 지내던 사이는 아니지만 그의 사람됨을 매우 우러러 흠모하였다. 임종 때 유서를 남겨서 아들딸을 육모에게 부탁하였다. 육모는 그들을 마치 자기 피붙이처럼 대하고 그들이 좋은 교육을 받게끔 하였다.(『삼국지三國志』「오서吳書·육모전陸瑁傳」 참조.)

우연히 알게 된 사이[萍水相逢]라는 말은 당唐의 시인 왕발王勃의 「추일등홍부등왕각전별서秋日登洪府滕王閣錢別序」에 나오는 성어다. "물에 뜬 개구리밥처럼 서로 만났으나 모두 타향의 나그네일세[萍水相逢 盡是他鄕之客]"라고 하였다.

격식을 차려서 사절하거나 사양할 때 흔히 만만불가萬萬不可라는 말을 쓴다. 두 차례 거듭 말하면 그만큼 강조하는 뜻이 들어 있다.

사해의 안, 곧 온 세상이 모두 형제(四海之內, 皆兄弟也)라는 말은 『논어』 「안연」에 나오는 말이다. 공자의 제자 사마우司馬牛가 근심을 하면서 말하였다. "남들은 모두 형제가 있는데, 나만 홀로 없구나." 자하子夏가 말하였다. "내가 (선생님께) 듣기로, '죽고 사는 것은 명에 달려 있고, 부하고 귀한 것은 하늘에 달려 있다'고 하였다. 군자가 경건하되 실수가 없고, 남과 더불어 공손하고 예가 있으면 사해 안이 모두 형제이다. 군자가 어찌 형제가 없음을 근심하겠는가!"

在下란 在下者이니 곧 아래에 있는 사람, 아랫사람이라는 뜻으로서 상대방에게 자기를 낮출 때 쓰는 말이다.

下舟는 '배로 내려오다'라는 뜻이다. 하차下車가 수레(차)에서 내린다는 뜻이니 배에서 내린다는 뜻으로 알기 쉽지만 여기서는 배로 내려온다는 뜻이다. 배에서 내린다고 할 때는 하선下船을 쓴다.

중국어를 이제 막 배우는 초심자가 혼동을 하는 말 가운데 하나가 바로 객기客氣이다. 우리말 객기는 '객기를 부리다'라고 하듯이 공연히 호기를 부린다는 뜻인데, 중국말 객기客氣는 '예의 바르다' '정중하다' '친절하다' '겸손하다', 심지어 '사양하다'라는 뜻으로 쓰인다.

이처럼 한자말은 같은 글자라도 시대에 따라, 지역에 따라 뜻이 다른 어휘가 적지 않다. 아는 길도 물어서 가고 돌다리도 두드려보고 건너라는 말이 있듯이 쉬운 말이라도 조금만 부자연스러우면 반드시 사전을 찾아봐야 한다.

那書生慢慢踱將過來, 深深一揖, 說道: "晚生姓祖, 祖宗之祖。當年祖逖
聞鷄起舞, 那便是晚生的元祖了。晚生雙名千秋, 千秋者, 百歲千秋之意.
不敢請教兄台尊姓大名?" 令狐冲道: "在下複姓令狐, 單名一個冲字。" 那
祖千秋道: "姓得好, 姓得好, 這名字也好!" 一面說, 一面從跳板走向船頭。

그 서생은 천천히 걸어서 막 건너오려고 하면서 깊숙이 읍을 하고 말했
다. "후생後生은 성이 조로서 조상(祖宗)의 조입니다. 당년에, 닭 울음
소리를 듣고 일어나 춤을 췄다는 조적이 바로 이 후생의 먼 조상이 됩
니다. 후생의 이름은 두 글자로서 천추이니, 천추란 백세천추라는 뜻입
니다. 감히 노형의 존성대명을 알려달라고 청하지는 못하겠습니다만."
영호충이 말했다. "저는 성은 복성으로서 영호이며, 이름은 한 글자로
서 충 자입니다." 그 조천추가 말했다. "좋은 성입니다. 좋은 성. 이 이
름자도 좋습니다!" 한편으로 말하면서 한편으로 받침대를 밟고 뱃머리
로 뛰어왔다.

••• 후생이라고 옮긴 만생晚生은 늦게 태어난 사람이라는 뜻으로서 곧 후배라
는 말이다. 조천추가 원래 영호충보다 서른 살 가까이 많은데도 영호충에게 만생
(후배)이라고 일컬은 것은 자기를 낮추기 위해서이다. 실제 나이와 상관없이 상
대방에게 자기를 낮출 때 만생, 후배, 후생이라는 말을 스스럼없이 쓴다.

조천추가 장황하게 자기를 소개하는 말투를 하나하나 살펴보자. 먼저 자기 성을

말하는데, 자기 성은 조라고 하고 나서 바로 조종祖宗의 조라고 한다. 이처럼 중국 사람들은 자기 성이나 이름을 말할 때 상대방에게 글자를 정확하게 알려주려고 상용하는 어휘를 차용한다. 가능한 한 멋있는 글귀나 품위와 격식 있는 어휘를 따온다.

조천추의 조상이라는 조적祖逖은 동진 때 사람이다. 조적은 어렸을 때 포부가 있었다. 친한 벗 유곤劉琨과 함께 시국을 논할 때마다 비분강개하고 격앙하여 가슴속에 의분을 가득 품었다. 그들은 국가에 보답하려고 야밤에 닭 우는 소리가 들리면 일어나서 옷을 걸치고 검을 뽑아들고 무예를 열심히 익혔다고 한다. 이후로 문계기무聞鷄起舞라는 성어는 나라에 보답하려는 뜻을 품은 자가 때가 이르렀을 때 분발한다는 뜻으로도 쓰이고, 의지를 견결하게 다지고 게으름을 피우지 않는다는 뜻으로도 쓰인다. 『진서晉書』「조적전祖逖傳」에 기록되어 있다.

'감히 -을(를) 할 수 없다'는 뜻으로 쓰이는 '不敢+동사' 형태는 매우 자주 쓰이는데, 실은 간절히 원한다는 뜻을 반대로 표현한 것이다.

중국 사람들은 두 글자 성도 많은데 이를 복성이라 한다. 그래서 복성인 사람은 자기소개를 할 때 꼭 '제 성은 복성인 ○○'이라 한다. 성이 한 글자인 경우에는 또렷이 알아차릴 수 있는 어휘의 첫 글자를 들먹인다. 이름자가 외자이면 단명, 두 글자이면 쌍명雙名이라고 또박또박 구별하여서 제시하기도 한다.

'좋은 성'이라고 말한 성득호姓得好의 姓은 품사로는 동사로 쓰였다. 정도보어 得을 써서 정도를 나타낸 것이다. 억지로 옮기자면 성을 잘 붙였다는 뜻이겠다.

令狐冲微微一笑, 心想: '我請你喝酒, 便甚麼都好了.' 當即斟了一碗酒, 遞給祖千秋, 道: "請喝酒!" 只見他五十來歲年紀, 焦黃面皮, 一個酒糟鼻, 雙眼無神, 疏疏落落的幾根鬍子, 衣襟上一片油光, 兩隻手伸了出來, 十根手指甲中都是黑黑的汚泥. 他身材瘦削, 卻挺着個大肚子.

영호충은 미미하게 웃고서 속으로 생각했다. '내가 술을 마시자고 했으니 아무래도 좋다.' 즉시 술 한 사발을 따라서 조천추에게 건네며 말했다. "한잔 하십시오!" 그는 50세쯤 되어 보였는데 누렇게 뜬 얼굴에 딸기코였고 두 눈은 흐릿했으며 듬성듬성한 수염이 몇 가닥 나 있었다. 옷에는 기름이 번들거렸다. 두 손을 뻗었는데 열 손가락 손톱에 모두 새까맣게 때가 끼었다. 그는 몸은 비쩍 말랐으나 커다란 배가 불쑥 나왔다.

••▶ 양사와 방향보어가 골고루 쓰였다.

祖千秋見令狐冲遞過酒碗, 卻不便接, 說道: "令狐兄雖有好酒, 卻無好器皿, 可惜啊可惜." 令狐冲道: "旅途之中, 只有些粗碗粗盞, 祖先生將就着喝些." 祖千秋搖頭道: "萬萬不可, 萬萬不可. 你對酒具如此馬虎, 於飲酒之道, 顯是未明其中三昧. 飲酒須得講究酒具, 喝甚麼酒, 便用甚麼酒杯.

喝汾酒當用玉杯, 唐人有詩云: '玉碗盛來琥珀光。' 可見玉碗玉杯, 能增酒色。" 令狐冲道: "正是。"

조천추는 영호충이 건네는 술 사발을 보고서도 곧바로 받지 않고 말했다. "영호 형은 비록 좋은 술을 가졌으나 좋은 그릇이 없으니 애석하군요, 애석해요." 영호충이 말했다. "여행 도중이라 다만 조잡한 사발과 잔밖에 없으니 조 선생께서는 아쉬운 대로 마시십시오." 조천추가 고개를 흔들며 말했다. "안 됩니다! 절대로 안 됩니다. 술잔을 이처럼 대충 갖추어서는 음주의 도에서 그 오묘한 이치를 아직 깨닫지 못한 것이 분명합니다. 음주란 모름지기 술잔을 염두에 두어야 합니다. 어떤 술을 마시려면 바로 어떤 잔에다 마셔야 하는 것입니다. 분주를 마실 때는 마땅히 옥배를 써야 합니다. 당의 사람이 지은 시가 있습니다. '옥사발에 담으니 호박빛이 나네.' 옥 사발과 옥배가 술의 빛깔을 더 곱게 함을 알 수 있습니다." 영호충이 말했다. "그렇습니다."

⋯▶ 인용한 시는 이백의 「나그네 길에서〔客中作〕」이다. 전문은 다음과 같다. "난릉 좋은 술은 울금향이 도는데 옥 사발에 담겨서 호박빛이 나네. 주인이 나그네를 취하게만 한다면 어디가 타향인지 알지 못하리〔蘭陵美酒鬱金香, 玉碗盛來琥珀光, 但使主人能醉客, 不知何處是他鄉〕."

祖千秋指着一罐酒, 說道: "這一罐關外白酒, 酒味是極好的, 只可惜少了
一股芳冽之氣, 最好是用犀角杯盛之而飲, 那就醇美無比, 須知玉杯增酒
之色, 犀角杯增酒之香, 古人誠不我欺。"

조천추는 술 한 단지를 가리키면서 말했다. "이 단지의 관외 백주는 술
맛이 극히 좋습니다. 다만 애석하게도 맵싸한 기운이 부족하니 서각배
에 따라서 마시는 것이 가장 좋습니다. 그리하면 잘 익은 좋은 맛이 견
줄 데 없습니다. 결국, 옥배는 술의 빛깔을 더 곱게 하고 서각배는 술의
향내를 더 진하게 한다고 한 옛사람의 말이 참으로 나를 속이지 않음을
알 수 있습니다."

‥‥▶ 關外는 동쪽의 산해관, 서쪽의 가욕관, 북쪽의 거용관 등 중국 변경의 중요
한 관문 밖을 두루 가리키는 일반적인 이름인데, 여기서는 아주 변두리 지역을
두루뭉술하게 일컬은 것으로 보인다.

玉杯와 犀角杯에 관한 조천추의 주장은 청의 문인 이어李漁의 『한정우기閑情偶
寄』「주구酒具」에 나온다. "좋은 술을 서배犀杯에 따르면 색다른 향기가 있다. 당
의 시구에 '옥 사발에 담으니 호박빛이 나네'라고 하였다. 옥배는 빛깔을 돋보이
게 하고 서배는 향을 북돋우니 두 가지는 술에 대해서는 모두 공신이다."

⑨

令狐冲在洛陽聽綠竹翁談論講解, 於天下美酒的來歷, 氣味, 釀酒之道, 窖
藏之法, 已十知八九, 但對酒具一道卻一竅不通, 此刻聽得祖千秋侃侃而
談, 大有茅塞頓開之感。

영호충은 낙양에서 녹죽옹의 담론과 강해를 들었기에 천하 미주의 내
력, 향과 맛, 술 빚는 법, 숙성하는 법에 대해 이미 열에 여덟아홉은 알
았으나 술잔 한 분야에 대해서만은 조금도 통달하지 못하였는데 이제
조천추가 당당하고도 느긋하게 논하는 말을 들으니 갑자기 눈이 밝아
지는 느낌이 크게 들었다.

····▶ 당당하고 느긋하게 논한다(侃侃而談)는 말은 원래 『논어』 「향당鄕黨」에 나온
다. 공자는 "조정에서 하대부下大夫와 말을 할 때는 강직하고도 온화하게(侃侃如
也) 하였다."

⑩

只聽他又道: "至於飲葡萄酒嘛, 當然要用夜光杯了。古人詩云: '葡萄美
酒夜光杯, 欲飲琵琶馬上催。' 要知葡萄美酒作艷紅之色, 我輩鬚眉男兒
飲之, 未免豪氣不足。葡萄美酒盛入夜光杯之後。酒色便與鮮血一般無
異, 飲酒有如飲血。岳武穆詞云: '壯志飢餐胡虜肉, 笑談渴飲匈奴血', 豈

不壯哉!"

그가 또 하는 말이 들렸다. "포도주를 마실 때는 당연히 야광배를 써야 합니다. 옛사람의 시에 이르기를, '맛 좋은 포도주 야광배에 담겼는데 마시려 하니 비파 소리 말에 오르라 재촉하네'라 하였습니다. 좋은 포도주는 선홍색을 띠고 있으니 우리 같은 수염과 눈썹이 긴 남자들이 마시기에는 호방한 기상이 부족함을 알아야 합니다. 좋은 포도주는 야광배에 따라야 술 빛깔이 선혈과 다름이 없어서 술을 마시면 마치 피를 마시는 듯합니다. 악 무목의 사詞에 이르기를, '장대한 뜻을 키워서 주리면 오랑캐의 살을 먹고 담소하다 목마르면 흉노의 피를 마신다' 하였으니 장쾌하지 않습니까!"

····▶ '옛사람의 시'란 왕한王翰의 「양주사凉州詞」에 나오는 구절을 가리킨다. 원래 시는 다음과 같다. "맛 좋은 포도주 야광배에 담겼는데 마시려 하니 비파 소리 말에 오르라 재촉하네. 술에 취해 모래밭에 눕더라도 웃지 마오. 예부터 전쟁에서 몇 사람이나 돌아왔던가[葡萄美酒夜光杯, 欲飮琵琶馬上催. 醉臥沙場君莫笑, 古來征戰幾人回]!"

수염과 눈썹은 남자를 가리키는 말이다. 한고조가 태자를 폐위하고 총애하는 척부인戚夫人 소생을 태자로 세우려 하자 장량張良이 꾀를 내어서 한고조가 신망하는 상산의 네 노인[商山四皓]을 초빙하여 태자를 따르게 하였다. 이들은 모두 나이가 여든이 넘었고, 수염과 눈썹이 허옇고[鬚眉皓白] 의관이 매우 의젓하였다. 한고조도 할 수 없이 태자를 폐위하는 일을 그만두었다.

『한서漢書』「장량전張良傳」 야광배에 관한 설화는 『십주기十洲記』에 기록되어 있다. "주목왕周穆王 때 서역에서 야광상만배夜光常滿杯를 바쳤는데 잔 크기가 석 되를 담을 만하였으니 백옥의 정기인데, 밤에도 빛이 났다. 어두운 저녁에 잔을 꺼내서 하늘을 향해 날이 밝을 때까지 뜰에 두면 액체가 가득 찼는데 달고 향내가 났다. 참으로 신령한 사람의 그릇이다."

악 무목岳武穆은 무목후武穆侯로 봉해진 남송의 명장 악비岳飛이다. 악비는 금金에 대항하여 송을 지킨 명장으로서 중국 사람들은 신이 된 관우關羽에 버금가는 인물로 떠받든다. 이 구절은 악비가 읊은 사詞 「만강홍滿江紅」의 한 구절이다.

⓫

令狐冲連連點頭, 他讀書甚少, 聽得祖千秋引證詩詞, 於文義不甚了了, 只是'笑談渴飮匈奴血'一句, 確是豪氣干雲, 令人胸懷大暢。

영호충은 거듭 머리를 끄덕였다. 그는 글을 매우 적게 보아서 조천추가 인증하는 시나 사를 듣고도 글의 뜻을 그다지 이해하지 못하였으나 다만 '담소하다 목마르면 흉노의 피를 마신다'는 구절은 확실히 호방한 기상이 하늘을 찌를 듯하여 듣는 사람들로 하여금 가슴이 탁 트이게 하였다.

⑫

祖千秋指着一罈酒道: "至於這高粱美酒, 乃是最古之酒. 夏禹時儀狄作酒, 禹飲而甘之, 那便是高粱酒了. 令狐兄, 世人眼光短淺, 只道大禹治水, 造福後世, 殊不知治水甚麼的, 那也罷了, 大禹眞正的大功, 你可知道麼?"

조천추는 술 단지를 가리키면서 말하였다. "이 좋은 고량주로 말하자면 바로 가장 오래된 술입니다. 하나라 우임금 시절에 의적이 술을 만들었는데, 우임금이 마셔보고 달게 여겼다고 한 것이 바로 고량주입니다. 영호 형, 세상 사람들은 안목이 짧고 천박해서 다만 위대한 우임금이 치수하여서 후세에 복을 지었다고만 말하는데 치수 따위 그만두고 위대한 우임금의 진정한 큰 공을 도무지 모르는데, 뭔지 아시겠습니까?"

···▶ 의적이 술을 빚었다는 전설은 『여씨춘추呂氏春秋』 『전국책戰國策』 등에 나온다. 의적이 술을 빚어서 우임금에게 바쳤더니 우임금이 마셔보고 너무나 향기로워서 후세에 반드시 술 때문에 나라를 망칠 자가 나오리라 하고 의적을 멀리 보내고 술을 끊었다고 한다.

⑬

令狐冲和桃谷六仙齊聲道: "造酒!" 祖千秋道: "正是!" 八人一齊大笑。

영호충과 도곡육선은 한목소리로 말하였다. "술!" 조천추가 말했다. "정답입니다!" 여덟 사람은 일제히 크게 웃었다.

⑭

祖千秋又道: "飲這高粱酒, 須用靑銅酒爵, 始有古意. 至於那米酒呢, 上佳米酒, 其味雖美, 失之於甘, 昻稍淡薄, 當用大斗飮之, 方顯氣槪."

조천추가 또 말했다. "이 고량주를 마시려면 모름지기 청동 잔에 마셔야 비로소 옛 맛을 느낄 수 있습니다. 이 미주로 말하자면 아주 좋은 미주로서 그 맛은 비록 좋으나 너무 달아서 담박함이 부족하니 마땅히 큰 말에 따라서 마셔야 비로소 기개를 드러낼 수 있습니다."

⑮

令狐冲道: "在下草莽之人, 不明白這酒漿和酒具之間, 竟有這許多講究."

영호충이 말했다. "저는 거친 사람이라 술과 술잔에 관해 아무것도 모르고 있었는데 뜻밖에도 이렇게 많은 뜻이 있군요."

⑯

祖千秋拍着一隻寫着'百草美酒'字樣的酒罎, 說道: "這百草美酒, 乃採集百草, 浸入美酒, 故酒氣淸香, 如行春郊, 令人未飮先醉. 飮這百草酒須用

古藤杯。百年古藤彫而成杯, 以飲百草酒則大增芳香之氣。"令狐冲道:
"百年古藤, 倒是很難得的。"祖千秋正色道:"令狐兄言之差矣, 百年美酒
比之百年古藤, 可更爲難得。你想, 百年古藤, 儘可求之於深山野嶺, 但百
年美酒, 人人想飲, 一飲之後, 便沒有了。一隻古藤杯, 就算飲上千次萬次,
還是好端端的一隻古藤杯。"令狐冲道:"正是。在下無知, 承先生指敎。"

조천추는 '백초미주'라는 글자가 쓰인 술 단지를 두드리면서 말하였다.
"이 백초미주는 바로 100가지 풀을 채집해서 좋은 술에 담갔기 때문에
술의 기운이 맑고 향기로워서 마치 봄에 교외로 나간 것과 같아 사람들
로 하여금 마시기도 전에 취하게 합니다. 이 백초주를 마시려면 모름
지기 고등배를 써야 합니다. 백년 묵은 등나무를 조각하여 잔을 만들어
백초주를 마시면 방향의 기운을 크게 증가시킵니다."영호충이 말했
다. "100년 묵은 등나무는 도리어 얻기 어려운 것일 텐데요."조천추가
정색을 하고 말하였다. "영호 형의 말은 틀렸습니다. 100년 묵은 술이
100년 묵은 등나무보다 더욱 얻기 어렵습니다. 생각해보십시오. 100년
묵은 등나무는 깊은 산이나 고개에서 구할 수 있겠지만 100년 묵은 좋
은 술은 사람들마다 마시고 싶어 하니 한 번 마셔버리면 바로 없어집니
다. 고등배는 천번 만번 마신다 해도 그대로 멀쩡한 고등배입니다."영
호충이 말했다. "옳습니다. 제가 무지하였는데 선생님의 가르침을 받
았습니다."

(……)

⑰

岳不羣一直在留神聽那祖千秋說話，聽他言辭誇張，卻又非無理，眼見桃枝仙，桃幹仙等捧起了那罈百草美酒，倒得滿桌淋漓，全沒當是十分珍貴的美酒。岳不羣雖不嗜飲，卻聞到酒香撲鼻，甚是醇美，情知那確是上佳好酒，桃谷六仙如此蹧未免可惜。

악불군은 줄곧 정신을 쏟아서 저 조천추의 말을 들었는데 그의 말씨가 과장은 있어도 도리어 이치에 닿지 않은 말은 아니었다. 도지선, 도간선 등이 그 백초미주 단지를 들어 올려서 탁자에 질펀하게 쏟아서 아주 진귀한 미주를 다 없애버리는 것을 보았다. 악불군은 비록 술 마시기를 좋아하지는 않았으나 도리어 코를 자극하는 잘 익은 술 향기를 맡고서 그것은 확실히 아주 좋은 술임을 알았다. 도곡육선이 이렇게 엎질러버린 일은 애석함을 면할 수 없었다.

⑱

祖千秋又道："飲這紹興狀元紅須用古瓷杯，最好是北宋瓷杯，南宋瓷杯勉强可用，但已有衰敗氣象，至於元瓷，則不免粗俗了。飲這罈梨花酒呢？那該當用翡翠杯。白樂天杭州春望詩云：'紅袖織綾誇柿葉，青旗沽酒趁梨花。'你想，杭州酒家賣這梨花酒，掛的是滴翠也似的青旗，映得那梨花酒分外精神，飲這梨花酒，自然也當是翡翠杯了。飲這玉露酒，當用琉璃杯。

玉露酒中有如珠細泡, 盛在透明的琉璃杯中而飲, 方可見其佳處。"

조천추가 또 말했다. "이 소흥장원홍을 마시려면 모름지기 옛날 자기 잔으로 마셔야 하는데, 북송 때 자기잔이 가장 좋고 남송 때 자기잔은 아쉬운 대로 쓸 수는 있습니다만 이미 쇠약한 기상이 있습니다. 원 때 의 자기잔은 조잡하고 저속함을 면하지 못합니다. 이 이화주를 마시려 면? 그야 당연히 비취배를 써야 합니다. 백락천의 시「항주춘망」에 이 르기를, '여인네는 비단을 짬에 감꽃 문양 뽐내고 배꽃 필 때 주막에서 술을 산다네'라고 하였습니다. 생각해보십시오. 항주의 술집에서 이 이 화주를 파는 데 걸린 것은 푸른 물이 뚝뚝 듣는 듯한 푸른 깃발이니 그 이화주의 독특한 기운을 반영하고 있습니다. 이 이화주를 마시려면 자 연 비취배를 써야 합니다. 이 옥로주를 마시려면 유리배를 써야 합니 다. 옥로주에는 구슬 같은 미세한 거품이 이는데 투명한 유리배에 따라 서 마셔야 그 좋은 점을 알 수 있습니다."

····▶ 중국 소흥 지방에서는 아들을 낳으면 집집마다 술을 빚어서 좋은 술병에 담 아 갈무리한다. 아이가 자라서 글공부를 하고 과거시험을 보아서 장원을 하면 친 지와 벗을 불러서 축하주로 마시려고 말이다. 그러나 과거시험에서 장원하기란 하늘의 별따기이므로 실제로는 아들이 장가들 때 마셨다고 한다.

백락천의 「항주춘망」은 다음과 같다. "망해루는 아침노을에 비치고 강둑에서 깨끗한 모래를 밟는다. 파도 소리는 밤에 오자서 사당에 들고 버들빛은 봄날 소소 집을 감추네, 여인네는 비단을 짬에 감꽃 문양 뽐내고 배꽃 필 때 주막에서 술을 산다네. 누가 고산사 서남쪽 길을 열었나, 초록치마 허리인 양 길은 구불구불하 네[望海樓明照曙霞, 護江堤白蹋晴沙. 濤聲夜入伍員廟, 柳色春藏蘇小家. 紅袖織綾 誇柿蔕, 靑旗沽酒趁梨花. 誰開湖寺西南路, 草綠裙腰一道斜]."

⑲

忽聽得一個女子聲音說道: "嘟嘟嘟, 吹法螺!" 說話之人正是岳靈珊, 他 伸着右手食指, 刮自己右頰. 岳不羣道: "珊兒不可無理, 這位祖先生說的, 大有道理." 岳靈珊道: "甚麼大有道理, 喝幾杯酒助助興, 那也罷了, 成日 成晚的喝酒, 又有這許多講究, 豈是英雄好漢之所爲?"

갑자기 여자의 목소리가 들려왔다. "뚜-뚜-뚜-, 나팔 불고 있네!" 말을 한 사람은 바로 악령산이었다. 그녀는 오른손 식지를 뻗어서 자기 오른 쪽 뺨을 긁었다. 악불군이 말하였다. "산아, 함부로 나대지 말라. 이 조 선생의 말씀은 매우 일리가 있다." 악령산이 말했다. "무슨 일리가 있기 는요. 몇 잔 마셔서 흥을 돋우면 그만이지 밤이나 낮이나 술을 마시면 서 또 무슨 이 따위로 이러쿵저러쿵 따지다니 이를 어찌 영웅호한이 하 는 일이라 하겠어요?"

祖千秋搖頭幌腦的道: "這位姑娘, 言之差矣。漢高祖劉邦, 是不是英雄?
當年他若不是大醉之後劍斬白蛇, 如何能成漢家幾百年基業? 樊噲是不
是好漢? 那日鴻門宴上, 樊將軍盾上割肉, 大斗喝酒, 豈非壯士哉?"

조천추가 의기양양하게 말했다. "이 아가씨 말씀은 틀렸소이다. 한고조
유방은 영웅이오, 아니오? 당년에 그가 만약 크게 취한 뒤 검으로 백사
를 베지 않았더라면 어떻게 한의 수백 년 기업을 이룰 수 있었겠습니
까? 번쾌는 호한이오, 아니오? 그날 홍문 잔치 자리에서 번 장군이 방
패 위에 고기를 놓고 베어 먹으며 큰 말에다 술을 마셨으니 어찌 장사
가 아니겠소?"

•••▶ 유방劉邦은 진시황秦始皇 때 여산驪山의 능을 쌓는 부역에 동원된 마을 젊
은이를 이끌고 가다가 이탈하는 사람이 많아서 도착하더라도 처벌을 면하기 어
렵다고 여기고 망탕산芒碭山으로 들어갔다. 가는 길에 흰 뱀이 똬리를 틀고 있어
사람들이 겁을 먹었는데 유방이 취한 김에 검을 뽑아서 베어버렸다. 몇 리를 더
가다가 취해 드러누웠다. 뒤에 오던 어떤 사람이 뱀을 베어버린 곳까지 왔을 때
한 노파가 울고 있었다. 우는 까닭을 물었더니 자기 아들은 백제白帝의 아들인데
적제赤帝의 아들 손에 베여 죽임을 당했다고 하였다. 헛소리를 한다고 여겨 노파
를 때리려고 하니 노파가 홀연 사라져버렸다. 이들이 유방 일행이 있는 곳에 가

니 유방이 마침 잠에서 깨어났다. 겪은 일을 보고하자 유방은 속으로 기뻐하고 따르던 사람들은 더욱 두려워하였다. 진시황은 동남쪽에 천자의 기운이 있다고 하며 동쪽으로 순행하여서 확인하려고 하였다. 유방은 망탕산에 숨었다. 부인이 사람을 보내 찾을 때마다 늘 잘 찾아냈다. 유방이 까닭을 묻자 그가 있는 곳에는 하늘에 늘 구름 기운이 엉겨 있어서 잘 찾을 수 있다고 하였다.

번쾌樊噲는 유방의 동서이며 원래는 개백정이었다. 항우項羽가 봉기한 뒤 자웅을 겨루던 유방과 휴전하고 홍문에서 잔치를 하게 되었다. 잔치가 무르익자 항우의 수하인 항장項莊이 검무를 추면서 유방을 노렸다. 이에 번쾌가 장량張良의 지시를 받고 마주 검무를 쳐서 유방을 보호하였다. 항우가 번쾌를 보고 기특하게 여기고 술과 돼지 다리를 주었다. 번쾌는 단숨에 술을 다 마시고 고기를 칼로 잘라서 먹어치웠다.

㉑

令狐冲笑道: "先生既知此是美酒, 又說英雄好漢, 非酒不歡, 卻何以不飮?"

영호충이 웃으면서 말하였다. "선생께서는 이 술이 좋은 술임을 아시고 또 영웅호한을 말씀하셨습니다. 술이 아니면 즐길 수 없을 텐데 도리어 어찌 마시지 않습니까?"

(……)

㉒

一句話沒說完, 只見祖千秋伸手入懷, 掏了一隻酒杯出來, 光潤柔和, 竟是一隻羊脂白玉杯。桃谷六仙吃了一驚, 便不敢再說下去, 只見他一隻又一隻, 不斷從懷中取出酒杯, 果然是翡翠杯, 犀角杯, 古藤杯, 靑銅爵, 夜光杯, 琉璃杯, 古瓷杯無不具備。他取出八隻酒杯後, 還繼續不斷取出, 金光燦爛的金杯, 鏤刻精緻的銀杯, 花紋斑斕的石杯, 此外更有象牙杯, 虎齒杯, 牛皮杯, 竹筒杯, 紫檀杯等等, 或大或小, 種種不一。

말을 다 마치기도 전에 조천추가 품속에 손을 넣어서 술잔을 꺼내는 것을 보았다. 빛나고 윤택하며 부드럽고 온화한 것이 뜻밖에도 양지백옥 배였다. 도곡육선은 깜짝 놀라 다시 감히 말을 하지 못하였다. 다만 그가 하나씩 계속하여 품속에서 술잔을 꺼내는 것을 보았다. 과연 비취배, 서각배, 고등배, 청동작, 야광배, 유리배, 고자배로 없는 것이 없었다. 그는 술잔 여덟 개를 꺼낸 뒤 또 계속해서 금빛 찬란한 금배, 정교하게 아로새긴 은배, 꽃무늬 화려한 석배를 꺼냈고 이밖에도 상아배, 호치배, 우피배, 죽통배, 자단배 등등 크고 작은 갖가지 술잔이 나왔는데 똑같은 것이 없었다.

* * *

위나 긴용은 신필神筆로 알려저 있는데 이 한 강면민 보이도 그의 필력을 알 수 있다. 화려한 전고典故와 천의무봉天衣無縫으로 인용한 시구와 위트와 기지가 글줄마다 차고 넘친다. 이 책을 보면 그는 중국의 역사는 물론 고대 생활문화에 이르기까지 자유자재로 상상력을 발휘하고 전거典據를 참조해서 자연스럽게 수많은 이야기를 풀어낸다. 중국의 모든 문학작품이 이처럼 현학적이거나 고답적이지는 않다. 그러나 가끔씩 성어와 시구를 인용하거나 문언의 글귀를 집어넣어서 뉘앙스를 살리기도 하고 함축과 상징의 묘를 발휘하기도 한다. 그러니 현대 중국의 문학작품이나 문헌을 읽더라도 고전에 관한 지식은 필수이다.

7. 가와바타 야스나리, 『설국』

　다음으로 일본어 문학작품을 번역한 예를 살펴보자. 가와바타 야스나리의 『설국』인데, 워낙 유명하고 번역서도 많지만 잘 알려져 있기에 오히려 일본어를 우리말로 번역한 사례로 살펴보기에 적당하다고 생각된다.

*　*　*

❶

国境の長いトンネルを抜けると雪国であった。夜の底が白くなった。信号所に汽車が止まった。

内側の座席から娘が立って来て、島村の前のガラス窓を落とした。雪の冷気が流れ込んだ。娘は窓いっぱいに乗り出して、遠くへ叫ぶように、

"駅長さん、駅長さん。"

明かりをさげてゆっくり吹きを踏んできた男は、襟巻で鼻の上まで包み、耳に帽子の毛皮を垂れていた。

もうそんな寒さかと島村は外を眺めると鉄道の官舎らしいバラックが山裾に寒々と散らばっているだけで、雪の色はそこまで行かぬうちに闇に飲まれていた。

"駅長さん、私です、御機嫌よろしゅうございます。"

"ああ、葉子さんじゃないか。お帰りかい。また寒くなったよ。"

"弟が今度こちらに勤めさせていただいておりますのですってね。お世話さまですわ。"

"こんなところ、今に寂しくて参るだろうよ。若いのに可哀想だな。"

"ほんの子供ですから、駅長さんからよく教えてやっていただいて、よろしくお願いいたしますわ。"

"よろしい。元気で働いてるよ。これからいそがしくなる。去年は大雪だったよ。よく雪崩れてね、汽車が立往生するんで、村も炊出しがいそがしかったよ。"

"駅長さんずいぶん厚着に見えますわ。弟の手紙には、まだチョッキも着ていないようなことを書いてありましたけれど。"

"私は着物を四枚重ねだ。若い者は寒いと酒ばかり飲んでいるよ。それでごろごろあすこにぶっ倒れてるのさ、風邪を引いてね。"

駅長は宿舎の方へ手の明かりを振り向けた。

경계[国境]의 긴 터널을 빠져나오면 눈 세상[雪国]이었다. 밤의 끝이 하얗게 되었다. 신호소에 기차가 멈추었다.

건너편 좌석에서 아가씨가 일어나서 와서 시마무라島村 앞 유리창 문을 내렸다. 눈의 냉기가 흘러들었다. 아가씨는 창문 가득 몸을 내밀고 멀리 외치듯이

"역장니임! 역장니임!" (하고 불렀다.)

등불을 들고 천천히 눈을 밟으며 온 사내는 목도리로 콧마루까지 감싸고, 귀에 모자의 털가죽을 늘어뜨리고 있었다.

벌써 그렇게 추운가 하고 시마무라가 밖을 내다보니 철도청 관사인 듯한 가건물이 산기슭에 황량하게 흩어져 있을 뿐, 눈의 색깔은 거기까지 가기도 전에 어둠에 삼켜졌다.

"역장님, 저여요. 평안하셨어요?"

"아아, 요오코 씨 아니야? 돌아오는 거야? 다시 추워졌는걸."

"동생이 이번에 여기서 근무하게 되었다면서요? 신세지게 되었어요."

"이런 곳은 적적해서 금방 질릴 거야. 젊은데 안됐어."

"아직도 어린 애니까 역장님이 잘 이끌어주셔요. 잘 부탁드려요."

"좋아. 열심히 일하고 있는걸. 이제부터 바빠질 거야. 작년에는 눈이 많이 왔지. 자주 눈사태가 져서 기차가 오도가도 못 하는 바람에 마을에서도 이재민에게 식사를 제공하느라 바빴지."

"역장님은 옷을 꽤 여러 겹 입고 계시는 것처럼 보이네요. 동생 편지에는 아직 조끼도 안 입고 있는 것처럼 쓰여 있었는데 말이어요."

"옷을 네 겹 껴입었지. 젊은 사람들은 추우면 술만 마신다고. 그러고는 한쪽에 뒹굴뒹굴 나동그라진단 말이야. 감기에 걸릴 텐네."

역장은 관사 쪽으로 손에 든 등불을 돌렸다.

···▶ 여기서 国境은 지방과 지방의 경계를 가리킨다. 国은 행정구역의 단위, 지방 제후의 영지를 가리키는 말로 쓰인다.

일본어 텍스트는 가끔씩 대화체를 인용하고서 앞뒤로 상황을 완결하는 술어를 생략하기도 한다. 예문에서도 "멀리 외치듯이, 역장님-" 하고 동작을 완결하는 술어를 생략하였다.

우리말로 "근무하게 되었다면서요?" 하고 옮긴 부분은 전형적인 일본어 술어의 문법 범주를 보여주는 예이다. '勤めさせていただいておりますのですってね'는 어간 勤め에 사역을 나타내는 させて, 겸양의 いただいて, 동작이나 상태의 지속을 정중하게 표현한 おります, 단정의 뉘앙스를 나타내는 종조사 のです, 남에게 들은 말을 인용, 소개하는 뉘앙스를 지닌 종조사 って, 가벼운 영탄이나 동의를 구하는 종조사 ね가 이중 삼중으로 겹쳤다. 이런 술어의 문법 범주를 이루는 태나 서법을 일일이 번역하면 자연스러운 우리말이 되지 않는다.

사역과 피동이 혼용되는 문형은 주체와 객체를 헷갈리게 한다. '역장님이 잘 이끌어주셔요' 하고 옮긴 부분도 일본어 원문으로는 '행위를 시켜서 그 결과를 받는' 사역과 피동이 겹친 형태여서 글자 그대로 옮기면 '역장님으로부터 잘 가르쳐주셔서 (공손히) 받는다'는 느낌이 있다.

'また寒くなったよ'의 '-よ', 'お世話さまですわ'의 '-わ'와 같은 종조사는 각각 남성형, 여성형의 대표적인 종조사이다. 성에 따라 각기 다른 종조사를 사용하는 것도 일본어에서는 어떤 느낌을 자아내는 데 중요한 요소이다. 우리말에서는 구

어에서 애교를 부릴 때 '몰라잉', '그래용'과 같이 특유의 '종조사'를 쓰기도 하지만 일반적으로 문자 텍스트에서는 보이지 않는다.

축자적으로는 '나는 옷을 네 겹 겹침이다'로 번역되는 '私は着物を四枚重ねだ'와 같은 문형도 일본어에서는 흔하다.

❷

"弟もお酒をいただきますでしょうか。"

"いや。"

"駅長さんもうお帰りですの？"

"私は怪我をして、医者に通ってるんだ。"

"まあ。いけませんわ。"

和服に外套の駅長は寒い立話をさっさと切り上げたいらしく、もう後姿を見せながら、

"それじゃまあ大事にいらっしゃい。"

"駅長さん、弟は今出ておりませんの？"と葉子は雪の上を目探しして、

"駅長さん、弟をよく見てやって、お願いです。"

悲しいほど美しい声であった。高い響きのまま夜の雪から木魂して来そうだった。

汽車が動き出しても、彼女は窓から胸を入れなかった。そうして線路の下を歩いている駅長に追いつくと、

"駅長さあん、今度の休みの日に家へお帰りって、弟に言ってやって下さあい。"

"はあい。"と、駅長が声を張り上げた。

葉子は窓をしめて、赤らんだ頬に両手をあてた。

"동생도 술을 마시나요?"

"아니."

"역장님, 이제 돌아가시려고요?"

"난 다쳐서 병원에 다니고 있어."

"어머! 안됐어요."

화복에 외투를 걸친 역장은 추운 데 서서 하는 이야기를 끝내고 싶은 듯이 이내 뒷모습을 보이면서

"자, 그럼 조심해서 가요" 하였다.

"역장님, 동생은 지금 나오지 않았나요?" 하고 요오코는 눈 위를 살펴보고서

"역장님, 동생을 잘 돌봐주셔요. 부탁합니다"라고 하였다.

애처로운 정도로 고운 목소리였다. 높은 음향이 그대로 밤의 눈으로부터 울려오는 듯하였다.

기차가 움직이기 시작해도 그녀는 창에서 가슴을 들여놓지 않았다. 그런 모습으로 선로 아래를 걷고 있는 역장에게 (기차가) 다가가자

"역장님, 이번 휴일에 집에 오라고 동생에게 말 좀 전해주셔요"라고 하

였다.

"알았어어!" 하고 역장이 소리를 크게 질렀다.

요오코는 창을 닫고 빨개진 뺨에 두 손을 대었다.

····▶ 'お酒をいただきますでしょうか'와 같은 표현도 우리말로는 어색하기 짝이

없다. 'お酒をいただきます'는 '술을 마시겠습니다'라는 뜻이고, 'でしょうか'는

'-이다'를 뜻하는 조동사 'だ'의 공손한 형태인 'です'에 완곡한 단정, 반어, 가정,

가능성, 권유 등의 느낌을 더하는 조동사 'ょう'와 의문형 종조사 'か'가 이어져

있다. 간단하게 '술을 마시나요?' 할 것을 이렇게 직접화법으로 인용하고 거기에

단정과 가정, 추측 등의 느낌을 섞어서 표현하였다.

'和服に外套の駅長'는 '일본 전통복장에 외투를 걸친 역장'이라고 옮길 수 있는

데, 일본어에서는 이처럼 外套와 駅長 사이에 の를 붙여서 바로 연결한다. 이를

축자적으로 '일본 전통 복장에 외투의 역장'이라고 하면 이상한 문장이 된다. 과

거에는 일본어의 영향으로 이런 어법이 많이 쓰였으며 아직도 관형어와 체언을

'-의'로 연결하는 경향이 일부 남아 있다.

'いらっしゃい'는 '오다(来る)' '가다(行く)' '계시다(居る)'의 뜻을 다 포괄하는

높임말이다. 우리말에는 이런 표현법이 없기 때문에 맥락에 따라 이해해야 한다.

❸

ラッセルを三台備えて雪を待つ、国境の山であった。トンネルの南北

から、電力による雪崩れ報知線が通じた。除雪人夫延べ人員五千名に

加えて消防組青年団の延人員二千名出動の手配がもう整っていた。

そのような、やがて雪に埋もれる鉄道信号所に葉子という娘の弟がこの冬から勤めているのだと分かると、島村はいっそう彼女に興味を強めた。

しかしここで、「娘」と言うのは、島村にそう見えたからであって、連れの男が彼女の何であるか、むろん島村の知るはずはなかった。二人のしぐさは夫婦じみていたけれども、男は明らかに病人だった。病人相手ではつい男女の隔てがゆるみ、まめまめしく世話すればするほど、夫婦じみて見えるものだ。実際また自分より年上の男をいたわる女の幼い母ぶりは、遠目に夫婦とも思われよう。

島村は彼女一人だけを切り離して、その姿の感じから、自分勝手に娘だろうときめているだけのことだった。でもそれには、彼がその娘を不思議な見方であまりに見つめ過ぎた結果、彼自らの感傷が多分に加わってのことかもしれない。

제설차 석 대를 갖추고 눈을 기다리는 경계의 산이었다. 터널 남북을 따라 전력으로 눈사태 경보선이 연결되어 있었다. 제설 인부 연인원 5000명에 더하여 소방청년단 연인원 2000명이 출동 준비를 이미 갖추고 있었다.

머지않아 눈에 파묻힐, 이런 철도 신호소에 요오코라고 하는 아가씨의 동생이 이번 겨울부터 근무하고 있다는 사실을 알게 되자 시마무라는 그녀에게 한층 더 흥미를 느꼈다.

그러나 여기서 '아가씨'라고 한 것은 시마무라에게 그렇게 보였기 때문이지 동반한 남자가 그녀와 어떤 사이인지는 물론 <u>시마무라가 알 리는 없었다</u>. 두 사람의 태도는 부부처럼 보였음에도 남자는 분명 환자였다. 환자를 상대하면 어느덧 남녀의 거리감이 느슨해지고 정성껏 시중을 들수록 부부처럼 보이게 되는 법이다. 실제로 또 자기보다 연상인 남자를 돌보는 여자의 앳된 어머니 같은 모습은 멀리서 보기에는 부부로도 생각될 터이다.

시마무라는 그녀 한 사람만을 따로 떼어서 그 모습에서 느껴지는 대로 자기 멋대로 처녀일 거라고 단정하고 있었을 뿐이었다. 그럴지라도 거기에는 그가 그 아가씨를 기이한 시선으로 너무나 뚫어지게 쳐다본 나머지 자기의 감상이 다분히 개입한 것인지도 모른다.

┅┅▶ '島村の知るはずはなかった'는 '시마무라가 알 리는 없었다'로 옮길 수 있다. 우리말이라면 주격조사를 넣어서 '시마무라가'로 쓰는데 일본어에서는 수식하는 구에서 주체를 나타내기 위해 の를 쓴다. 고전 한문 '之'의 용법 가운데 하나에서 유래한 것으로 보이는데, 우리말에도 이런 흔적이 남아 있다. "나의 살던 고향은……" "오등은 자에 아 조선의 독립국임과……" "나의 가장 나종 지니인 것은……" 같은 용법에서 이를 확인할 수 있다.

(……)

もう三時間も前のこと、島村は退屈まぎれに左手の人差指をいろいろに動かして眺めては、結局この指だけが、これから会いに行く女をなまなましく覚えている、はっきり思い出そうとあせればあせるほど、つかみどころなくぼやけてふく記憶の頼りなさのうちに、この指だては女の触感で今も濡れていて、自分を遠くの女へ引く寄せるかのようだと、不思議に思いながら、鼻につけて匂いを嗅いでみたりしていたが、ふとその指で窓ガラスに線を引くと、そこに女の片目がはっきり浮き出たのだった。彼は驚いて声をあげそうになった。しかしそれは彼が心を遠くへやっていたからのことで、気がついてみればなんでもない、向こう側の座席の女が写ったのだった。外は夕闇がおりているし、汽車のなかは明かりがついている。それで窓ガラスが鏡になる。けれども、スチイムの温みでガラスがすっかり水蒸気に濡れているから、指で拭くまでその鏡はなかったのだった。

벌써 세 시간 전의 일로서, 시마무라는 지루한 나머지 왼손 집게손가락을 이리저리 움직이며 들여다보고는 결국 이 손가락만이 이제부터 만나러 가는 여자를 생생하게 기억하고 있으며, 또렷이 기억해내려고 애를 쓸수록 종잡을 수 없이 희미해져가는 신통찮은 기억 속에서 이 손가락만은 여자의 촉감으로 지금도 젖어 있어서 자기를 멀리 있는 여자에게 끌어당기는가 보다 하고, 신기하게 생각하면서 코에 대고 냄새를 맡아보기도 하고 있었는데 문득 그 손가락으로 유리창에 금을 그었더니 거기에 여자의 한쪽 눈이 분명히 떠올랐던 것이었다. 그는 놀라서 소리를 지를 뻔했다. 그러나 그것은 그가 먼 곳에 마음을 쓰고 있었기 때문이었고, 정신을 차리고 보니 아무 일도 아니라 건너편 좌석에 앉은 여자가 비친 것이었다. 바깥은 땅거미가 져 있고 기차 안은 불이 밝혀져 있다. 그래서 유리창이 거울이 되었다. 그렇지만 스팀의 온기로 유리가 온통 수증기로 젖어 있었기 때문에 손가락으로 닦아내기 전에는 그 거울은 없었던 것이었다.

⑤

娘の片目だけはかえって異様に美しかったものの、島村は顔を窓に寄せると、夕景色見たさという風なり旅愁顔を俄かづくりして、掌でガラスをこすった。

娘は胸をこころもち傾けて、前に横わたった男を一心に見下ろしていた。肩に力が入っているところから、少しいかつい眼も瞬きさえしないほどの真剣さのしるしだと知れた。男は窓の方を枕にして、娘の横へ折り曲げた足をあげていた。三等車である。島村の真横ではなく、一つ前の向こう側の座席だったから、横寝している男の顔は耳のあたりまでしか鏡に写らなかった。

娘は島村とちょうど斜めに向かい合っていることになるので、じかにだって見られるのだが、彼女等が汽車に乗り込んだ時、なにか涼しく

刺すような娘の美しさに驚いて見を伏せるとたん、娘の手を固くつかんだ男の青黄色い手が見えたものだから、島村は二度とそっちを向いては悪いような気がしていたのだった。

한쪽만 보이는 아가씨의 눈은 오히려 이상스레 아름다웠지만 시마무라는 얼굴을 창에 갖다 대더니 저녁 풍광을 보는 듯한 모습으로 급히 여수에 젖은 얼굴을 하고 손바닥으로 유리를 문질렀다. 아가씨는 가슴을 약간 기울여 앞에 누워 있는 남자를 온 마음으로 내려다보고 있었다. 어깨에 힘이 들어가 있는 것으로 보아 조금 날카로운 눈을 깜빡이지도 않을 만큼 진지한 태도임을 알 수 있었다. 남자는 창문 쪽을 베개 삼고 아가씨 옆에 구부린 다리를 올려놓고 있었다. 삼등칸이다. 시마무라의 바로 옆자리가 아니라 한 칸 앞 건너편 좌석이었기 때문에 옆으로 누워 있는 남자의 얼굴은 귀 언저리까지만 거울에 비쳤다.

아가씨는 시마무라와 마침 비스듬하게 마주한 모양이었기에 직접 쳐다볼 수도 있었으나 기차에 올라탔을 때 어딘가 싸늘하게 쏘는 듯한 처녀의 아름다움에 놀라 눈을 내리까는 순간, 아가씨의 손을 굳게 잡은 남자의 파리하고 누런 손이 보였기 때문에 시마무라는 두 번 다시 그쪽을 보아서는 안 될 것 같은 기분이 들었던 것이다.

(……)

❻

遥かの山の空はまだ夕焼の名残の色がほのかだったから、窓ガラス越しに見る風景は遠くの方までものの形が消えてはいなかった。しかし色はもう失われてしまっていて、どこまで行っても平凡な野山の姿がなもさら平凡に見え、なにものも際立って注意を惹きようがないゆえに、かえってなにかぼうっと大きい感情の流れであった。むろんそれは娘の顔をそのなかに浮べでいたからである。姿が写る部分だけは窓の外が見えないけれども、娘の輪郭のまわりを絶えず夕景色が動いているので、娘の顔も透明のように感じられた。しかしほんとうに透明かどうかは、顔の裏を流れてやまぬ夕景色が顔の表を通るかのように錯覚されて、見極める時がつかめないのだった。

汽車のなかもさほど明るくはないし、ほんとうの鏡のように強くはなかった。反射がなかった。だから、島村は見入っているうちに、鏡のあることをだんだん忘れてしまって、夕景色の流れのなかに娘が浮かんでいるように思われて来た。

먼 산 위의 하늘은 아직 저녁놀의 잔광이 어렴풋하였기 때문에 유리창 너머로 보이는 풍경은 먼 데까지 사물의 형체가 지워지지 않았다. 그러나 색깔은 이미 사라져버리고 말아서 가도 가도 평범한 야산의 모습이 한층 더 평범하게 보이고 어느 것도 두드러지게 주의를 끌 만한 것이 없었기 때문에 도리어 무언가 아련하게 커다란 감정이 흘렀다. 물론 그

것은 아가씨 얼굴을 그 속에 떠올리고 있었기 때문이다. 모습이 비치는 부분만은 창밖이 보이지 않았지만 아가씨의 윤곽 주위를 끊임없이 저녁 풍경이 움직이고 있었기에 아가씨 얼굴도 투명한 것처럼 느껴졌다. 그러나 참말로 투명한지 아닌지는 <u>얼굴 뒤로 끝없이 흐르는 저녁 풍광이</u> 얼굴 앞을 지나가는 것처럼 착각을 일으켜서 확인할 틈을 포착할 수 없었다.

기차 안도 그다지 밝지 않았고 진짜 거울처럼 또렷하지 않았다. 그래서 시마무라는 들여다보고 있는 사이에 거울이 있다는 것을 차츰 잊어버리고 저녁 풍광의 흐름 속에 아가씨가 떠 있는 것처럼 생각하기 시작했다.

····▶ '色はもう失われてしまっていて'는 우리말로 '색깔도 잃어버리고 말아서'로 옮길 수 있는데, '失われ'는 '失う(잃다)'의 피동형이며, '-しまう'는 앞에 '-て'가 붙어서 보조동사로 쓰여서 '-하여 버리다'는 뜻으로 쓰인다. 여기에 어떤 동작이나 작용, 상태의 지속이나 진행을 나타내는 '-いる'에 한 동작이 끝나고 다음 동작으로 옮겨감을 나타내는 접조사 '-て'가 붙었다. 이처럼 활용 어미나 조사가 여러 개 덧붙으면 우리말로 일일이 옮길 수가 없다.

'なにかぼうっと大きい感情の流れであった'는 축자적으로 옮기면 '무언가 아련하게 커다란 감정의 흐름이었다'로 번역할 수 있는데, 우리말로는 어색하다. 화자의 주관적 감정의 흐름을 묘사한 부분이어서 어쩔 수 없이 '감정이 흐르다'로 옮긴다.

'顔の裏を流れてやまぬ夕景色が'는 '얼굴의 뒤를 흘러서 마지않는 저녁 경치가'
로 옮길 수 있는데, 우리말로는 '얼굴 뒤로 끝없이 흐르는 저녁 풍광이'로 다듬어
옮길 수 있다.

❼

そういう時彼女の顔のなかにともし火がともったのだった。この鏡の
映像は窓の外のともし火を消す強さはなかった。ともし火も映像を消
しはしなかった。そうしてともし火は彼女の顔のなかを流れて通るの
だった。しかし彼女の顔を光り輝かせるようなことはしなかった。冷
たく遠い光であった。小さい瞳のまわりをぼうっと明るくしながら、
つまり娘の眼と火とあ重なった瞬間、彼女の眼は夕闇の波間の浮ぶ、
妖しく美しい夜光虫であった。
こんな風に見られていることを、葉子は気づくはずがなかった。彼女
はただ病人に心を奪われていたが、たとえ島村の方へ振り向いたとこ
ろで、窓ガラスに写る自分の姿は見えず、窓の外を眺める男など目に
も止まらなかっただろう。

그럴 때 그녀의 얼굴에 등불이 켜졌던 것이다. 이 거울의 영상은 창밖
의 등불을 지울 만큼 강하지는 않았다. 등불도 영상을 지우지는 못했
다. 그리하여 등불은 그녀의 얼굴을 흘러지나가는 것이었다. 그러나 그
녀의 얼굴을 빛으로 반짝이게 하지는 않았다. 차갑고 먼 빛이었다. 삭

은 눈동자 주위를 아련하게 밝히면서, 요컨대 아가씨 눈과 불빛이 겹치는 순간 그녀의 눈은 땅거미의 물결 사이에 떠 있는 신비하고 아름다운 야광충이었다.

이런 식으로 남에게 보이고 있다는 것을 요오코는 알아차릴 리가 없었다. 그녀는 오로지 환자에게 마음을 빼앗기고 있었지만 설사 시마무라 쪽을 돌아보았댔자 유리창에 비친 자기 모습은 보이지 않고 창밖을 내다보는 남자 따위는 눈에도 띄지 않았을 터이다.

❽

島村が葉子を長い間盗み見しながら彼女に悪いということを忘れていたのは、夕景色の鏡の非現実な力にとらえられていたからだったろう。

だから、彼女が駅長に呼びかけて、ここでもなにか真剣過ぎるものを見せた時にも、物語めいた興味が先に立ったのかもしれない。

その信号所を通るころは、もう窓はただ闇であった。向うに風景の流れが消えると鏡の魅力も失われてしまった。葉子の美しい顔はやはり写っていたけれども、その温かいしぐさにかかわらず、島村は彼女のうちになにか澄んだ冷たさを新しく見つけて、鏡の曇って来るのを拭おうともしなかった。

ところがそれから半時間ばかり後に、思いがけなく葉子達も島村と同

じ駅に下りたので、彼はまたなにか起るかと自分にかかわりがあるか
のように振り返ったが、プラット·フォウムの寒さに触れると、急に
汽車のなかの非礼が恥ずしくなって、後も見ずに機関車の前を渡っ
た。

男が葉子の肩につかまって線路へ下りようとした時に、こちらから駅
員が手を上げて止めた。

やがて闇から現われて来た長い貨物列車が二人の姿を隠した。

시마무라가 요오코를 오랫동안 훔쳐보면서 그녀에게 미안하다는 생각
을 잊고 있었던 것은 <u>저녁 풍광이 비친 거울의 비현실적인 힘에 사로잡</u>
<u>혀 있었기 때문일 터이다.</u>

그래서 그녀가 역장을 불러서 여기서도 무언가 지나치게 진지한 모습
을 보였을 때도 소설을 보는 듯한 흥미가 앞섰는지도 모른다.

그 신호소를 지날 즈음 이미 창은 다만 어둠일 뿐이었다. 저편으로 풍
광의 흐름이 사라지자 거울도 매력을 잃어버리고 말았다. 요오코의 아
름다운 얼굴은 여전히 비치고 있었지만 그 따뜻한 태도에도 불구하고
시마무라는 그녀의 내부에 있는 무언가 투명한 차가움을 새로이 발견
하고서 <u>흐려지는 거울을 닦으려고도 하지 않았다.</u>

그런데 그로부터 30분쯤 뒤에 뜻밖에도 요오코 일행도 시마무라와 같
은 역에 내렸기 때문에 그는 또 무슨 일이 일어날까 하고 자기와 무슨
상관이 있기라도 한 듯이 돌아보았지만 플랫폼의 한기가 스치자 삽자

기 기차 안에서 있었던 무례한 일이 부끄러워져서 뒤도 돌아보지 않고 기관차 앞을 건넜다.

남자가 요오코의 어깨에 매달려서 선로에 내려서려고 했을 때 이쪽에서 역무원이 손을 들어서 제지하였다.

이윽고 어둠 속에서 나타난 긴 화물열차가 두 사람의 모습을 가렸다.

••••▶ '夕景色の鏡の非現実な力にとらえられていたからだったろう'에서 볼 수 있듯이 일본어에서는 の를 겹쳐서 사용하여 체언을 수식하는데, 우리말에서는 の를 '-의'로 겹쳐서 번역하면 이상하다. 이 문장을 축자적으로 옮기면 '겨울 풍광의 거울의 비현실한 힘에'가 되는데, 이는 '겨울 풍광이 비치는 거울의 비현실적인 힘에'로 옮겨야 우리말로 옮겼을 때 의미가 살아난다. 'とらえられていたからだったろう'도 '취하다' '잡다'라는 뜻을 가진 'とる'의 피동형에 상태의 지속, 그리고 이유나 원인을 나타내는 격조사 'から', 단정을 나타내는 'だ', 과거의 일이나 실현된 일을 추량, 상상하는 'たろう'가 결합하여 복합적인 느낌을 자아낸다. '鏡の曇って来るのを拭おうともしなかった'는 문장 그대로는 '거울의 흐려져 오는 것을 닦으려고도 하지 않았다'가 되는데, 이를 '거울이 흐려져 오는 것을……'로 고치고 다시 '흐려지는 거울을……'로 다듬었다. 일본어에서는 の를 써서 명사구를 만들어서 주격이나 목적격의 역할을 하게 한다. 또한 '来るのを'처럼 조사를 겹쳐서 쓰기도 한다. 한때 우리말 바로쓰기를 주창하는 사람들이 많이 껄끄러워했던 표현 가운데 하나가 '-에의', '-로서의', '-와의'처럼 이중조사를 남용한 일본어 투였다.

고우영 지음, 『十八史略』, 애니북스, 2007.

郭錫良·唐作藩·何九盈·蔣紹愚·田瑞娟 편저, 김혜영·문수정·신원철·안소민· 이강재 옮김, 『고대중국어』, 역락, 2016.

관민의 지음, 서울대 동양사학연구실 옮김, 『고급한문해석법』, 창비, 2005.

기대승 지음, 성백효·이성우 옮김, 『고봉전서』, 민족문화추진회, 2007.

김연웅 지음, 『현대독일어구문론』, 범영출판사, 1995.

로버트 레인 그린 지음, 김한영 옮김, 『모든 언어를 꽃피게 하라』, 모멘토, 2013.

박종한·양세욱·김석영 지음, 『중국어의 비밀』, 궁리, 2017.

쉬웨이한 지음, 최영준 옮김, 『핵심 중국고대어법』, 어문학사, 2013.

스티븐 핑커 지음, 김한영·문미선·신효식 옮김, 『언어본능, 마음은 어떻게 언어를 만드는가?』, 동녘사이언스, 2008.

안기섭 저, 『漢文法大要』, 보고사, 2014.

앙드레 베르제즈·드 니 위즈망 지음, 남기영 옮김, 『지식과 이성』, ㈜삼협종합출판, 2001.

에드윈 풀리블랭크 지음, 양세욱 옮김, 『고전중국어 문법강의』, 궁리, 2010.

오기노 나츠오 지음, 홍민표·이경수·장원재·어수정 옮김, 『현대일본어학 입문』, 한국문화사, 2009.

요진우 편저, 이종한 옮김, 『한문 문법의 분석적 이해』, 계명대학교출판부, 2012.

윤상실·권승림·오미영 지음, 『新일본어학개설』, 제이앤씨, 2012.

李丙疇 著, 『韓國漢詩選』, 探求堂, 1992.

이한정 지음, 『일본문학의 수용과 번역』, 소명출판, 2016.

임홍빈·안명철·장소원·이은경 지음, 『바른 국어생활과 문법』, 한국방송통신대학교
　　출판부, 2009.

장사오위 저, 이강재 역, 『고대중국어 어휘의미론』, 차이나하우스, 2012.

장선언 지음, 『영어관용법사전』, 연세대학교출판부, 1980.

장호정 지음, 『헬렌 켈러는 어떤 교육을 받았는가』, 라의눈, 2015.

정광 지음, 『조선시대의 외국어교육』, 김영사, 2014.

조남성·서홍·조선영·최진희 저, 『일본어학 개론』, 책사랑, 2016.

클라우스 헬트 지음, 이강서 옮김, 『지중해 철학기행』, 효형출판, 2008.

편무진 편저, 『일본어학 요론』, 인문사, 2011.

포선순 지음, 심경호 옮김, 『한문을 어떻게 읽을 것인가』, 이회, 2001.

헬렌 켈러 지음, WE GROUP 옮김, 『헬렌 켈러 자서전』, 꿈과희망, 2014.

*

金庸 著, 『笑傲江湖』, 遠流, 2003.

楊伯峻 著, 『論語譯注』, 中華書局, 1980.

川端康成 著, 『雪国』, 다락원출판부, 2003.

崔溥, 『漂海錄』

나의 외국어 학습기

읽기와 번역을 위한 한문, 중국어, 일본어 공부

초판 1쇄 발행 2018년 10월 8일
초판 3쇄 발행 2018년 11월 28일

지은이 | 김태완
교정 | 박기효
디자인 | 여상우
마케팅 | 김하늘

펴낸이 | 박숙희
펴낸곳 | 메멘토
신고 | 2012년 2월 8일 제25100-2012-32호
주소 | 서울시 은평구 연서로 182-1, 502호(대조동)
전화 | 070-8256-1543 팩스 | 0505-330-1543
이메일 | mementopub@gmail.com
블로그 | http://mementopub.tistory.com
페이스북 | www.facebook.com/mementopub

ⓒ김태완
ISBN 978-89-98614-57-7 (03700)

이 도서의 국립중앙도서관 출판시도서목록(CIP)은 서지정보유통지원시스템 홈페이지
(http://seoji.nl.go.kr)와 국가자료종합목록시스템(http://www.nl.go.kr/kolisnet)에서
이용하실 수 있습니다. (CIP제어번호: CIP2018030823)